Die Stalin-Note vom 10. März 1952

Schriftenreihe
der Vierteljahrshefte für Zeitgeschichte
Band 84

Im Auftrag des Instituts für Zeitgeschichte

Herausgegeben von

Karl Dietrich Bracher, Hans-Peter Schwarz, Horst Möller

Redaktion: Jürgen Zarusky

R. Oldenbourg Verlag München 2002

Die Stalin-Note vom 10. März 1952

Neue Quellen und Analysen

Mit Beiträgen von Wilfried Loth, Hermann Graml und Gerhard Wettig

Herausgegeben von

Jürgen Zarusky

R. Oldenbourg Verlag München 2002

Die Deutsche Bibliothek – CIP Einheitsaufnahme

Die Stalin-Note vom 10. März 1952 : neue Quellen und Analysen / Mit Beiträgen von Wilfried Loth, Hermann Graml und Gerhard Wettig. Hrsg. von Jürgen Zarusky. – München : Oldenbourg, 2002
(Schriftenreihe der Vierteljahrshefte für Zeitgeschichte ; Bd. 84)
ISBN 3-486-64584-6

Rosenheimer Straße 145, D-81671 München
Internet: http://www.oldenbourg-verlag.de

Gedruckt auf säurefreiem, alterungsbeständigem Papier (chlorfrei gebleicht).
Gesamtherstellung: R. Oldenbourg Graphische Betriebe Druckerei GmbH, München

ISBN 3-486-64584-6
ISSN 0506-9408

Inhalt

Jürgen Zarusky

Einführung

Die Wiedervereinigung 1990 bildete zweifellos die einschneidendste und folgenreichste Zäsur in der deutschen Geschichte seit 1949. Viele, und nicht nur deutsche, Historiker sehen darin eine postume Vollendung von Konrad Adenauers Deutschlandpolitik. So schreibt etwa Hans-Peter Schwarz im Nachwort zum zweiten Band seiner Adenauer-Biographie, die Befreiung der Deutschen in der DDR und die staatliche Wiedervereinigung Deutschlands seien möglich geworden „in einer Konstellation westlicher Einigkeit und Stärke, doch auch sowjetischer Schwäche und vernünftiger Neubewertung der eigenen Interessen im Zeichen der Ost-West-Entspannung. Genau dies war nach dem Zeugnis zahlreicher Quellen, die hier vielfach erstmals ausgewertet werden können, Adenauers langfristiger Kalkül seit 1952."[1]

Auch wenn zu Recht auf weitere Faktoren der Entwicklung hingewiesen wird, wie etwa die Ostpolitik der sozialliberalen Koalition[2], so hat Adenauer mit seiner Politik der Westintegration zweifellos das Szenario geschaffen, in dessen Rahmen dann auch die staatliche Einheit Deutschlands wiederhergestellt wurde. Ebenso unbestreitbar ist die Schlüsselrolle des Jahres 1952 in dieser Entwicklung, nicht nur wegen der Annahme des Deutschlandvertrags und des Vertrags über die Europäische Verteidigungsgemeinschaft, mit denen die Westbindung festgeschrieben wurde, sondern auch, weil dieser Kurs in entschiedener Abkehr von einer tatsächlichen oder scheinbaren Alternative betrieben wurde, wie sie sich in der sowjetischen Offerte des Frühjahrs 1952 manifestierte.

1 Hans-Peter Schwarz, Adenauer. Der Staatsmann: 1952–1967, Stuttgart 1991, S. 991. Ähnlich: Klaus Gotto, Der Realist als Visionär. Die Wiedervereinigungspolitik Konrad Adenauers, in: Die politische Meinung 35 (1990), H. 249, S. 6-13, hier: S. 7; Josef Becker, Eine neue Dolchstoßlegende? Zu den Kontroversen um die Stalin-Noten von 1952, in: Volker Dotterweich (Hrsg.), Kontroversen der Zeitgeschichte. Historisch-politische Themen im Meinungsstreit, München 1998, S. 181–206 (unter Hinweis auf die identische Position Georges-Henri Soutous); Manfred Kittel, Genesis einer Legende. Die Diskussion um die Stalin-Noten in der Bundesrepublik 1952 bis 1958, in: Vierteljahrshefte für Zeitgeschichte 41 (1993), S. 355–389.

2 So z.B. Christoph Kleßmann/Bernd Stöver, Die Deutschlandpolitik der Bundesregierung Adenauer und die politisch-parlamentarische Diskussion in dieser Zeit, in: Materialien der Enquete-Kommission „Aufarbeitung von Geschichte und Folgen der SED-Diktatur in Deutschland" (12. Wahlperiode des Deutschen Bundestages) Baden-Baden u.a. 1995, Bd. V,2, S. 1612–1635, hier: S. 1634.

Adenauers Kurs war ja alles andere als unumstritten. Viele Kritiker der Westverträge von 1952 sahen in diesen nur unzureichende Zugeständnisse der Westmächte bei der Aufhebung der Besatzungsherrschaft oder sogar nur eine Verbrämung derselben, und sie befürchteten eine Vertiefung der Spaltung der Nation durch die militärische Integration der Bundesrepublik in das westliche Verteidigungssystem. Da offerierte die Sowjetunion nun kurz vor Abschluß der Verträge in ihrer Note an die Westalliierten vom 10. März nichts weniger als ein vereintes, souveränes und demokratisch verfaßtes Deutschland mit einer – allerdings bestimmten Einschränkungen hinsichtlich Stärke und Ausrüstung unterliegenden – Nationalarmee. Der dafür zu entrichtende Preis sollte eine strikte Bündnisfreiheit sowie die dauerhafte Fixierung der Oder-Neiße-Grenze sein. Verhandelt werden sollte über das Gesamtpaket auf einer neuerlichen Viermächtekonferenz, bei der auch eine gesamtdeutsche Regierung vertreten sein sollte.

Zwar enthielt die Note zu viele interpretationsbedürftige Aussagen, um – außer bei den Kommunisten und einigen Neutralisten – ungebremsten Enthusiasmus hervorzurufen. Mit der kommunistischen Handhabung von Schlüsselbegriffen wie „Demokratie" und „Friedensliebe" etwa hatte man in Mittel- und Südosteuropa seit Kriegsende reichlich ernüchternde Erfahrungen gemacht, und zur Frage der Organisation gesamtdeutscher Wahlen ließ die Note nichts verlauten. Auch daß sie mitten in die Endphase der Verhandlungen über den Generalvertrag und die EVG hineinplatzte, nährte den von der Bundesregierung bereits in ihrer ersten offiziellen Reaktion am 11. März offen ausgesprochenen Verdacht, es gehe in Wirklichkeit nur darum, die (west)europäische Integration zu behindern. Dennoch: Nach den im Herbst und Winter 1951 von der SED präsentierten Vorschlägen für gesamtdeutsche Wahlen, mit denen die „Deutschen an einen Tisch" geholt werden sollten – eine Initiative, die die DDR mit ihrer Ablehnung der Kontrolle solcher Wahlen durch eine UNO-Kommission dann schon im Januar selbst scheitern ließ –, nach diesen letztlich doch wenig beeindruckenden Manövern der Statthalter in Berlin hatte sich nun, im März, die östliche Vormacht selbst zu Wort gemeldet und war dabei so weit gegangen wie nie zuvor. Die Note bot Ansatzpunkte für die Auffassung, in die Behandlung der deutschen Frage könne neue Bewegung kommen und die Vereinigung in greif- oder wenigstens sichtbare Nähe rücken.

Dies entfaltete eine Wirkung, die bis in Adenauers Kabinett hineinreichte. Einen Tag nach der offiziellen Abfuhr durch Regierungssprecher Felix von Eckardt, der die Note als gegen die europäische Integration gerichtetes Störmanöver ohne verhandelbare Substanz einstufte[3], forderte am 12. März Jakob Kaiser, Bundesminister für gesamtdeutsche Fragen, in einer Rundfunkansprache, die Westmächte und die Bundesrepublik müßten sorgfältig

[3] Hans-Peter Schwarz, Adenauer. Der Aufstieg: 1876–1952, Stuttgart 1986, S. 910.

prüfen, ob die Note ein Anzeichen für einen Wendepunkt im Verhältnis zwischen West und Ost sei[4]. Auch die SPD unter Kurt Schumacher empfahl die Auslotung der sowjetischen Position auf dem Verhandlungsweg[5]. Der Bundestagsausschuß für gesamtdeutsche Fragen unterstützte in seiner Sitzung am 14. März ausdrücklich Kaisers Position[6], und am selben Tag schrieb Paul Sethe, Leiter des politischen Ressorts und einer der Herausgeber der Frankfurter Allgemeinen Zeitung, der deutschen Diplomatie in einem Kommentar die Aufgabe zu, „alles daranzusetzen, um zu erfahren, ob und in welchem Grad es die Russen vielleicht doch ernst meinen"[7]. Das wäre letzten Endes aber nur auf der von sowjetischer Seite geforderten Viermächtekonferenz möglich gewesen, an der weder Adenauer noch die Regierungen der Westmächte Interesse zeigten[8].

So kam es zwar im Anschluß an den sowjetischen Vorstoß zu einem Notenaustausch mit den Westmächten, der sich bis Ende September 1952 hinzog, insgesamt von beiden Seiten je vier diplomatische Dokumente hervorbrachte, in denen insbesondere die Frage der Organisation von freien Wahlen in Gesamtdeutschland sowie dessen Bündnisfreiheit im Zentrum standen – ein Resultat wurde jedoch nicht erreicht. Adenauer und die Westmächte hatten von Anfang an hinreichend deutlich gemacht, daß ein neutralisiertes Deutschland für sie nicht in Frage käme und sie sich auch in den Bemühungen um die politische und militärische Westintegration der Bundesrepublik weder beirren noch bremsen lassen würden. Das allerdings hatte notwendig zur Folge, daß die sowjetischen Absichten nicht bis ins letzte ausgelotet wurden.

Ob dies als Ausdruck einer entschiedenen und realistischen Politik zu sehen ist oder als ein „historisches Versäumnis"[9], darüber wird seit fünf Jahrzehnten – zuweilen heftig – debattiert. Nachdem mit der Unterzeichnung

[4] Knud Dittmann, Adenauer und die deutsche Wiedervereinigung. Die politische Diskussion des Jahres 1952, Düsseldorf 1981, S. 28f.

[5] Ebenda, S. 31–34.

[6] Hermann Graml, Nationalstaat oder westdeutscher Teilstaat. Die sowjetischen Noten vom Jahre 1952 und die öffentliche Meinung in der Bundesrepublik Deutschland, in: Vierteljahrshefte für Zeitgeschichte 25 (1977), S. 821–864, S. 855f.

[7] Zitiert nach Rainer Zitelmann, Adenauers Gegner. Streiter für die Einheit, Erlangen u.a. 1991, S. 158. Zu den unmittelbaren Reaktionen der deutschen Politik und Öffentlichkeit generell: Graml, Nationalstaat, S. 849ff., Dittmann, Adenauer und die deutsche Wiedervereinigung, S. 17–52; Peter März, Die Bundesrepublik zwischen Westintegration und Stalin-Noten. Zur deutschlandpolitischen Diskussion 1952 in der Bundesrepublik und der sowjetischen Deutschlandpolitik, Frankfurt a. M. u.a. 1982, S. 200ff.

[8] Umstritten ist dabei die Frage, inwieweit Adenauer in dieser Hinsicht die Westmächte auf seine Linie festlegte oder diese ohnehin einen entsprechenden Kurs verfolgten. Erstere Position vertritt insbesondere Rolf Steininger, Eine Chance zur Wiedervereinigung. Die Stalin-Note vom 10. März 1952. Darstellung und Dokumentation auf der Grundlage unveröffentlichter britischer und amerikanischer Akten, Bonn 1985, S. 34 und S. 74f. ; kritisch dazu: Hermann Graml, Die Märznote von 1952. Legende und Wirklichkeit, Melle 1988, S. 21.

[9] Steininger, Chance, S. 75.

von Deutschlandvertrag und EVG-Vertrag Ende Mai 1952 Fakten geschaffen worden waren und der ost-westliche Notenwechsel in einer Sackgasse endete, wurde diese Diskussion zunächst als eine Art politisch-publizistisches Nachhutgefecht geführt, um schließlich in eine Historikerdebatte zu münden, die verschiedene Stadien durchlaufen und ihr Ende noch nicht erreicht hat.

Obwohl die deutsche Frage 1990 ihre Antwort gefunden hat, ist diese Diskussion nach wie vor von nicht unerheblicher Bedeutung für das deutsche Selbstverständnis, denn die Kehrseite der Frage, ob 1989/90 die erste oder die zweite Chance zur Wiedervereinigung ergriffen worden ist, ist die Frage, ob Adenauers Westintegrationspolitik den Deutschen in der DDR die Hypothek des Lebens unter der kommunistischen Diktatur auferlegt hat[10], oder ob sie nicht im Gegenteil im Westen ein Bollwerk der Freiheit geschaffen hat, ohne das eine Wiedervereinigung allenfalls unter kommunistischem Vorzeichen möglich gewesen wäre. Letztere Position wird von einer Vielzahl von Historikern vertreten, die in der These von der 1952 verpaßten Chance eine Legende sehen[11]. Deutsches Selbstverständnis und die Einschätzung der sowjetischen Außenpolitik bleiben in diesem Punkt aufs engste verklammert.

Ganz deutlich wird dieser Zusammenhang in Paul Sethes 1956 erschienenem Buch „Zwischen Bonn und Moskau“[12]. Darin systematisierte Sethe die Kritik an Adenauers Westpolitik. Der Ausgangspunkt war dabei eine Einschätzung der Motive der Sowjetunion, die Sethe nicht nur als destruktiv und offensiv betrachtete. Er brachte ein sowjetisches Sicherheitsbedürfnis ins Spiel, das durch die traditionelle bolschewistische Furcht vor der kapitalistischen Einkreisung und die Erfahrung des deutschen Angriffs im Zweiten Weltkrieg bedingt sei. Die westlichen Bündnis- und Rüstungsanstrengungen hätten dieses Sicherheitsbedürfnis empfindlich tangiert, die Sowjetunion habe sich vor der Zündung ihrer ersten Wasserstoffbombe im August 1953 in einer Schwächephase befunden und sei zu Zugeständnissen bereit gewesen. Der Westen habe sich unfähig gezeigt, diese sowjetische Gefühlslage zu verstehen und realpolitisch darauf zu reagieren. In diesem Zusam-

10 So schon Paul Sethe in seinem Kommentar „Der Kampf der letzten Stunde“, FAZ vom 26. 5. 1952, und in seinem Buch Zwischen Bonn und Moskau, Frankfurt a.M. 1956, S. 60, oder, rund 30 Jahre später, Steininger, Eine Chance zur Wiedervereinigung, S. 88.

11 Der Begriff „Legende“, schon 1958 von Kurt Georg Kiesinger gebraucht, findet sich in den Titeln einer ganzen Reihe einschlägiger Arbeiten, so u.a. Gottfried August Bürger, Die Legende von 1952. Zur sowjetischen März-Note und ihrer Rolle in der Nachkriegspolitik, Celle 1959; Hermann Graml, Die Legende von der verpaßten Gelegenheit, Vierteljahrshefte für Zeitgeschichte 29 (1981), S. 307–341; Hans-Peter Schwarz (Hrsg.), Die Legende von der verpaßten Gelegenheit. Die Stalin-Note vom 10. März 1952, Stuttgart u.a. 1982; Kittel, Legende; Becker, Eine neue Dolchstoßlegende?

12 Während Graml, Die Legende, S. 341, meint, dieses Buch habe die „Legende von der verpaßten Gelegenheit“ geboren, bestreitet Manfred Kittel, Legende, S. 377ff., daß Sethes Werk eine Zäsur dargestellt habe.

menhang kritisierte Sethe besonders, daß der Westen der Durchführung von freien Wahlen oberste Priorität eingeräumt habe. Damit sei de facto der Anschluß der DDR an den Westen gefordert worden, noch bevor die eigentlichen Verhandlungen hätten beginnen und der militärische Status Deutschlands hätte geklärt werden können[13]. Die Chance zur Realisierung einer bewaffneten und u.a. auch vom Westen garantierten Neutralität sei vertan worden. Mit der Zündung der ersten sowjetischen H-Bombe im August 1953 war nach Sethes Ansicht die Tür, die sich in Moskau im Frühjahr 1952 für Verhandlungen über die deutsche Einheit geöffnet hatte, wieder ins Schloß gefallen.

Es ist hier nicht der Ort einer kritischen Würdigung dieses von Widersprüchen nicht freien Ansatzes, doch gilt es festzuhalten, daß in Sethes Buch bereits ein Grundkonflikt in der Debatte über den Kalten Krieg im allgemeinen und die Beurteilung der Stalin-Note im besonderen thematisiert wird, die Frage nämlich, ob die sowjetische Außenpolitik bei allem zuweilen an den Tag gelegten Pragmatismus letztlich nicht doch von einem expansionistischen und totalitär-weltrevolutionären Impuls getrieben oder ob sie nicht vielmehr von durchaus kalkulierbaren und nicht völlig illegitimen „realpolitischen" Sicherheitsinteressen bestimmt war.

Auf der großen politischen Bühne wurden die Zweifel an der Richtigkeit der Entscheidung von 1952 in der nächtlichen Bundestagssitzung vom 23. Januar 1958 effektvoll verhandelt, als es zu einer Generalabrechnung mit Adenauers Deutschlandpolitik kam. Hatte der CDU-Abgeordnete Kurt Georg Kiesinger die These, 1952 sei eine Chance verpaßt worden, als eine Legende bezeichnet, „die insbesondere Herr Paul Sethe erzeugt hat"[14], so schlug sich Thomas Dehler (FDP) – bis 1953 Adenauers Justizminister – in der wahrscheinlich aufsehenerregendsten Rede seiner politischen Karriere demonstrativ auf die Seite von Sethe[15] und folgte argumentativ ziemlich genau dessen Linie. Auch der nüchterne und inzwischen als SPD-Abgeordneter auftretende Gustav Heinemann – 1949/50 CDU-Innenminister im Kabinett Adenauer – warf dem Kanzler vor, die seinerzeitigen Möglichkeiten leichtfertig verspielt zu haben[16]. Das enorme öffentliche Echo der Abrechnung zweier ehemaliger Minister mit der Deutschlandpolitik des Kanzlers, die von Regierungsseite weitgehend unbeantwortet blieb[17], hatte indes keine greifbaren politischen Folgen. Sie war ein Nachhutgefecht. Für Dehler markierte die Nachtsitzung vom 23. Januar 1958 eine Station seines poli-

13 Sethe, Zwischen Bonn und Moskau, S. 33ff. und S. 66.

14 Verhandlungen des Deutschen Bundestages, 3. Wahlperiode, Stenographische Berichte, Band 39, Bonn 1958, S. 331.

15 Ebenda, S. 392–394; siehe auch Udo Wengst, Thomas Dehler 1897–1967. Eine politische Biographie, München 1997, S. 309–311.

16 Verhandlungen, S. 401 f.

17 Vgl. dazu das Zeugnis Kurt Georg Kiesingers in Schwarz (Hrsg.), Legende, S. 96.

tischen Abstiegs, und Heinemann wandte sich wenig später, nachdem die SPD auf den Westkurs eingeschwenkt war, einem neuen Politikfeld, der Rechtspolitik, zu. Wirkungslos blieb Dehlers und Heinemanns Auftreten indes nicht. Es hat sicher wesentlich dazu beigetragen, daß sich, wie es Hans-Peter Schwarz in einer treffenden und daher oft zitierten Formulierung ausgedrückt hat, „der Slogan von den versäumten Gelegenheiten des Frühjahrs 1952 zumindest als Frage tief ins kollektive Unterbewußtsein einer ganzen Generation eingesenkt hat“[18].

Diese Frage wurde in der Folgezeit allerdings vornehmlich zu einer Angelegenheit der Politologen und Historiker. In Gang kam die Diskussion vor allem vor dem Hintergrund neuer ostpolitischer Ansätze seit Mitte der 60er Jahre. So kritisierte Klaus Erdmenger in einer politologischen Studie, die bundesdeutsche Ostpolitik der ersten Hälfte der 50er Jahre sei erstarrt und für Wandlungen im Osten blind gewesen. Den Hauptgrund dafür sah er in einem partiell eschatologisch aufgeladenen Kommunismusbild, das so dominant gewesen sei, daß es die Wahrnehmung realer politischer Chancen verstellt habe[19]. Jürgen Weber hingegen rechtfertigte unter Hinweis auf langfristig konstante Tendenzen der sowjetischen Außenpolitik und die begrenzten Handlungsspielräume der Bundesregierung Adenauers Politik[20]. Gerd Meyer wiederum sah diese in kritischem Licht und betrachtete die Initiative von 1952 als ambivalent – sie habe durchaus Ansätze für Verhandlungen geboten[21]. Ansichten wie die Erdmengers und Meyers, die davon ausgingen, daß die tatsächlichen politischen Möglichkeiten aufgrund eines starren Kommunismusbildes nicht erkannt worden waren, erhielten durch die Entstehung der revisionistischen Geschichtsschreibung über den Kalten Krieg in den USA einen gewissen Auftrieb. Rezipiert wurde diese, allerdings mit dem Anspruch, den Gegensatz zwischen traditionellen und revisionistischen Interpretationsmustern zu überwinden, vor allem von Wilfried Loth in seinem Buch „Die Teilung der Welt 1941–1955“. Bei seiner Einschätzung der Stalin-Note als ernstzunehmender Ansatz stützte er sich indes explizit auf Erdmenger und Meyer[22].

Hermann Graml analysierte 1977 die Note im internationalen Kontext und in ihrer Wirkung auf die deutsche Öffentlichkeit und kam zu dem

[18] Hans-Peter Schwarz, Einführung, in: ebenda, S. 10–15, hier: S. 13.

[19] Klaus Erdmenger, Das folgenschwere Mißverständnis. Bonn und die sowjetische Deutschlandpolitik 1949–1955, Freiburg 1967.

[20] Jürgen Weber, Das sowjetische Wiedervereinigungsangebot vom 10. März 1952. Versäumte Chance oder trügerische Hoffnung?, in: Aus Politik und Zeitgeschichte B50 (1969), S. 3-30; Georg-Wilhelm Zickenheimer, Versäumte Chance?! Kritische Anmerkungen zu Jürgen Weber: Das sowjetische Wiedervereinigungsangebot vom 10. März 1952, in: Aus Politik und Zeitgeschichte B40 (1970), S. 35–37; Jürgen Weber, Zu den kritischen Anmerkungen Georg-Wilhelm Zickenheimers, ebenda, S. 37–40.

[21] Gerd Meyer, Die sowjetische Deutschlandpolitik im Jahre 1952, Tübingen 1970.

[22] Wilfried Loth, Die Teilung der Welt 1941–1955, München 1980, S. 9-21 und S. 283–289.

Schluß, Stalin habe die Note nur als Alibi für eine Deutschlandpolitik benutzt, in der die Teilung längst als dauerhaftes Faktum in Rechnung gestellt war[23]. Die innenpolitische Diskussion wurde in den Dissertationen von Knud Dittmann und Peter März eingehend dargestellt[24]. Alle diese hier nur beispielhaft genannten Arbeiten stützten sich auf eine begrenzte Basis öffentlich zugänglicher diplomatischer Dokumente sowie amtliche und publizistische deutsche Quellen und einige Memoiren. Daher war auch der Fundus neuer Argumente spätestens Anfang der 80er Jahre ausgeschöpft[25].

Zu diesem Zeitpunkt kamen aber neue Perspektiven ins Spiel. Der Blick richtete sich nun verstärkt auf die Westmächte, wobei die Debatte auch auf einer erweiterten Quellenbasis geführt werden konnte. Hermann Graml, der als erster Zugang zu amerikanischen Archivakten hatte, fand darin die Bestätigung für seine Auffassung, daß es keine verpaßte Gelegenheit gegeben habe. Abgesehen davon, daß die Sowjetunion zu keinem Zeitpunkt ein akzeptables Angebot gemacht und auch die bei einer ernstgemeinten Initiative zu erwartenden diplomatischen Anstrengungen unterlassen habe, sei zu konstatieren, daß Bundeskanzler Adenauer nur einen minimalen Einfluß auf die Reaktionen der Westmächte gehabt habe[26]. Dem widersprach 1985 Rolf Steininger in einer Darstellung, die auf einer umfänglichen Dokumentation amerikanischer und britischer Akten beruhte. Die zeitweilige amerikanische und britische Bereitschaft, mit Rücksicht auf die deutsche Öffentlichkeit die Substanz des sowjetischen Angebots zu prüfen, sei gerade durch Adenauer konterkariert worden, dessen politisches Gewicht groß genug gewesen sei, solche Schritte zu erzwingen oder zu verhindern[27]. Nikolaus Meyer-Landrut betonte hingegen in seiner Studie über die französische Reaktion, Adenauer habe nur geringfügigen Einfluß auf die französische Grundhaltung gehabt, die mit der sowjetischen unvereinbar gewesen sei[28].

Gemeinsamer Bezugspunkt bei diesen hier nur skizzierten Kontroversen[29] war, daß sie sich in hohem Maße auf das Beziehungsgefüge zwischen Bonn und den Westmächten sowie zwischen diesen selbst konzentrierten. Gab es im Westen überhaupt die Bereitschaft zur Auslotung der sowjetischen Initiative, ein westliches „Fenster der Gelegenheit"? Wenn ja, dann

23 Graml, Nationalstaat, S. 840ff.

24 Wie Anm. 4 und 7.

25 Schwarz, Einführung, S. 13f.

26 Graml, Die Legende; Ders., Die sowjetische Notenkampagne von 1952, in: Schwarz (Hrsg.), Legende, S. 16–37.

27 Steininger, Eine Chance zur Wiedervereinigung, S. 74f.

28 Nikolaus Meyer-Landrut, Frankreich und die deutsche Einheit. Die Haltung der französischen Regierung und Öffentlichkeit zu den Stalin-Noten 1952. München 1988, vgl. insbesondere S. 121ff.

29 Die jüngste Forschungsübersicht bietet Torsten Ripper, Die Stalin-Note vom 10. März 1952. Die Entwicklung der wissenschaftlichen Debatte, in: Zeitgeschichte 26 (1999), S. 372–396.

wäre es allerdings auch den Befunden der Befürworter dieser These zufolge nur ein sehr schmales gewesen.

Und im Osten? Auf die Gretchenfrage, was Stalin denn nun wirklich beabsichtigt habe, vermochte seit 1952 niemand eine definitive Antwort zu geben. Alle Historiker waren sich einig, daß in dieser Beziehung ohne die Öffnung der sowjetischen Archive nicht weiterzukommen sei. Nach der Epochenwende Ende der 80er, Anfang der 90er erreichte auch die Diskussion um die Stalin-Note tatsächlich ein neues Stadium. Die nach Erscheinen der ersten, auf russischen Akten beruhenden Studie[30] getroffene Feststellung, „der jahrzehntelange Streit kann damit als entschieden gelten"[31], war indes voreilig. Vielmehr erweist sich, daß auch die bislang zugänglichen sowjetischen Akten keineswegs endgültige und unumstrittene Antworten liefern. Einmal mehr wird deutlich, daß die Quellen den Historikern die Arbeit der Analyse und Interpretation nicht abnehmen können.

Gerhard Wettig gelang es als erstem, im Archiv des russischen Außenministeriums Akten über die Entstehung der Stalin-Note vom 10. März 1952 einzusehen. Er kam aufgrund dieser Quellen zu dem Schluß, es habe sich keineswegs um eine ernstgemeinte außenpolitische Offerte, sondern vielmehr um ein Manöver zur Mobilisierung der Deutschen gegen die westdeutsche Regierung und die Westmächte, nachgerade um einen „Krieg mit anderen als militärischen Mitteln", gehandelt[32].

Zu einer ähnlichen, wenn auch zurückhaltender formulierten Einschätzung kam auch Vojtech Mastny aufgrund von sowjetischen und DDR-Akten[33]. Wilfried Loth hingegen gab in seinem Buch „Stalins ungeliebtes Kind", gestützt vor allem auf SED-Quellen, aber auch mit explizitem Verweis auf Wettigs Mitteilungen über die russischen Dokumente, einmal mehr die gegenteilige Antwort auf die „Jahrhundertfrage" nach der Chance für die Einheit im Jahre 1952. Er betonte erneut, in Moskau habe Bereitschaft zu Verhandlungen mit dem Westen und zur Preisgabe der DDR bestanden[34]. Diese These findet sich auch in der von Loth und Rolf Badstübner besorgten Edition der deutschlandpolitischen Aufzeichnungen Wilhelm Piecks[35].

30 Gerhard Wettig, Die Deutschland-Note vom 10. März auf der Basis diplomatischer Akten des russischen Außenministeriums. Die Hypothese des Wiedervereinigungsangebots, in: Deutschland Archiv 26 (1993), S. 786–805.

31 Kleßmann/Stöver, Deutschlandpolitik, S. 1619.

32 Wettig, Die Deutschland-Note vom 10. März auf der Basis diplomatischer Akten, S. 803 f. In größerem Zusammenhang legte Wettig diese Position in seinem Buch Bereitschaft zu Einheit in Freiheit? Die sowjetische Deutschland-Politik 1945–1955, München 1999, S. 205–234, dar.

33 Vojtech Mastny, The Cold War and Soviet Insecurity, Oxford u. a. 1996, S. 137 f.

34 Wilfried Loth, Stalins ungeliebtes Kind. Warum Moskau die DDR nicht wollte, Berlin 1994, S. 175–184.

35 Rolf Badstübner/Wilfried Loth (Hrsg.), Wilhelm Pieck – Aufzeichnungen zur Deutschlandpolitik 1945–1953, Berlin 1994, S. 41.

Der junge norwegische Historiker Stein Bjørnstad hingegen, der die wohl umfangreichsten Studien in russischen Archiven zu diesem Problem betrieben hat, vertritt die Ansicht, das sowjetische Verhalten sei ambivalent gewesen. Bjørnstad betont in diesem Zusammenhang die ideologischen Fehlperzeptionen und die starren Entscheidungsmechanismen in Moskaus außenpolitischem Apparat und meint, die sowjetische Führung sei noch nach der Übermittlung der Note vom 10. März an die Westmächte unschlüssig darüber gewesen, ob sie ihre eigene Initiative als seriöses Verhandlungsangebot oder als Propagandaoffensive behandeln solle, eine Frage, die sich durch die weitere Entwicklung erledigt habe: „Die Unklarheit darüber, wie die Stalin-Note genutzt werden sollte, wurde erst beseitigt, als die Westmächte den sowjetischen Versuchsballon abgeschossen hatten. Von da an waren Verhandlungen keine Option mehr [...].“[36]

In kritischer Auseinandersetzung mit den Studien Wettigs, Loths, Mastnys und Bjørnstads und auf der Basis einschlägiger Akten des sowjetischen Außenministeriums hat der russische Historiker Alexej Filitow einen gänzlich anderen Ansatz entwickelt. Die Note, so meint er, sei im Grunde gar nicht für den Westen bestimmt gewesen. Stalin sei in seinen letzten Jahren weder auf die Expansion seines Herrschaftsgebietes aus gewesen, noch sei er bereit gewesen, auch nur ein Jota davon aufzugeben. Die Note sei daher als Mittel zur Festigung der Kontrolle über die DDR gedacht gewesen. Dort habe man wegen der besonderen Bedingungen eines geteilten Landes nicht zu den üblichen stalinistischen Methoden greifen können, wie sie in den übrigen Ländern des Ostblocks in Form von Säuberungen und Schauprozessen ins Werk gesetzt worden seien. Indem man bei den „deutschen Freunden“ in Ost-Berlin den Eindruck erweckt habe, daß man im Zweifelsfall durchaus bereit sei, sie aufzugeben, habe man deren Tendenz konterkariert, bei Zugeständnissen der Westmächte an die Bundesrepublik sofort analoge Forderungen an die östliche Vormacht zu richten. Die Stalin-Note sei daher wegen ihrer disziplinierenden Wirkungen vom Kreml auch keineswegs als Mißerfolg betrachtet worden[37]. Es ist bemerkenswert, daß diese Interpretation in vieler Hinsicht mit Hermann Gramls Thesen zwar keineswegs identisch, aber doch kompatibel ist. Beide Ansätze gehen davon aus, daß für die spätstalinistische Sowjetunion hinsichtlich des Ostblocks dessen Konsolidierung Vorrang vor allen anderen politischen Optionen hatte. Demgegenüber setzen sowohl die These von der sowjetischen (Propaganda-)Offensive als auch die einer tatsächlichen Verhandlungsbereitschaft über ein wiedervereinigtes Deutschland eine Bereitschaft zu substantiellen Veränderungen

[36] Stein Bjørnstad, Soviet policy and the Stalin note of 10 March 1952. Hovedoppgave, University of Oslo, Department of History, Fall 1996, S. 136.

[37] Aleksej Filitov, Sovetskij Sojuz i germanskij vopros v period pozdnego stalinizma (k voprosu o genezise „stalinskoj noty“ 10 marta 1952 goda), in: A. O. Čubar'jan (otv. red.), Stalin i cholodnaja vojna, Moskva 1998, S. 315–349, insbesondere S. 338f.

mit nicht unerheblichen Rückwirkungen auf das politische Gefüge des Ostblocks voraus. Die genauere Untersuchung der Frage, ob Moskau 1952 zu einer Politik der Bewegung in seinem westlichen Glacis bereit war, könnte daher neue Aspekte für die Einschätzung der Stalin-Note erbringen.

Bislang, so darf man angesichts der divergierenden Interpretionen jedenfalls feststellen, hat die Öffnung der sowjetischen Archive die Debatte um die Stalin-Note zwar befruchtet, zu einem Abschluß ist sie aber nicht gekommen. Zu viele Fragen sind noch immer offen, zu viele Quellen noch nicht zugänglich. Hier setzt der vorliegende Sammelband an. Zum erstenmal werden hier nämlich dem deutschsprachigen Publikum die zentralen Akten aus dem sowjetischen Außenministerium zur Entstehung der Stalin-Note vom 10. März 1952 präsentiert. Wilfried Loth, der die Edition der Dokumente besorgt und mit einer umfassenden Einleitung versehen hat, sieht in den umfangreichen und detailgenauen Vorbereitungsarbeiten, insbesondere in der Redaktion der verschiedenen Entwürfe, die darauf bedacht war, alles zu vermeiden, was dem Westen von vorneherein als unannehmbar erscheinen mußte, einen Beleg für die Ernsthaftigkeit der sowjetischen Friedensvertragsinitiative. Hermann Graml hat sich hierdurch nicht in seiner Position erschüttern lassen; er kommt in einer Stellungnahme zu Loths Beitrag zu einer durchaus konträren Einschätzung und Deutung der neuen Dokumente. Gerhard Wettig schließlich untersucht das längerfristige Konzept Stalins, in das der Vorstoß von 1952 eingebettet war. Er vertritt dabei den Standpunkt, Stalin sei von einem unerschütterlichen Glauben an einen früher oder später zu erringenden politischen Sieg in Deutschland beseelt gewesen; die März-Note sei daher als Bestandteil einer Offensivstrategie zu verstehen.

Der vorliegende Band gibt damit einen aktuellen und bedeutsamen Ausschnitt aus der laufenden Forschung wieder. Dem Leser soll die Möglichkeit eröffnet werden, sich mit den neuen Quellen selbst bekanntzumachen und die Argumente dreier prominenter Autoren, die sich schon seit Jahrzehnten mit der Problematik auseinandersetzen, gegeneinander abzuwägen. Um ihm die Orientierung zu erleichtern, wird der Text der Note vom 10. März samt den Grundlagen eines Friedensvertrags für Deutschland im Anhang abgedruckt. Auf die Wiedergabe des weiteren, umfänglichen Notenwechsels wurde verzichtet. Er ist anderweitig dokumentiert[38]. Im Anhang findet sich ferner eine Auswahlbibliographie, in der die wesentlichen Quellenwerke und Studien genannt werden.

Den Autoren ist dafür zu danken, daß sie, gutem wissenschaftlichen Brauch folgend, ungeachtet höchst kontroverser Auffassungen und bereits

[38] Z.B. Eberhard Jäckel (Hrsg.), Die deutsche Frage 1952–1956. Notenwechsel und Konferenzdokumente der vier Mächte, Frankfurt a.M. u.a. 1957, S. 23–37; Heinrich Siegler (Hrsg.), Dokumentation zur Deutschlandfrage. Von der Atlantik-Charta 1941 bis zur Genfer Außenministerkonferenz 1959. Hauptband I, Bonn 1959, S. 138–163.

früher ausgefochtener intellektueller Sträuße zur Mitarbeit an dem vorliegenden Band bereit waren. (Dabei kannten alle die neuen Dokumente, jedoch nicht die Beiträge der anderen Autoren, mit Ausnahme von Hermann Graml, der auf Wilfried Loth antwortet.) Vermittelt wurde dies durch Hans Woller in seiner Eigenschaft als Chefredakteur der Vierteljahrshefte für Zeitgeschichte. Ohne das außergewöhnliche Engagement der Redaktionsassistentin der Schriftenreihe, Veronika Stroh, hätte dieser Band nicht termingerecht erscheinen können.

*

Zur Schreibweise russischer Namen und Begriffe

Im Interesse einer leichteren Lesbarkeit werden russische Namen und Begriffe im Text in der an die deutsche Sprache angepaßten Transskription wiedergegeben, in den Fußnoten wird, um eine präzise Nachvollziehbarkeit der Belege zu ermöglichen, die wissenschaftliche Transliteration verwendet.

Wilfried Loth

Die Entstehung der „Stalin-Note"

Dokumente aus Moskauer Archiven

Über die Absichten, die Josef W. Stalin mit der Entsendung von gleichlautenden Noten an die Regierungen der drei westlichen Siegermächte am 10. März 1952 verband, ist seit jeher kontrovers diskutiert worden. War der sowjetische Diktator wirklich bereit, die Herrschaft der SED, die sich unter dem Schutz und mit Hilfe der sowjetischen Besatzungsmacht zwischen Elbe und Oder etabliert hatte, dem Risiko gesamtdeutscher freier Wahlen auszusetzen und damit aller Wahrscheinlichkeit nach preiszugeben? Oder ging es ihm nur um ein Alibi zur Legitimierung der Aufrüstung der DDR, die nach der negativen Reaktion der Westmächte auf den Verhandlungsvorschlag energisch vorangetrieben wurde? Hoffte er vielleicht sogar, mit dem Appell an das Nationalgefühl der Deutschen eine kommunistische Machtergreifung in der Bundesrepublik auslösen zu können? Auch die Quellen aus dem sowjetischen Machtbereich, die nach dem Ende des kommunistischen Machtmonopols im Ostblock zugänglich wurden, haben die Kontroverse bislang noch nicht für jedermann überzeugend lösen können; dafür war die dokumentarische Evidenz bislang noch nicht dicht genug[1].

In dieser Situation dürfte es hilfreich sein, die Entstehung der sowjetischen Note vom 10. März 1952 so breit zu dokumentieren, wie es die zugängliche Überlieferung im Archiv des Außenministeriums der Russischen Föderation[2], im Russischen Staatsarchiv für sozial-politische Geschichte[3]

[1] Vgl. die neueren Forschungsüberblicke bei Ruud van Dijk, The 1952 Stalin Note Debate: Myth or Missed Opportunity for German Unification. Working Paper N° 14, Cold War International History Project, Washington 1996, und Rudolf Morsey, Die Bundesrepublik Deutschland. Entstehung und Entwicklung bis 1969, München [4]1999, S. 175–179. Ich selbst habe zunächst aus den Ende der 70er Jahre vorliegenden Dokumenten geschlossen, daß Stalin an einer Neutralisierung Deutschlands interessiert war; vgl. Wilfried Loth, Die Teilung der Welt. Geschichte des Kalten Krieges 1941–1955, München 1980, S. 283–289 (in der überarbeiteten 9. Auflage 2000, S. 292–298). Nach dem Fall der Mauer habe ich anhand der Aufzeichnungen Wilhelm Piecks und weiterer neuer Dokumente östlicher Provenienz argumentiert, daß die Noteninitiative vom März 1952 in der Kontinuität einer seit 1945 gesamtdeutsch ausgerichteten Deutschlandpolitik Stalins lag: Wilfried Loth, Stalins ungeliebtes Kind. Warum Moskau die DDR nicht wollte, Berlin 1994.

[2] Archiv vnešnej politiki Rossijskoj Federacii, abgekürzt AVPRF.

und im Präsidenten-Archiv der Russischen Föderation[4] ermöglicht. Aktenüberlieferungen des Außenministeriums zu diesem Fragenkomplex sind zwar schon benutzt worden, insbesondere in einem Aufsatz von Gerhard Wettig[5] und einer etwas entlegen publizierten Examensarbeit von Stein Bjørnstad[6], von ersterem freilich nur selektiv und mit einer nicht nachvollziehbaren Thesenbildung[7], von letzterem mit manchmal etwas zu schematischer Interpretation. Um zu zeigen, wie die sowjetische Noteninitiative zustande kam und was sich die Verantwortlichen dabei dachten, wird hier eine Reihe von Schlüsseldokumenten im Wortlaut publiziert. Eine detaillierte Rekonstruktion des Verhandlungsgangs soll es ermöglichen, ihren Gehalt zu erschließen[8].

Eine Initiative für den Außenministerrat

Die Vorgeschichte der sowjetischen Deutschlandnote vom 10. März 1952 beginnt im Februar 1951, als sich die Moskauer Führung auf eine neue Konferenz des Alliierten Außenministerrates vorbereitete. Die Sowjetregierung hatte mit einer Note vom 3. November 1950 die Einberufung einer solchen Konferenz verlangt und zur Begründung angegeben, es müsse über die „Einhaltung der Potsdamer Vereinbarungen hinsichtlich der Demilitarisierung Deutschlands" diskutiert werden[9]. Nachdem die Westmächte daraufhin mit Noten vom 22. Dezember 1950 zumindest Verhandlungen über die Tagesordnung einer neuen Außenministerratstagung zugestanden hatten, war jetzt der Verhandlungsbeginn für diese Vorgespräche festgelegt worden: Vom 5. März 1951 an sollten Stellvertreter der vier Außenminister im Pariser Palais Marbre Rose über die Tagesordnung einer neuen Außenministerratstagung verhandeln.

In dieser Situation drängte Michail G. Gribanow, der Leiter der Dritten

3 Rossijskij gosudarstvennyj archiv sozial'no-političeskoj istorii, abgekürzt RGASPI.

4 Archiv Prezidenta Rossijskoj Federazii, abgekürzt AP RF.

5 Gerhard Wettig, Die Deutschland-Note vom 10. März 1952 auf der Basis diplomatischer Akten des russischen Außenministeriums. Die Hypothese des Wiedervereinigungsangebots, in: Deutschland Archiv 26 (1993), S. 786–805; wieder aufgegriffen in Ders., Bereitschaft zur Einheit in Freiheit? Die sowjetische Deutschland-Politik 1945–1955, München 1999, S. 200–226.

6 Stein Bjørnstad, The Soviet Union and German unification during Stalin's last years, Oslo 1998.

7 Vgl. dazu schon meine Kritik in Wilfried Loth, Spaltung wider Willen. Die sowjetische Deutschlandpolitik 1945–1955, in: Tel Aviver Jahrbuch für deutsche Geschichte 24 (1995), S. 283–297, hier: S. 294.

8 Für Unterstützung bei der Ermittlung der Dokumente und anregende Diskussionen danke ich sehr herzlich meinem Moskauer Kollegen Aleksej M. Filitov. Die Übersetzung der publizierten Dokumente besorgte Ludmilla Krüger.

9 FRUS 1950, IV, S. 902–903. Vgl. Hanns Jürgen Küsters, Der Integrationsfriede. Viermächte-Verhandlungen über die Friedensregelung mit Deutschland 1945–1990, München 2000, S. 525–538.

Europäischen Abteilung des sowjetischen Außenministeriums, die für die deutschsprachigen Länder zuständig war, bei seinen Vorgesetzten auf die Erarbeitung eines verbindlichen Vorschlags für einen Friedensvertrag mit Deutschland, der auf der angestrebten Tagung des Außenministerrats vorgelegt und verhandelt werden sollte. Am 7. Februar teilte er Außenminister Andrej J. Wyschinskij mit, seine Abteilung habe dazu bereits einen Entwurf gefertigt, und regte an, diesen durch eine „qualifizierte Kommission" überarbeiten zu lassen[10]. Am 24. Februar wiederholte er den Vorschlag in einem Schreiben an den Stellvertretenden Außenminister Andrej A. Gromyko. Zur Begründung führte er aus, „einer der Punkte der Tagesordnung der bevorstehenden Tagung" des Alliierten Außenministerrats werde „offensichtlich die Frage des Friedensvertrages mit Deutschland sein". Bei der Besprechung dieser Frage dürfe sich „die Sowjetdelegation nicht darauf beschränken, lediglich ihre alten Vorschläge zu wiederholen". Vielmehr sei es „notwendig, in dieser Hinsicht einen Schritt vorwärts zu machen". Infolgedessen würde er es „für zweckmäßig halten, die Grundlagen eines Friedensvertragsentwurfs mit Deutschland vorzubereiten, den die Sowjetunion zur Behandlung in der SMID[11]-Tagung vorlegen könnte" (*Dokument 1*)[12].

Als Vorsitzenden der Kommission zur „weiteren Bearbeitung" des Entwurfs der Dritten Europäischen Abteilung schlug Gribanow Sergej A. Golunskij vor, den Leiter der Völkerrechtlichen Abteilung des Außenministeriums. Weiterhin sollten der Kommission angehören: Wsewolod N. Durdenewskij, der schon an der Vorbereitung der Potsdamer Vereinbarungen mitgewirkt hatte; Wladimir M. Chwostow, Leiter der Abteilung für Internationale Beziehungen bei der Sowjetischen Akademie der Wissenschaften; Wladimir N. Pawlow, ein Westeuropa-Spezialist, der Stalin auch als persönlicher Dolmetscher diente; Amazasi A. Arutjunjan, Leiter der Wirtschaftsabteilung des Außenministeriums; Georgij P. Arkadjew, Leiter der Vierten, für die osteuropäischen Länder zuständigen Europäischen Abteilung, sowie schließlich Gribanow selbst[13]. Der Vorschlag lief also auf eine durchweg hochrangige und sachgerechte Besetzung der Kommission hinaus; es ging dem Verfasser um eine Verhandlungsgrundlage, die sowjetische Interessen optimal berücksichtigte, nicht um einen demagogischen Propagandatext. Die Kommission sollte verpflichtet werden, den überarbeiteten Entwurf bis zum kommenden 1. April vorzulegen.

Flankiert wurde die Vorbereitung des Friedensvertrags-Entwurfs durch eine Aktion, die die SED-Führung am Abend des 21. Februar 1951 im Gespräch mit General Wassilij I. Tschujkow und Botschafter Wladimir S. Sem-

[10] Gribanov an Vyšinskij 7. 2. 1951, AVPRF, f. 082, op. 38, p. 233, d. 74, ll. 4–5.
[11] Sovet Ministrov Inostrannych Del: Rat der Außenminister *[der vier Mächte]*.
[12] Gribanov an Gromyko 24. 2. 1951, AVPRF, f. 082, op. 38, p. 230, d. 47, l. 1.
[13] Zur Karriere und aktuellen Position der sowjetischen Diplomaten siehe die Angaben in Andrej A. Gromyko u. a. (Hrsg.), Diplomatičeskij slovar' v trech tomach, Moskau 1960–1964.

jonow anregte, dem Vorsitzenden der Sowjetischen Kontroll-Kommission in Deutschland und seinem „Politischen Berater". Die SED-Führer schlugen vor, die Volkskammer der DDR sollte „an den Bonner Bundestag mit einem Vorschlag appellieren, eine gemeinsame Bitte an die Regierungen der vier Großmächte um Aufnahme der Frage des Abschlusses des Friedensvertrages mit Deutschland im Jahre 1951 auf die Tagesordnung der SMID-Tagung zu richten". Sollte der Bundestag nicht reagieren oder ablehnen, würde die Volkskammer „dann selbständig mit einem entsprechenden Vorschlag an die Vier Mächte herantreten"[14]. Tschujkow und Semjonow stimmten dem zu; ebenso Wjatscheslaw M. Molotow, der am 24. Februar ein „Dafür" auf das Telegramm schrieb, das Tschujkow und Semjonow nach Moskau geschickt hatten (vgl. *Dokument 2)*[15]. Wie auch die weiteren Vermerke und Entscheidungsabläufe zeigen, war Molotow offensichtlich auch nach seiner Ablösung als Außenminister durch Wyschinskij am 4. März 1949 als Mitglied des Politbüros für die operative Leitung der sowjetischen Außenpolitik und insbesondere der Deutschlandpolitik zuständig.

Aufgrund der Zustimmung Molotows wurde der SED-Führung die Genehmigung erteilt, entsprechend zu verfahren. Nachdem der Bundestag in der kurzen Frist bis zum Beginn der Pariser Vorkonferenz nicht reagiert hatte, trat Volkskammerpräsident Johannes Dieckmann am 5. März 1951 mit der Bitte um Aufnahme des Tagesordnungspunktes „Vorbereitung und Abschluß eines Friedensvertrags mit Deutschland innerhalb des Jahres 1951" an die Vier Mächte heran[16]. Die Sowjetregierung nützte Dieckmanns Appell, um die Forderung nach Verhandlungen über eine „Beschleunigung des Abschlusses des Friedensvertrags mit Deutschland und in Zusammenhang hiermit *[über den]* Abzug der Besatzungstruppen aus Deutschland",

[14] Zitiert nach dem Bericht des Stellvertretenden Leiters der Dritten Europa-Abteilung Sergej M. Kudrjavcev an Minister-Stellvertreter Valer'jan A. Zorin vom 6. 3. 1951, AVPRF, f. 082, op. 38, p. 230, d. 47, l. 2. – Wilhelm Pieck hielt zu diesem Besprechungspunkt fest: „Aufruf an Mächte – wenn klares Nein/5.3. Vorkonferenz in Paris –/Friedensvertrag – Entwurf –/an Bundestag mit Frist/damit am 5.3. in Paris vorliegt/wenn keine Antwort, so von uns aus einreichen"; Rolf Badstübner/Wilfried Loth (Hrsg.), Wilhelm Pieck – Aufzeichnungen zur Deutschlandpolitik 1945–1953, Berlin 1994, S. 361. Daraus geht hervor, daß die sowjetischen Vertreter die SED-Führer von der Absicht unterrichteten, einen Entwurf für den Friedensvertrag vorzulegen.

[15] Kudrjavcev an Zorin 6. 3. 1951, ebenda. Die Wiedergabe des Dokuments bei Wettig, Bereitschaft zur Einheit in Freiheit?, S. 205–207, ist in mehrerer Hinsicht irreführend. Weder kann man von einem von der SKK unterbreiteten Verfahrensplan sprechen, der mit der SED-Führung nur „besprochen" war, noch gingen die Autoren eindeutig davon aus, „daß die westdeutschen Parlamentarier dem Appell nicht Folge leisten würden"; und es ist auch nicht davon die Rede, daß die Ost-Berliner Initiative „dann dem Kreml die Möglichkeit bieten" würde, „sich unter Berufung auf deutsche Wünsche an die drei westlichen Regierungen mit einer Note zu wenden". Tatsächlich ging es zu diesem Zeitpunkt um die Unterstützung der Sowjetregierung beim Kampf um die Tagesordnung des Außenministerrats, nicht um die Unterstützung bei einer öffentlichen Kampagne.

[16] Vgl. Keesing's Archiv der Gegenwart 1951, S. 2841 und 2845.

die Gromyko als Delegationsleiter am gleichen Tag in Paris vortrug, argumentativ zu unterstützen[17].

Das führte jedoch nicht weit: Wie am 1. März 1951 per Politbüro-Beschluß festgelegt worden war[18], bestand Gromyko in Paris gleichzeitig darauf, die Frage der Einhaltung der Demilitarisierungsbestimmungen des Potsdamer Abkommens als ersten Punkt auf die Tagesordnung zu setzen. Die sowjetische Führung erhoffte sich davon, die Westmächte in die Defensive bringen zu können und möglicherweise die Vorbereitungen zur Bewaffnung der Bundesrepublik gleich ganz zu stoppen. „Solch ein Vorschlag von uns“, hieß es in einem Entwurf für ein sowjetisches Positionspapier zur bevorstehenden Außenministerratssitzung, den Gribanow am 9. Januar an Wyschinskij schickte, „wäre schwer von den Ministern der drei Mächte zurückzuweisen“. Möglichen Einwänden gegen eine solche Erwartung begegnend fügte Gribanow hinzu: „Wenn sie alle dennoch unter irgendeinem Vorwand ablehnen würden, beispielsweise unter dem Vorwand, die Veröffentlichung einer solchen Erklärung bis zum Abschluß der Verhandlung über das gesamte Problem der Demilitarisierung Deutschlands oder aller Deutschland betreffenden Fragen zu verschieben, so wäre unsere Delegation dennoch vor der Weltöffentlichkeit politisch siegreich geblieben.“[19]

Die Westmächte wollten indessen zunächst über die Ursachen für die aktuellen internationalen Spannungen sprechen, dann über den Friedensvertrag mit Österreich und erst an dritter Stelle über die deutsche Einheit und den Friedensvertrag mit Deutschland. Zu einer Annäherung der Standpunkte kam es nicht. Gromyko gestand zwar am 28. März zu, man könne die Frage der Demilitarisierung auch als ersten Unterpunkt der Erörterung der internationalen Spannungen behandeln, erklärte aber zwei Tage später, es müsse unter diesem Tagesordnungspunkt auch über den Atlantikpakt und die amerikanischen Militärstützpunkte in Europa und im Nahen Osten gesprochen werden[20]. Das genügte nicht, um die britischen und französischen Verbündeten von der Unterstützung der amerikanischen Position abzubringen. US-Außenminister Dean Acheson wollte vor der Aufstellung westdeutscher Truppen im Rahmen des westlichen Bündnisses keine Verhandlungen über die Deutschlandfrage zulassen, und er konnte sich damit durchsetzen. Die Aussichten auf eine Außenministerratstagung, auf der die sowjetische Delegation einen Entwurf für den Friedensvertrag präsentieren konnte, verdüsterten sich, und damit verlor die Erarbeitung eines solchen Entwurfs, wie sie Gribanow vorgeschlagen hatte, auch an Dringlichkeit[21].

[17] Vgl. den Vorschlag zu einer entsprechenden Anweisung an Gromyko bei Kudrjavcev an Zorin 6. 3. 1951, ebenda.

[18] AVPRF, f. 07, op. 24, p. 16, d. 188, ll. 37–38.

[19] AVPRF, f. 07, op. 24, p. 16, d. 188, ll. 1–19, das Zitat l. 5.

[20] FRUS 1951, III/1, S. 1111 u. 1118.

[21] Zum Verlauf der Pariser Vorkonferenz vgl. auch Küsters, Der Integrationsfriede, S. 538–553.

Strategieanpassung im Sommer 1951

Nachdem die Pariser Vorverhandlungen am 21. Juni 1951 ergebnislos abgebrochen worden waren, beschwor Gribanow in einem an Gromyko adressierten, am 9. Juli unterzeichneten Memorandum die Gefahr, daß der Sowjetregierung „die Initiative im Kampf für die Wiederherstellung der Einheit des demokratischen Deutschland" zu entgleiten drohe. Die Westmächte, so argumentierte er, seien dabei, den Westdeutschen einige „unwesentliche Zugeständnisse" hinsichtlich „größerer Souveränität der Bonner Regierung" zu machen; und sie könnten auch mit neuen demagogischen Vorschlägen zur Durchführung gesamtdeutscher Wahlen Eindruck schinden. Daraus entstehe „für uns die Notwendigkeit, eine Reihe dringlicher Maßnahmen durchzuführen, die darauf abgestimmt sind, die Initiative in allen entscheidenden Fragen des deutschen Problems nach wie vor in unseren Händen zu behalten" (*Dokument 3*)[22].

Indirekt enthielt die Denkschrift also, für einen Leitenden Beamten des Moskauer Außenministeriums durchaus beachtlich, eine Kritik an der bisherigen sowjetischen Verhandlungsstrategie, die offensichtlich allzu lange allein auf die Mobilisierung der Widerstände gegen die Bewaffnung der Bundesrepublik gesetzt hatte. Um die Gefahren zu bannen, die sich für die Sowjetunion daraus ergaben, schlug Gribanow gleich ein ganzes Bündel „dringlicher Maßnahmen" vor:

- Die DDR-Regierung solle der Bundesregierung noch im Juli, spätestens aber Anfang August „Verhandlungen über die Durchführung freier, demokratischer, gesamtdeutscher Wahlen" vorschlagen, ohne weiter auf einer paritätischen Zusammensetzung der Verhandlungskommission zu bestehen. Sollte die Bonner Regierung ablehnen (was Gribanow, vielleicht mit Blick auf Stalins Skepsis, auf jeden Fall aber gut begründet als „höchstwahrscheinlich" bezeichnete), würde die DDR „in den Augen des deutschen Volkes als Bannerträger des Kampfes um die Wiederherstellung des geeinten Deutschlands" erscheinen. Andernfalls würde sich die Adenauer-Equipe spätestens bei einer nachgeschobenen Forderung nach „Einstellung der Wiederaufrüstung Westdeutschlands" als „Gegnerin der Einheit Deutschlands und Mittäterin bei der Vorbereitung eines neuen Krieges" entlarven.
- Die DDR-Regierung solle die Vier Mächte erneut „um schnellen Abschluß eines Friedensvertrages mit Deutschland ersuchen" – wie schon im Vorfeld der Pariser Vorkonferenz, aber diesmal gestützt auf die Ergebnisse der Volksbefragung gegen die „Remilitarisierung" und für den Abschluß eines Friedensvertrages „noch 1951", für die die „Nationale Front" seit Mai auch in Westdeutschland Unterschriften sammelte[23].

[22] AVPRF, f. 082, op. 38, p. 239, d. 108, ll. 126–134.
[23] Vgl. Loth, Stalins ungeliebtes Kind, S. 175 f.

- „Zur Unterstützung der unter anderem in Frankreich und Deutschland ebenfalls gegen die Wiederherstellung des deutschen Militarismus auftretenden Pazifisten“ solle der Vorsitzende der Sowjetischen Kontroll-Kommission die Bildung einer „vierseitigen Kommission“ zur Kontrolle der Entmilitarisierung in allen vier Besatzungszonen vorschlagen; ferner solle die Sowjetregierung unter Hinweis auf „die Ergebnisse der Befragung des deutschen Volkes offiziell Protest gegen den Bruch des Potsdamer Abkommens“ einlegen.
- Ebenso solle die Sowjetregierung mit den „Grundlagen des Entwurfs des Friedensvertrages mit Deutschland“, der ursprünglich für die Außenministerratstagung vorbereitet werden sollte, in die Öffentlichkeit gehen, verbunden mit dem Angebot, die Besatzungstruppen schon „innerhalb von sechs Monaten“ restlos abzuziehen. Der „Fachkommission“ zur Vorbereitung dieses Entwurfs dürfe nicht mehr als ein Monat Zeit gegeben werden.
- Weiter solle die Sowjetregierung vorschlagen, noch vor der „Entscheidung über die Frage des Friedensvertrages“ über eine „Halbierung der Besatzungstruppen“ und die Festsetzung einer „Höchstzahl der Besatzungstruppen der Vier Mächte in Deutschland“ zu verhandeln.
- Schließlich solle man das Regime der Sowjetischen Kontroll-Kommission optisch lockern, im wesentlichen durch eine Trennung der „sowjetischen Besatzungskontrollbehörden von den sowjetischen Militärbehörden in Deutschland“.

Gribanow gab sich überzeugt, daß die Westmächte weder auf den Vorschlag zur Schaffung einer Kontrollkommission für die Entmilitarisierung eingehen würden noch auf den Vorschlag zur sofortigen Halbierung der Besatzungstruppen. Auch bei dem Vorschlag, den Friedensvertrags-Entwurf zu veröffentlichen, spielte der angestrebte propagandistische Effekt eine Rolle. Die Veröffentlichung wäre, schrieb er, „gleichzeitig ein schwerer Schlag gegen das Manöver der drei Mächte mit der von ihnen geplanten Erklärung zur Beendigung des Kriegszustandes mit Deutschland“. (Tatsächlich sollte die britische Regierung diese Erklärung noch am gleichen Tag abgeben, an dem das Memorandum fertiggestellt wurde. Frankreich folgte am 13. Juli, die USA am 24. Oktober).

An der Zielsetzung des „Kampf*[es]* für die Wiederherstellung der Einheit Deutschlands“ sollte sich damit aber nach Gribanows Verständnis nichts ändern. Es ging darum, der angeblich „fiktiven Lockerung des Besatzungsregimes“ der Westmächte etwas „Wirkliches“ entgegenzusetzen, das „den vitalen Interessen des ganzen deutschen Volkes wie auch den Interessen aller anderen friedliebenden Völker entspricht“ – das Angebot eines „schnellen Abschluß*[es]* des Friedensvertrages“ und des Abzugs aller Besatzungstruppen innerhalb von sechs Monaten danach. Gleichzeitig sollte die Herausstellung des Gegensatzes zwischen westlicher und sowjetischer Haltung in der Wiederbewaffnungsfrage „die Haltung der französischen Patrioten" stärken, „die gegen den Wiederaufbau des deutschen Militarismus antreten". Dazu sollte, was ursprünglich den Außenministern zur Verhandlung vorgelegt werden sollte, nun in gleicher Weise substantiell vorbereitet zunächst der Öffentlichkeit präsentiert werden. Wenn die Beteiligung der Organe der Bundesrepublik trotz des Verzichts auf paritätische Zusammensetzung des gesamtdeutschen Gremiums nicht zu erreichen wäre, sollte die Berufung auf die Ergebnisse der Volksbefragung in Westdeutschland ersatzweise die Initiative der DDR-Regierung legitimieren und ihr damit ein Gewicht verschaffen, das ihr ohne eine solche Legitimation offensichtlich fehlte. Politischer Druck in Frankreich wie in der Bundesrepublik, so die offensichtlich dahinter stehende Kalkulation, sollte die westlichen Regierungen zwingen, dem Abschluß des Friedensvertrages, gegen den sie sich sperrten, doch noch zuzustimmen[24].

In einer ergänzenden Ausführung vom 3. August bezeichnete Gribanow die Veröffentlichung des „Entwurfs der Grundlagen des Friedensvertrages" denn auch als „wirklichen Schritt zur Friedensregelung mit Deutschland". Bei der Erarbeitung des Entwurfs der Grundlagen des Friedensvertrags wollte er, wie er jetzt näher beschrieb, genau so vorgehen, wie er es im Februar im Hinblick auf die erwartete Außenministerratstagung vorgeschlagen hatte: Es sollte eine Kommission unter dem Vorsitz des Leiters der Völkerrechts-Abteilung Golunskij gebildet werden. Chwostow, Pawlow und Gribanow waren weiterhin als Mitglieder vorgesehen, Durdenewskij, Arutjunjan und Arkadjew allerdings nicht mehr. An ihre Stelle traten Semjonow, der seine Erfahrung als Politischer Berater der Sowjetischen Kontroll-Kommission einbringen sollte, und Sergej B. Krylow, ein Völkerrechts-Experte, der als Richter am Internationalen Gerichtshof tätig war. Zum weiteren Vorgehen schlug Gribanow vor, daß die Kommission ihren Entwurf „innerhalb eines Monats" dem Minister vorlegen sollte. Nach der Bestätigung des Entwurfs durch den Minister sollte eine Note der Sowjetregierung an die drei Westmächte erarbeitet werden, die den Vorschlag enthielt, über diesen Entwurf zu verhandeln. Danach sollte die „Instanz", also Stalin, mit der Angelegenheit befaßt werden; falls er zustimmte, sollte die Note mit dem Entwurf als Beilage „in der Presse veröffentlicht werden" (*Dokument 4*)[25].

Unterdessen hatte das Außenministerium die Sowjetische Kontroll-Kommission in Deutschland und die SED-Führung in die Vorbereitung der

[24] Insofern kann man auch nicht von einem Mangel an innerer Konsistenz der Vorschläge Gribanovs sprechen, wie dies Bjørnstad, Soviet Union, S. 55, tut, der anhand eines Beschlußentwurfs vom 9. August darüber berichtet: Gribanov an Gromyko 9. 8. 1951, AVPRF, f. 082, op. 38, p. 239, d. 108, ll. 157–172.

[25] Gribanov an Gromyko 3. 8. 1951, AVPRF, f. 082, op. 38, p. 230, d. 47, l. 12. Wettig, Deutschland-Note vom 10. März 1952 auf der Basis diplomatischer Akten, S. 792, der dieses Dokument zum ersten Mal erwähnt, geht irrtümlich davon aus, daß das Projekt des Friedensvertrags-Entwurfs erst damit wieder aufgegriffen worden sei.

Friedensvertrags-Initiative eingeschaltet. Wie Tschujkow und Semjonows Stellvertreter Iwan I. Iljitschow am 4. August nach Moskau berichteten, hatten Pieck, Ulbricht und Grotewohl ihnen gegenüber am 30. Juli „den Wunsch geäußert, daß die Sowjetregierung den Abschluß eines Friedensvertrages mit Deutschland vorschlagen und die Grundlagen dieses Vertrages veröffentlichen solle". Die deutschen Freunde seien „der Meinung, daß ein solches Auftreten der Sowjetregierung besonders im Zusammenhang mit der Deklaration der Westmächte über die Beendigung des Kriegszustandes mit Deutschland wünschenswert wäre". Inhaltlich solle der Entwurf für den Friedensvertrag an die Ausführungen der sowjetischen Vertreter auf der Londoner Tagung des Außenministerrats im November/Dezember 1947 anknüpfen[26].

Die SED-Führer hatten diesen „Wunsch", der inhaltlich Gribanows Vorschlag vom 9. Juli entsprach, wohl nicht ohne Anregung oder zumindest Unterstützung durch ihre sowjetischen Gesprächspartner entwickelt. In den Aufzeichnungen, die Pieck während der Unterredung „abends 8 Uhr, in Karlshorst" anfertigte, ist er nicht so eindeutig festgehalten. Es findet sich nur – wohl als Äußerung Grotewohls – die mit Gribanows Analyse übereinstimmende Feststellung, daß die „Initiative früher bei uns" gelegen habe, jetzt aber an den „Gegner" übergegangen sei und daß die Bundesrepublik „Gleichberechtigung in *[der]* Remilitarisierung" gewinnen könne. Daran anschließend wurde festgehalten, daß ein „neuer Programmpunkt Friedensvertrag 1951" aufgenommen werden müsse und daß auch der „Inhalt" des Vertrags zu thematisieren sei[27]. Das konnte als Unterstützung für den Vorschlag des Leiters der deutschlandpolitischen Abteilung im Moskauer Außenministerium interpretiert werden.

Gribanow griff den „Wunsch" der deutschen Freunde nach Veröffentlichung eines Friedensvertrags-Entwurfs natürlich gleich auf und verband ihn mit seiner Idee von der Mobilisierung der DDR-Regierung. Nachdem er am 9. August schon den Entwurf einer Beschlußvorlage für das Politbüro erstellt hatte[28], erklärte er es in einem Schreiben an Wyschinskij, datiert auf den 15. August, für „zweckmäßig", die DDR-Regierung zunächst mit dem Vorschlag einer gesamtdeutschen Beratung ohne paritätische Besetzung hervortreten zu lassen. „Falls die Bonner Regierung den Vorschlag der DDR-Regierung annimmt", sollten ein gemeinsamer Aufruf an die vier

[26] Berichtet nach Gribanov an Vyšinskij 15. 8. 1951, AVPRF, f. 082, op. 38, p. 230, d. 47, ll. 14–16, sowie Semenov, Gribanov, Puškin an Vyšinskij 28. 8. 1951, AVPRF, f. 082, op. 38, p. 222, d. 13, ll. 1–13 (daraus Zitat l. 2).

[27] Badstübner/Loth, Wilhelm Pieck, S. 371–373 (Unterstreichungen im Original).

[28] Beigelegt waren der Entwurf einer Note an die Westmächte wegen des Verstoßes gegen das Bewaffnungsverbot sowie der Entwurf einer Note an die französische Regierung, der die Problematik des Schuman-Plans und des Pleven-Plans thematisierte: AVPRF, f. 082, op. 38, p. 239, d. 108, ll. 157–172.

Mächte sowie die Vorbereitung gesamtdeutscher Wahlen verlangt werden[29]. Andernfalls – und das war in Gribanows Sicht nach wie vor viel wahrscheinlicher – sollte die DDR-Regierung „unter Bezug auf das Volksbegehren" allein an die vier Mächte herantreten. „Nach 1,5 bis 2 Monaten" – diese Spezifizierung war neu – sollte die Sowjetregierung dann die Noten „mit dem Entwurf der Grundlagen des Friedensvertrages" an die Regierungen der Westmächte übermitteln und zugleich veröffentlichen. Gribanow beendete sein Votum mit der Empfehlung, in den Noten solle „auch der Wunsch nach Einberufung der Friedenskonferenz zur deutschen Frage vor Ende 1951 angezeigt werden" (*Dokument 5*)[30].

Gribanows Stellungnahme wurde am folgenden Tag im Kreis der Außenminister-Stellvertreter besprochen[31]; sein Vorschlag, einen Entwurf von Grundlagen des Friedensvertrages zu veröffentlichen, konnte sich dabei aber noch nicht durchsetzen. Am 20. August übermittelte er Wyschinskij zusammen mit Semjonow, der offensichtlich zur Berichterstattung nach Moskau gerufen worden war, den Entwurf einer „Vorlage für die Instanz", die, wie er schrieb, „entsprechend Ihrer Bemerkungen korrigiert worden ist". Darin wurde den Freunden in der DDR empfohlen, „unter Bezugnahme auf die Ergebnisse der Umfrage unter der deutschen Bevölkerung" bei den Alliierten vorstellig zu werden und bei dem erneuten Vorschlag zur Einberufung einer gesamtdeutschen Beratung auf die „Forderung nach Parität der Vertreter" zu verzichten, „um der Bonner Regierung keinen Grund zu geben, eine solche Forderung als Vorwand zur Ablehnung des Vorschlags [...] zu nutzen". Die Sowjetregierung sollte nach diesem Entwurf nur bekunden, daß sie schon immer für die Einhaltung der Potsdamer Entmilitarisierungsbestimmungen und „den unverzüglichen Abschluß eines Friedensvertrages" gewesen sei[32].

Erst bei Molotow fand Gribanow Gehör. Nachdem die Vorlage vom 20. August dem für Außenpolitik zuständigen Politbüro-Mitglied „mit der Bitte um Ihre Zustimmung" übermittelt worden war[33], kam es am 25. August zu einem „Meinungsaustausch", als dessen Ergebnis Wyschinskij am 26. August eine abermals überarbeitete Fassung der Vorlage „an den Genossen Stalin J. W." vorlegte. Darin wurde es als „zweckmäßig" erklärt, „in Namen der Sowjetregierung einen Entwurf der Grundlagen eines demokratischen Friedensvertrages mit Deutschland zu veröffentlichen". Gribanows zeitliche Vorgabe (eineinhalb bis zwei Monate nach dem Appell der DDR-

29 Von einem „vorgeblichen Ergebnis" der Besprechungen, „deren Zustandekommen gar nicht erwartet wurde", so Wettig, Bereitschaft zur Einheit in Freiheit?, S. 207, ist in diesem Zusammenhang im Text nicht die Rede.

30 AVPRF, f. 082, op. 38, p. 230, d. 47, ll. 14–16.

31 Wie aus einem handschriftlichen Vermerk hervorgeht, den Vyšinskij am 17. August auf der Stellungnahme notierte.

32 Semenov u. Gribanov an Vyšinskij 20. 8. 1951, AVPRF, f. 07, op. 24, p. 388, d. 33, ll. 67–71.

33 Vyšinskij an Molotov o.D., ebenda, ll. 107–126.

Regierung) wurde dabei etwas aufgeweicht: Die Vorlage sah nur vor, daß das Außenministerium den Text des Grundlagen-Entwurfs „im Laufe von 2–3 Monaten vorbereiten wird“, und zwar „gemeinsam mit der SKK in Deutschland und Vertretern der interessierten Ressorts“ (*Dokument 6*)[34].

Offensichtlich konnte nur Molotow eine solche Kurskorrektur auf den Weg bringen; Wyschinskij bewegte sich als Chef des Außenministeriums ganz auf den vorgezeichneten Bahnen. Sobald Molotows Zustimmung vorlag, wurde das Vorhaben auch im Politbüro beraten. Diese Beratung mit Stalin fand am 27. August statt. Sie führte zu einem Politbüro-Beschluß zur „deutschen Frage“, mit dem Wyschinskij beauftragt wurde, „den vorgeschlagenen Entwurf innerhalb von drei Tagen auf der Grundlage des Meinungsaustauschs zu überarbeiten und damit einen Vorschlag zu den Fragen zu entwickeln, die die Genossen Pieck, Ulbricht und Grotewohl bei dem Treffen mit Tschujkow und Iljitschow am 30. Juli gestellt haben“[35]. Wyschinskij billigte daraufhin einen überarbeiteten Vorschlag Gribanows zur Einberufung der Friedensvertrags-Kommission vom gleichen Tag. Zusätzlich zum Leiter der Diplomatischen Mission in der DDR Georgij M. Puschkin, der in dieser Version schon als weiteres Mitglied der Kommission vorgesehen war, nominierte er auch noch – per handschriftlicher Notiz – seinen Stellvertreter Alexander J. Bogomolow und bestimmte diesen anstelle von Golunskij zum Vorsitzenden. Sodann hielt er fest: „Zeitraum zehn Tage – vor 6/IX.“[36] Wie sich aus dem Zusammenhang ergibt, sollte die überarbeitete Beschlußvorlage[37] bis dahin dem Politbüro vorliegen.

Bereits einen Tag nach der Politbüro-Sitzung, in der sich Stalin erstmals mit dem Vorschlag zur Veröffentlichung der Grundlagen des Friedensvertrages befaßt hatte, erhielt Wyschinskij einen neuen „Entwurf einer Vorlage für die Instanz“ (überschrieben mit „An den Genossen Stalin J. W.“) sowie den Entwurf einer „Direktive für die Genossen Tschujkow und Semjonow“ (*Dokument 7*)[38]. Bei ihrer Erarbeitung war Gribanow erneut von Semjonow unterstützt worden und erstmals auch von Puschkin, der sich ebenfalls seit einigen Tagen in Moskau aufhielt. Beide sollten offensichtlich dafür sorgen, daß die Friedensvertrags-Initiative nicht nur der Situation in Deutschland Rechnung trug, sondern auch, was die Bestimmungen des Vertrags betraf, zu inhaltlich vertretbaren Ergebnissen führte. Wie Semjonow seinem jungen Diplomatenkollegen Julij Kwizinskij in späteren Jahren erzählte, hat

[34] Vyšinskij an Molotov 26. 8. 1951, ebenda, ll. 127–131.

[35] RGASPI f. 17, op. 3, d. 1090, Politbüro-Resolution Nr. 259, zitiert nach Bjørnstad, Soviet Union, S. 124. Stalin wurde also nicht erst „Anfang September 1951“ mit der Angelegenheit befaßt, wie Wettig, Bereitschaft zur Einheit in Freiheit?, S. 207f., meint.

[36] Die handschriftlichen Ergänzungen des Gribanov-Textes erfolgten also entweder noch am 27. August, dem Tag der Politbüro-Sitzung, oder am Tag darauf. Gribanov an Vyšinskij 27. 8. 1951, AVPRF, f. 082, op. 38, p. 230, d. 47, l. 20.

[37] Nicht der Entwurf für den Friedensvertrag, wie Bjørnstad, Soviet Union, S. 56, meint.

[38] AVPRF, f. 082, op. 38, p. 222, d. 13, ll. 1–13.

er die Initiative „Stalin gegenüber als einen klugen politischen Schachzug verteidigt, der den Westen in der nationalen Frage in die Enge treiben sollte“[39]. Dieses Gespräch muß im Rahmen seines Moskau-Aufenthaltes Ende August 1951 stattgefunden haben. Vermutlich ist Semjonow zu der Politbüro-Beratung vom 27. August hinzugezogen worden.

Semjonow berichtete weiter, daß die Initiative „von Berija inspiriert war“ und im Politbüro kontrovers diskutiert wurde: „Viele Mitglieder des Politbüros hielten eine derartige Initiative der Sowjetunion für zu riskant. Stalin gab dem Experiment schließlich seinen Segen, warnte aber, bei einem Mißerfolg werde er die Schuldigen zur Verantwortung ziehen.“[40]

Daran dürfte soviel stimmen, daß Stalin für das Vorhaben erst noch gewonnen werden mußte und Gribanow bzw. die Leitung des Außenministeriums (von deren monatelangen Vorarbeiten Semjonow kaum etwas wissen konnte) in Berija einen mächtigen Fürsprecher fanden. Die Erinnerungen von Berijas Sohn Sergo berichten vom Widerstand des Geheimdienstchefs gegen die Zwangsvereinigung der deutschen Arbeiterparteien im Frühjahr 1946 und seinem Engagement für eine Allianz mit einem „bürgerlichen Deutschland“ nach Stalins Tod; die Aktenstücke, die zwischen Stalins Tod und Berijas Entmachtung Ende Juni 1953 entstanden, zeugen von energischen Bemühungen um „koordinierte Handlungen der vier Mächte“ zur Wiederherstellung der Einheit Deutschlands[41]. Zusammen gesehen hinterlassen beide Überlieferungen den Eindruck, daß sich Berija in der Deutschlandpolitik durch Nüchternheit und unorthodoxe Tatkraft auszeichnete.

Das erkennbare Zögern Stalins ist jedoch nach Ausweis der Akten nicht darauf zurückzuführen, daß er, wie eine Formulierung Kwizinskijs gedeutet werden könnte, eine Zustimmung der Westmächte zu seinem Vorschlag befürchtet hätte[42]. Vielmehr schreckte er davor zurück, auf die Forderung zu verzichten, zunächst müsse der Außenministerrat über die Einhaltung der

[39] Berichtet von Kwizinskij im Nachwort zu: Wladimir S. Semjonow *[Vladimir S. Semenov]*, Von Stalin bis Gorbatschow. Ein halbes Jahrhundert in diplomatischer Mission 1939–1991, Berlin 1995, S. 392. Semenovs Eröffnungen gegenüber Kwizinskij dürften in der zweiten Hälfte der 60er oder zu Beginn der 70er Jahre erfolgt sein, als Kwizinskij als Angehöriger des Westberlin-Referats des Außenministeriums eng mit Semenov zusammenarbeitete, der unterdessen als Außenminister-Stellvertreter für die Deutschlandpolitik zuständig war.

[40] Ebenda.

[41] Vgl. Sergo Beria, Beria mon père. Au cœur du pouvoir stalinien, Paris 1999, S. 285–287 und 365f.; Elke Scherstjanoi, Die sowjetische Deutschlandpolitik nach Stalins Tod 1953. Neue Dokumente aus dem Archiv des Moskauer Außenministeriums, in: Vierteljahrshefte für Zeitgeschichte 46 (1998), S. 497–549, das Zitat S. 540.

[42] „Dabei konnte man in keinem Fall etwas verlieren, denn nach Erkenntnissen der sowjetischen Aufklärung waren die Westmächte keinesfalls geneigt, eine Destabilisierung der eben gegründeten Bundesrepublik [...] zuzulassen“ (Semjonow, Von Stalin bis Gorbatschow, S. 392). Eine solche Interpretation der 1995 niedergeschriebenen Passage ist freilich nicht zwingend. Semenov selbst sieht die Noten-Initiative in seinen Memoiren ganz in der Kontinuität der bisherigen gesamtdeutschen Politik der Sowjetunion: Es sei darum gegangen, „die Einheit Deutschlands nicht aus der Hand zu geben“; ebenda, S. 267.

Entmilitarisierungsbestimmungen verhandeln. „Das Außenministerium der UdSSR ist der Ansicht“, hieß es in der nach der Konfrontation mit Stalin überarbeiteten Beschlußvorlage, „daß der Vorstoß der Sowjetregierung in der Frage eines Friedensvertrages mit Deutschland zum angegebenen Zeitpunkt den Eindruck erwecken könnte, daß die Sowjetregierung im Unterschied zur Haltung der sowjetischen Delegation auf der vorangegangenen Tagung in Paris (März – Juni 1951) vorschlage, eine Tagung des Rats der Außenminister lediglich zur Diskussion der Frage des Abschlusses eines Friedensvertrages mit Deutschland einzuberufen. Deshalb erscheint es zweckmäßiger, den Vorstoß der Sowjetregierung in der Frage des Friedensvertrages mit Deutschland etwas später zu unternehmen und vorher die Meinung der Weltöffentlichkeit auf einen solchen Schritt der Sowjetunion vorzubereiten.“ Die Autoren der Beschlußvorlage sprachen denn auch nicht mehr von der Gefahr, in die Defensive zu geraten; sie begründeten die Friedensvertrags-Initiative vielmehr ausschließlich mit dem entsprechenden „Wunsch“ der „deutschen Freunde“.

Die Mobilisierung der SED-Führung erwies sich damit als ein geschickter Schachzug bei der Durchsetzung der Friedensvertrags-Initiative. Die Berufung auf die „deutschen Freunde“ wies einen Weg, wie der Gesichtsverlust, den Stalin offensichtlich auf sich zukommen sah und der ihn zögern ließ, kaschiert werden konnte. Wenn die DDR-Kampagne erfolgreich war, konnte der sowjetische Vorschlag als Zugeständnis an die legitimen Wünsche der Deutschen präsentiert werden; und der Streit um die Reihenfolge der Tagesordnung im Palais Marbre Rose konnte darüber in Vergessenheit geraten[43]. Von der öffentlichen Bekundung des Wunsches „nach Einberufung der Friedenskonferenz zur deutschen Frage vor Ende 1951“ (so Gribanow am 15. August)[44] war darum in dem neuen Text nicht mehr die Rede. Er sah nur, wie Molotow vorgeschlagen hatte, für die Erarbeitung des Entwurfs einen Zeitraum „von 2–3 Monaten“ vor. Der Zeitraum zwischen dem Beginn der DDR-Kampagne und dem öffentlichen Auftreten der Sowjetregierung mit dem Entwurf der Grundlagen des Friedensvertrags wurde beträchtlich ausgeweitet. „Das MID[45] der UdSSR sieht es als zweckmäßig an“, begründeten die Autoren diese Verzögerung, „daß der Vorstoß der Sowjetregierung in der Frage des Friedensvertrages mit Deutschland als zweite Etappe der breiten öffentlichen Kampagne zur demokratischen und friedlichen Lösung der deutschen Frage zum Tragen *kommt*[46], d. h. nach der weitgehenden Durchführung der Maßnahmen, die mit dem Appell der Volks-

[43] Auf dieses Motiv hat schon Bjørnstad, Soviet Union, S. 57–59, aufmerksam gemacht. Eine grundsätzliche Differenz zu einer „konfrontativen“ Linie der SED-Führung, wie sie Bjørnstad skizziert, läßt sich aus den Quellen allerdings nicht ableiten.

[44] Wie Anm. 30.

[45] Ministerstvo Inostrannych Del (Ministerium der Auswärtigen Angelegenheiten).

[46] Im Original mit blauem Stift unterstrichen.

kammer der DDR an das Bonner Parlament zur Einberufung der gesamtdeutschen Konferenz zusammenhängen". Dabei gingen sie davon aus, daß diese Maßnahmen im Hinblick auf die Mobilisierung der Westdeutschen erfolgreich sein würden, unabhängig davon, ob der Bundestag für die gesamtdeutsche Konferenz zu gewinnen war oder nicht.

Stalins Zögern dürfte durch die Einsicht verstärkt worden sein, daß die Volksbefragungs-Aktion der „Nationalen Front" in Westdeutschland bislang weit hinter den Erwartungen zurückgeblieben war. Wie in der Besprechung der SED-Führer mit Tschujkow und Iljitschow am 30. Juli mitgeteilt wurde, waren seit Mai gerade einmal 1,7 Millionen Unterschriften zusammen gekommen; das entsprach 6,7 Prozent der Wahlberechtigten der Bundesrepublik[47]. Semjonow und Puschkin haben diese Information gewiß in die Moskauer Beratungen eingebracht. Jedenfalls war die Überlegung Gribanows, die DDR-Regierung könne sich bei ihrem Appell an die Vier Mächte ersatzweise auf die Ergebnisse der Volksbefragung berufen, in dem neuen Text nicht mehr enthalten. Die „deutschen Freunde" mußten noch gründlich unter den Westdeutschen agitieren, ehe den westlichen Alliierten ein eindrucksvolles Votum der Deutschen für die Wiedervereinigung präsentiert werden konnte.

Problematisch war nur, daß die Veröffentlichung des sowjetischen Entwurfs der Grundlagen des Friedensvertrags, die die Autoren des Beschlußentwurfs Stalin jetzt als „eine verläßliche Basis für den Kampf für ein vereintes demokratisches Deutschland und gegen die Unterjochung West-Deutschlands durch die anglo-amerikanischen Imperialisten" präsentierten, nunmehr davon abhängig gemacht wurde, daß in diesem Kampf schon wesentliche Erfolge erzielt worden waren. Die Auseinandersetzung zwischen Stalinschem Prestigedenken und den Bemühungen Gribanows, alle Ressourcen zu mobilisieren, die gegen die Wiederbewaffnung und Westintegration der Bundesrepublik ins Feld geführt werden konnten, endete damit, daß in der ansonsten sehr differenziert ausgearbeiteten Strategie eine Lücke entstand[48].

Verhandlungsvorbereitungen

Die zeitliche Verschiebung änderte aber nichts daran, daß man sich in Moskau ernsthaft auf Verhandlungen im Alliierten Außenministerrat vorbereitete. Der „Vorlage für die Instanz" wurde ein „Übersichtsbericht zur Behandlung der Frage des Friedensvertrages mit Deutschland in den Sitzungen

[47] Badstübner/Loth, Wilhelm Pieck, S. 372.
[48] Insgesamt fand „das Aktionsprogramm, das Gribanov am 15. August 1951 unterbreitet hatte", also nicht so uneingeschränkt „die Zustimmung der außenpolitischen Verantwortlichen in Moskau", wie Wettig, Deutschland-Note vom 10. März 1952 auf der Basis diplomatischer Akten, S. 796, behauptet.

des SMID" beigelegt, und die Kommission zur Überprüfung des von der Dritten Europäischen Abteilung erarbeiteten Friedensvertrags-Entwurfs wurde mit drei führenden Völkerrechts-Experten (Golunskij, Chwostow und Krylow), den formal hochrangigsten Deutschland-Experten (Semjonow, Puschkin und Gribanow) und einem führenden Frankreich-Spezialisten (Pawlow) denkbar prominent besetzt. Die Bestellung eines Außenminister-Stellvertreters zum Vorsitzenden sicherte dem Unternehmen zudem eine stärkere Nähe zur tatsächlichen Entscheidungsebene[49]. Das Tagebuch des Politbüros weist für den 8. September die erneute Behandlung der „deutschen Frage" aus[50]. Es ist davon auszugehen, daß die Friedensvertrags-Initiative an diesem Tag (der auch der von Wyschinskij gesetzten Frist entsprach) ohne weitere substantielle Änderungen beschlossen wurde. Spätere Dokumente berufen sich auf einen entsprechenden „Beschluß des ZK der KPdSU(B) im September 1951"[51]. Am 15. September präsentierte Grotewohl den Vorschlag einer „gemeinsamen gesamtdeutschen Beratung der Vertreter Ost- und Westdeutschlands", die „erstens über die Abhaltung freier gesamtdeutscher Wahlen" und „zweitens über die Beschleunigung des Abschlusses eines Friedensvertrages mit Deutschland" „entscheiden" sollte, in der Volkskammer[52].

Noch am Tage des Politbüro-Beschlusses vom 8. September schickte Gribanow „den ursprünglichen Entwurf der Grundlagen des Friedensvertrages mit Deutschland, der in der Dritten Europäischen Abteilung vorbereitet wurde", an alle Mitglieder der nunmehr tatsächlich eingerichteten Experten-Kommission. Augenscheinlich handelte es sich dabei um den Entwurf, über den er schon im Februar berichtet hatte; am 7. September hatte er daran handschriftlich geringfügige redaktionelle Korrekturen vorgenommen. Gribanow drängte Bogomolow als Vorsitzenden, die Kommission „in der nächsten Zeit" zusammenzurufen, um die Vorlage zu besprechen und die Arbeitsweise der Kommission festzulegen. Einmal mehr erwies er sich damit als die eigentliche treibende Kraft, die – durchaus in der Überzeugung, damit den Vorstellungen Stalins zu entsprechen – hinter der Friedensvertrags-Initiative stand[53].

Der Text, den Gribanow den Schreiben an die Kommissionsmitglieder beilegte (*Dokument 8*), war noch kein ausgearbeiteter Vertragsentwurf. Vielmehr enthielt er unter der Überschrift „Schema des Entwurfs" detaillierte Anweisungen, welche Bestimmungen in den Vertrag aufgenommen

49 Von einer bloßen „Formulierungskommission", so Wettig, Deutschland-Note vom 10. März 1952 auf der Basis diplomatischer Akten, S. 797, kann man daher nicht sprechen.
50 RGASPI f. 17, op. 3, d. 1090, zitiert nach Bjørnstad, Soviet Union, S. 124.
51 So der Entwurf eines Memorandums „an den Genossen Stalin J. W.", den Gromyko am 21. 1. 1952 an Molotov schickte: AVPRF, f. 07, op. 25, p. 13, d. 144, ll. 38f.
52 Regierungserklärung des Ministerpräsidenten der DDR, Otto Grotewohl, vom 15. 9. 1951, in: Europa-Archiv 6 (1951), S. 4398–4403.
53 Gribanov an Bogomolov 8. 9. 1951, AVPRF, f. 082, op. 38, p. 230, d. 47, l. 21.

werden sollten. Sieben Abschnitte waren für eine Präambel vorgesehen; dann folgten 55 Einzelbestimmungen in elf thematischen Abschnitten. Manche Anweisungen waren inhaltlich noch weitgehend offen gelassen (so die Bestimmung Nr. 50: „Festlegen des Verfahrens zur Beilegung von Streitfällen bei der Auslegung der Artikel des Friedensvertrages"); andere gingen schon sehr ins Detail (so Nr. 21: eine Liste der Waffen, die Deutschland weder „besitzen" noch „produzieren oder testen" dürfe). Bisweilen fehlten noch Zahlenangaben (etwa zur Höhe der Reparationen, die Deutschland insgesamt zu leisten hatte), und gelegentlich ließ auch noch die Systematik der Anordnung der einzelnen Bestimmungen zu wünschen übrig.

Inhaltlich orientierte sich der Entwurf noch stark an den Potsdamer Grundsätzen und den Vorschlägen, die Molotow auf den Außenministerratstagungen von 1946 und 1947 vorgetragen hatte. Deutschland sollte die Potsdamer Grenzziehungen anerkennen und sich verpflichten, „alle notwendigen Maßnahmen zu treffen, daß allen Personen, die der deutschen Gerichtsbarkeit unterliegen, ohne Unterschied der Rasse, des Geschlechts, der Sprache oder des Glaubens die gleichen Menschenrechte und grundlegenden Freiheiten einschließlich der Rede-, der Presse-, der Publikations-, der Glaubensfreiheit, der Freiheit der politischen Überzeugungen und der Versammlungsfreiheit gewährt werden". Dazu gehörte es aber auch, „die in Ostdeutschland durchgeführten demokratischen Veränderungen zu befestigen". Die Friedenswirtschaft sollte sich ungehindert entfalten können; Monopole und Produktion zu kriegerischen Zwecken sollten allerdings verboten bleiben, und das deutsche Volk sollte Reparationen leisten. Die Kompetenz zur friedlichen Nutzung der Ruhr-Industrie sollte an die deutsche Regierung übergehen. Deutsche Streitkräfte wurden im Rahmen von „Verteidigungszwecken" erlaubt, die Tätigkeit von Deutschen für auswärtige Streitkräfte und deren Präsenz auf deutschem Boden dagegen strikt verboten. Deutschland sollte sich verpflichten, „keinerlei politischen und militärischen Bündnissen beizutreten, die gegen irgendeine Macht gerichtet sind, welche mit ihren Streitkräften am Krieg gegen Deutschland teilgenommen hat". Die Besatzungstruppen sollten „nicht später als 90 Tage" nach Inkrafttreten des Friedensvertrags abgezogen werden, danach sollte ein Rat der Vier Botschafter für eine gewisse Zeit über die Einhaltung der Vertragsbestimmungen wachen[54].

[54] AVPRF, f. 082, op. 38, p. 230, d. 47, ll. 22–34. Die Bestimmungen liefen nicht so eindeutig auf eine Verpflichtung zur „Übertragung der ‚demokratischen Umwandlungen' von Ost- auf Westdeutschland" hinaus, wie Wettig, Deutschland-Note vom 10. März 1952 auf der Basis diplomatischer Akten, S. 794, behauptet. Auch enthielt der Text (den Wettig nach einer anderen Fundstelle zitiert: AVPRF, f. 082, op. 38, p. 250, d. 112, ll. 21–34) weder eine explizite Aufforderung, die Montanunion aufzuheben, noch ein Verbot aller „anderen ökonomischen Bindungen an den Westen". Die Deutung in Wettigs späterer Darstellung („Übertragung des DDR-Modells auf Gesamtdeutschland", „Verzicht auf jegliche Westverflechtung", Ausbau der „Bindungen an die UdSSR"; so Wettig, Bereitschaft zur Einheit in Freiheit?, S. 208–211)

Im Begleitschreiben schlug Gribanow vor, die Bearbeitung der einzelnen Teile des Entwurfs unter den Mitgliedern der Kommission zu verteilen. Wie es scheint, ist diesem Vorschlag stattgegeben worden. In einer Aktenmappe des Außenministeriums vom Januar/Februar 1952 findet sich, nachträglich eingefügt und im maschinengeschriebenen Inhaltsverzeichnis noch nicht enthalten, ein weiter ausgearbeiteter Vertragsentwurf unter der handschriftlichen Kennzeichnung „Entwurf Gruppe Seljaninow“. Hier war vieles ausformuliert, was in dem am 8. September übermittelten Dokument nur angefordert worden war (etwa die Liste der vertragschließenden Parteien zu Beginn der Präambel), manches war systematisch an die richtige Stelle gebracht, und insgesamt lag jetzt ein regelrechter Vertragstext mit einer Präambel, elf Teilen, zahlreichen Abschnitten und Paragraphen vor (*Dokument* 9)[55]. Oleg Seljaninow war Gribanows Stellvertreter; vermutlich hat er die Ausarbeitung als Vorsitzender einer Arbeitsgruppe nicht allzu lange nach dem 8. September vorgelegt.

Inhaltlich hielt sich Seljaninows Vertragsentwurf weitgehend an die von Gribanow übermittelten Vorgaben; sie wurden gleichsam Abschnitt für Abschnitt übernommen. Hinsichtlich der politischen Ordnung präzisierte er: „Die deutsche Regierung sichert und führt die in Deutschland erzielten demokratischen Reformen fort, darunter: auf dem Gebiet der Verwaltungsorgane, der Wirtschaft, der Arbeitsgesetzgebung, der Justiz, der Bildung, des Gesundheitswesens u.a.“ Hinsichtlich der Reparationen wurde präzisiert, daß der Sowjetunion „6 829 Millionen Dollar in Preisen von 1938“ zustehen sollten und daß die gesamte Reparationsleistung „im Laufe von nicht mehr als 20 Jahren“ vom Ende der Potsdamer Konferenz an erfolgen sollte. Zur militärischen Ausstattung hieß es, dies allerdings wesentlich enger gefaßt als in der von Gribanow übermittelten Vorgabe, daß „zum Ziel der Aufrechterhaltung der öffentlichen Ordnung im Inland und zum Grenzschutz Deutschlands“ eine „begrenzte Zahl von Polizeikräften, 150–200 Tausend Mann, die mit Handwaffen ausgerüstet sind“, gestattet werden sollen.

Im übrigen waren die Kontrollbestimmungen in diesem Entwurf wesentlich schärfer gefaßt: Zum Botschafterrat, dessen Tätigkeit jetzt auf drei Jahre festgelegt wurde, sollten ein „Viererkontrollorgan für die Ruhr“ und eine „Viererkontrollkommission für die Einhaltung der Militärparagraphen des Vertrages“ kommen, deren Tätigkeit „mit der Zeit“ und abhängig von der Vertragserfüllung „überprüft“ werden sollte. Für den Fall der Nichterfüllung des Vertrags durch Deutschland wurden wirtschaftliche Sanktionen

entfernt sich noch weiter vom Text. Die Charakterisierung des Textes als „erster Entwurf der Note“ von 1952 (ebenda, S. 208) suggeriert, daß er an die Westmächte adressierte Passagen enthalten habe (was tatsächlich nicht der Fall war), und unterschlägt, daß es sich um Anweisungen für einen tatsächlichen *Vertrags*entwurf handelte.

[55] AVPRF, f. 082, op. 40, p. 255, d. 11, ll. 31–46.

und schlimmstenfalls sogar eine Rückkehr der Besatzungstruppen angedroht.

Daß die Autoren auch jetzt kein billiges Propagandamanöver im Sinn hatten, sondern nach wie vor tatsächlich auf einer Außenministerratstagung über diesen Entwurf verhandeln wollten, wird schon aus der Fülle detaillierter Bestimmungen deutlich, die Einzelheiten wie die Rückführung der „displaced persons" innerhalb von drei Monaten nach Vertragsabschluß und die Öffnung des Kieler Kanals für Handelsschiffe aller Nationen und Kriegsschiffe aus den Ostseestaaten einschlossen. Auch die vielfache Rückversicherung gegen ein Wiederaufleben des deutschen Faschismus spricht für die Ernsthaftigkeit des Unternehmens. Die Autoren rechneten mit der Möglichkeit, beim Wort genommen zu werden, und bauten darum Garantien für die Wahrung der sowjetischen Sicherheitsinteressen in den Vertragsentwurf ein. Schließlich wurden die Verhandlungen mit den westlichen Alliierten an einer Stelle des Entwurfs (der auch noch nicht in allen Punkten ausformuliert war) sogar direkt angesprochen: Eventuelle Ansprüche von Deutschlands Nachbarländern „auf unbedeutende Grenzkorrekturen", hieß es in Teil 1 des Entwurfs, könnten vom Außenministerrat „während der endgültigen Vertragsausarbeitung geprüft werden".

Der detaillierte und völkerrechtlich präzise Vertragstext war freilich wenig geeignet, die deutsche und nach Möglichkeit auch die französische Öffentlichkeit zu mobilisieren. Auch war zu überlegen, ob man den Deutschen im Westen nicht inhaltlich stärker entgegenkommen mußte, wenn man sie dafür gewinnen wollte, sich bei den westlichen Siegermächten für den Abschluß des Friedensvertrags stark zu machen. Konnte man ihnen angesichts der Freiheiten, die ihnen im Rahmen der Verhandlungen über den Generalvertrag und die Europäische Verteidigungsgemeinschaft in Aussicht gestellt wurden, wirklich noch mehrjährige Kontrollen und die Beschränkung auf Polizei und Grenzschutz zumuten? Vermutlich haben die Deutschland-Experten in der Kommission dies den Völkerrechts-Spezialisten gesagt. Jedenfalls präsentierte Gribanow am 15. September Bogomolow einen ganz anderen Text – mit der Bemerkung „entsprechend Ihren Anweisungen umgearbeitet" und zusätzlich mit der Unterschrift von DDR-Missionschef Puschkin versehen (*Dokument 10*)[56].

Bei dem neuen Text handelte es sich nicht mehr um einen Entwurf für den Friedensvertrag. Vielmehr legten Gribanow und Puschkin den Entwurf einer Erklärung der Sowjetregierung vor, die unter der Überschrift „*Grundlagen*[57] eines Friedensvertrages mit Deutschland" zunächst auf den vorprogrammierten Appell der DDR-Regierung Bezug nahm (mit einer Beteiligung der Bundesregierung rechneten die Autoren also zu diesem Zeitpunkt

[56] AVPRF, f. 082, op. 38, p. 230, d. 47, ll. 35–40.
[57] Hervorhebung durch den Autor, W.L.

nicht) und dann verlauten ließ, daß die Sowjetregierung „stets auf dem schnellsten Abschluß des Friedensvertrages mit Deutschland" bestanden habe. Weiter folgten einige allgemeine „Grundsätze des demokratischen Friedens", und dann wurden sechzehn knappe Punkte aufgeführt, die die wesentlichsten Bestimmungen des Friedensvertrags darstellen sollten[58].

Hinsichtlich der Grenzen, der Sicherung der Menschenrechte, der Festigung der „demokratischen Umgestaltungen", der Entfaltung der Friedenswirtschaft und der Nichtbeteiligung an Allianzen, die sich gegen eine der Siegermächte richteten, folgte der Text den Formulierungen des Vertragsentwurfs. Von Kontrollen, Überstellung der „displaced persons" und Begleichung der Kosten für die Kriegsgefangenen war jedoch nicht mehr die Rede. Hinsichtlich der Montanindustrie wurde präzisiert, sie sollte „sich keinen Vereinigungen in der Welt oder in Europa anschließen, die mit der Verwirklichung der aggressiven Pläne der Mitglieder dieser Vereinigungen zusammen hängen". Hinsichtlich der Reparationen wurde auf eine Verkürzung der Restsumme verwiesen. Zum militärischen Status Deutschlands hieß es wieder entgegenkommender als im Seljaninow-Entwurf: „Die Ausrüstung von Heer, Luftwaffe und Marine muß streng begrenzt sein und muß ausschließlich Verteidigungszwecken dienen." Dazu erforderliches „Kriegsmaterial" sollte produziert werden können. Der Abzug der Besatzungstruppen sollte in „kürzestmöglicher Zeit" erfolgen; die Jahresfrist galt jetzt als Obergrenze.

In den Zusammenhang dieses Neuansatzes zur öffentlichen Präsentation des Friedensvertrages gehört offensichtlich auch das Zeugnis des sowjetischen Deutschland-Experten Daniil E. Melnikow, der Ende 1990 berichtete, es habe „verschiedene Entwürfe" für die Note vom März 1952 gegeben und er sei „sehr zufrieden" gewesen, „daß meiner dem am nächsten kam, was Stalin dachte". Das deckt sich mit der hier dokumentierten Entwicklung und läßt Melnikows Zeugnis grundsätzlich glaubwürdig erscheinen. Melnikow war bis etwa 1951 Mitarbeiter des Sowjetischen Nachrichtenbüros in Berlin und kam dann als Professor an die Moskauer Universität; er könnte also von Puschkin zur Mitarbeit an den Entwürfen herangezogen worden sein. In seinem Interview von 1990 nannte er auch, darin der Erschließung der zeitgenössischen Quellen vorausgreifend, Chwostow und Iljitschow als Mitarbeiter bei der Vorbereitung der Note, ebenso Iwan M. Majskij, dessen subtile Kenntnis der Reparationsproblematik seit seiner Tätigkeit als Vorsitzender der sowjetischen Reparationskommission 1943/44[59] in den detail-

58 Wettigs Charakterisierung des Dokuments als „etwas modifizierte" Version des Textes vom 8. September (Deutschland-Note vom 10. März 1952 auf der Basis diplomatischer Akten, S. 796) verdeckt einmal mehr den Vertragscharakter des ursprünglichen Entwurfs.

59 Vgl. Aleksei M. Filitov, Problems of Post-War Construction in Soviet Foreign Policy Conceptions during World War II, in: Francesca Gori/Silvio Pons (Hrsg.), The Soviet Union and Europe in the Cold War, 1943–53, London/New York 1996, S. 3-22.

lierten Reparationsbestimmungen des Seljaninow-Entwurfs spürbar wird. Weiter bezeichnete er, auch dies zum hier gezeigten Zusammenhang passend, Molotow und Berija als „ausgesprochene Deutschland-Freunde“, die sich wohl für die Noteninitiative ausgesprochen hätten. Man wird Melnikows Beteuerung, „daß es *[die Noteninitiative]* ein ehrlicher Versuch war“, also großes Gewicht beimessen müssen und auch seine Überzeugung ernst zu nehmen haben, daß „Stalin [...] ein Weimarer Deutschland“ vorschwebte – im Interesse der Sowjetunion[60].

Bogomolow leitete den von Gribanow und Puschkin vorgelegten Entwurf einer Erklärung mit den Grundlagen des Friedensvertrages sogleich „mit der Bitte um Prüfung“[61] an Außenminister Wyschinskij weiter. Dieser strich mit blauem Stift einige Formulierungen an, die er für unklar oder nicht mehr zeitgemäß hielt, und gab darüber hinaus Anweisungen zu einer klareren thematischen Gliederung des Textes. Auf dem bearbeiteten Exemplar ist mit Bleistift ein Zwischentitel „Territoriale Feststellungen“ eingefügt, und eine überarbeitete Version des Entwurfs, die Wyschinskij am 30. September Molotow vorlegte[62], ordnete die sechzehn Punkte der ursprünglichen Fassung nach „Politischen Bestimmungen“, Aussagen über das „Territorium“, „Wirtschaftlichen Bestimmungen“ und „Militärischen Bedingungen“. Vorangestellt wurde ein zusätzlicher Absatz über die „Teilnehmer“ am Friedensvertrag, hinzugefügt ein abschließender Absatz über „Deutschland und die UNO“, der die Bestimmung enthielt, daß „die Staaten, die den Friedensvertrag mit Deutschland geschlossen haben, den Antrag Deutschlands“ auf Mitgliedschaft in den Vereinten Nationen „unterstützen“. Damit hatte der „Entwurf der Grundlagen des Friedensvertrages“ die Struktur erhalten, in der er fünf Monate und zehn Tage später auch veröffentlicht wurde.

Inhaltlich unterschied sich die überarbeitete Version von der ursprünglichen dadurch, daß die Polemik gegenüber den westlichen Siegermächten etwas zurückgenommen wurde. Ihnen wurde jetzt nicht mehr vorgeworfen, „die Spaltung Deutschlands und die Politik der Remilitarisierung und Einbeziehung Westdeutschlands in den aggressiven Nordatlantischen Block“ zu betreiben und „das Besatzungsregime auf unbestimmte Zeit verlängern“

[60] Jedenfalls kann man sein Zeugnis nicht mit der Bemerkung beiseite schieben, die angeführten Stalin-Aussprüche wirkten „wenig überzeugend“; so Wettig, Deutschland-Note vom 10. März 1952 auf der Basis diplomatischer Akten, S. 787. Eine Kurzfassung des Interviews mit Mel'nikov unter der Überschrift „Stalins gewagtes Spiel“ erschien in: Der Spiegel 3. 12. 1990, S. 185–190. Hier wird nach der Langfassung zitiert: Daniil E. Mel'nikov, Illusionen oder eine verpaßte Chance? Zur sowjetischen Deutschlandpolitik 1945–1952, in: Osteuropa 40 (1991), S. 593–601, die Zitate S. 599–601.

[61] Handschriftliche Bemerkung Bogomolovs auf dem Anschreiben vom 15. 9. 1951, wie Anm. 56.

[62] Vyšinskij an Molotov 30. 9. 1951, nicht unterzeichnete Kopie in AVPRF, f. 07, op. 24, p. 15, d. 168, ll. 1–7.

zu wollen. Die „demokratische Grundlage" des neuen deutschen Staates wurde nicht mehr durch den Zusatz „breitere" in die Nähe der „Volksdemokratien" gerückt; die Sicherung der „Menschenrechte und der grundlegenden Freiheiten" wurde in einem eigenen Absatz präzisiert. Im Abschnitt über das Territorium Deutschlands wurde die Erklärung hinzugefügt, „auf diesem Territorium" würden die Alliierten „die volle Souveränität des deutschen Volkes anerkennen". Im Abschnitt über die Industriegebiete an der Ruhr und an der Saar wurde die Bestimmung über die Aufhebung der Kontrollbehörden der Siegermächte durch die Verpflichtung der deutschen Regierung ergänzt, „die Wirtschaftsschätze des Ruhr- und Saargebiets ausschließlich zu friedlichen Zielen zu nutzen".

Molotow gingen die Zugeständnisse an die Westmächte, die Wyschinskij mit seiner Überarbeitung vorgenommen hatte, aber noch nicht weit genug. Zudem fand er, daß man den Deutschen noch etwas deutlicher entgegenkommen müsse. Nachdem er mit Wyschinskij über den Entwurf gesprochen hatte – vermutlich schon am 30. September[63] –, wurde auf die Kopie des Anschreibens an Molotow im Sekretariat Wyschinskij handschriftlich notiert: „Die Nutzung./Der Friedensvertrag muß zum Frieden mit den anderen Staaten beitragen./Der Deutsche Staat muß die Verteidigung der Lebensinteressen der Bevölkerung in Betracht ziehen./Wir, sozusagen, unterstützen." Weiter erhielt der Entwurfstext eine Reihe von Randbemerkungen und Unterstreichungen, und dann legte Gribanow Wyschinskij am 19. Oktober „einen entsprechend Ihrer Hinweise korrigierten Entwurf" vor, der die auf Molotow zurückgehenden Überarbeitungshinweise aufnahm[64].

Molotows Anweisungen entsprechend wurde die einleitende Passage über die Kontinuität sowjetischer Friedensvertrags-Vorschläge durch Hinweise auf die sowjetischen Vorschläge auf der Londoner und Pariser Tagung

[63] Auf der Kopie des Anschreibens an Molotov vom 30. 9. 1951 im Sekretariat Vyšinskij (wie Anm. 62) ist oben rechts handschriftlich hinzugefügt: „VM 30/IX", offensichtlich ein Hinweis auf einen Kontakt mit *V*jačeslav *M*olotov an diesem Tag.

[64] Gribanov an Vyšinskij 19. 10. 1951, AVPRF, f. 07, op. 24, p. 15, d. 168, ll. 8–14; identische Kopie in AVPRF, f. 082, op. 38, p. 230, d. 47, ll. 59–64. – Die Überarbeitungshinweise auf der Kopie des Dokuments vom 30. 9. 1951 (wie Anm. 62) sind mit Bleistift angefertigt; hinzu kommen Unterstreichungen mit blauem Stift wie in dem Dokument vom 15. 9. 1951. Offensichtlich hat man sich den Vorgang so vorzustellen, daß Vyšinskij nach der Unterredung mit Molotov Unterstreichungen vornahm, dann Gribanov berichtete und dieser dabei Notizen anfertigte. Daß die handschriftlichen Kommentare aus Molotovs Feder stammen, wie Bjørnstad, Soviet Union, S. 65, behauptet, ist auszuschließen, da die Arbeitskopie in Vyšinskijs Sekretariat, die keine Unterschrift trägt, kaum Molotov vorgelegen haben dürfte und bei einem parallelen Vorgang im Januar 1952 (vgl. unten Anm. 71) ausdrücklich eine „Beratung beim Genossen Molotov" erwähnt wird. Dagegen kann kein Zweifel sein, daß sie inhaltlich Molotovs Anweisungen darstellen. Der Vorgang zeigt einmal mehr, daß Molotov in der Entscheidungskompetenz Vyšinskij übergeordnet war und keineswegs nur gelegentlich zu „Formulierungskorrekturen" herangezogen wurde, wie Wettig, Bereitschaft zur Einheit in Freiheit?, S. 211, behauptet.

des Außenministerrats 1947 und 1949 sowie auf der Pariser Beratung der Außenminister-Stellvertreter im Frühjahr 1951 verdeutlicht. Die Forderung nach „Umgestaltung der gesamten Gesellschafts- und Staatsform auf demokratischer Grundlage“, von Molotow als „übertrieben“ bezeichnet, wurde durch die Formulierung „Umgestaltung des deutschen politischen Lebens auf demokratischer Grundlage“ ersetzt. Zwei zusätzliche Absätze betonten, der Friedensvertrag solle „dazu beitragen, daß Deutschland sich im Frieden und gutnachbarlichen Beziehungen mit anderen Staaten befinden kann“, und dem deutschen Staat die Möglichkeit verschaffen, „die nationalen Lebensinteressen des deutschen Volkes zu verteidigen“. Aus dem Kreis der Teilnehmer des Friedensvertrages wurde China gestrichen, offenbar um Querelen vorzubeugen, welches China denn gemeint sei.

Bei den inhaltlichen Bestimmungen wurde hinsichtlich der „freien Tätigkeit aller demokratischen Parteien und Organisationen“ die Einschränkung weggelassen, daß „deren Programme zur friedlichen und demokratischen Entwicklung des Landes und zur Festigung des Friedens und Herstellung der Freundschaft unter den Völkern beitragen“ müßten; stattdessen wurde die „Gewährung des Rechts auf Versammlungen und öffentliche Diskussionen“ ausdrücklich erwähnt. Bei der Aufzählung „unabdingbarer Teile Deutschlands“ wurde das „Industriegebiet der Saar“ gestrichen; hinsichtlich des Ruhrgebiets wurde die ausdrückliche Verpflichtung der deutschen Regierung, „die Wirtschaftsschätze [...] ausschließlich zu friedlichen Zwecken zu nutzen“, wieder zurückgenommen. Bei der Skizzierung der Reparationsverpflichtungen entfielen alle Details, die über die Bezugnahme auf die „Beschlüsse der Konferenzen von Jalta und Potsdam“ hinausgingen.

Damit waren die Arbeiten an dem zur Veröffentlichung vorgesehenen Text zunächst abgeschlossen. Am 3. Dezember erhielt Wyschinskijs Stellvertreter Valentin Sorin von Gribanow einen Entwurf der Erklärung zu den Grundlagen eines Friedensvertrages mit Deutschland, der mit der Fassung vom 19. Oktober identisch war[65]. Offensichtlich glaubte man seit der dritten Oktoberwoche, jetzt nur noch warten zu müssen, bis die Mobilisierungskampagne der DDR-Organe ihre Wirkung im westlichen Deutschland getan haben würde.

Vorbereitung der Notenpräsentation

Zwei Monate nach den Grundsatzbeschlüssen des Politbüros begann Gribanow dem vereinbarten Fahrplan entsprechend mit der Vorbereitung der zweiten Etappe der Kampagne. Am 10. Dezember legte er Bogomolow den Entwurf eines Schreibens an Stalin vor, das als Grundlage für den nächsten Beschluß des Politbüros dienen sollte. Darin wurde berichtet, daß die

[65] AVPRF, f. 082, op. 38, p. 230, d. 47, ll. 50–55.

Freunde in der SED ihre „Massenagitation und Informationsarbeit bei der Bevölkerung“ Westdeutschlands fortsetzten. Der Zeitpunkt für die Veröffentlichung der Grundlagen des Friedensvertrags sei zwar „noch nicht gekommen“, doch müsse das Politbüro bald über den Text der geplanten Veröffentlichung befinden. Beigefügt war der Entwurf der vorgesehenen Erklärung. Dabei wurde gegenüber der noch am 3. Dezember geltenden Fassung insofern noch einmal eine Änderung vorgenommen, als nun ein zusätzlicher Absatz eingefügt wurde, der „allen ehemaligen Nazis“ die gleichen „bürgerlichen und politischen Rechte“ wie allen anderen Deutschen versprach, sofern sie „mit der faschistischen Ideologie gebrochen und zusammen mit den demokratischen Kräften des deutschen Volkes am Wiederaufbau des friedlichen, demokratischen Deutschland teilgenommen haben“. Außerdem wurde in Anlehnung an den KPD-Aufruf vom 11. Juni 1945[66] die Notwendigkeit betont, „die freie Entwicklung der Privatinitiative und des Unternehmertums“ zu sichern[67].

Gribanows Initiative führte zu dem Auftrag, eine neue Version des Grundlagen-Textes auszuarbeiten. Dazu wurde Puschkin, der nach der Erarbeitung der Erstfassung im September nach Berlin zurückgekehrt war[68], wiederum nach Moskau bestellt. Unterstützt wurden die beiden Hauptautoren des „Grundlagen“-Entwurfs diesmal von Michail E. Koptelow, dem neuen Stellvertretenden Leiter der Dritten Europäischen Abteilung, der zuvor als Politischer Vertreter bei der österreichischen Regierung gedient hatte. Am 4. Januar 1952 unterzeichnete das Trio den neuen Text, am 11. Januar wurde er vom stellvertretenden Außenminister Gromyko Molotow zur Prüfung „in der allernächsten Zeit“ vorgelegt (*Dokument 11*)[69]. Ein erläuternder Text Gribanows vom 10. Januar klärte Molotow darüber auf, welche Änderungen gegenüber dem Entwurf vom 19. Oktober vorgenommen worden waren, und beschrieb, inwiefern sich die neuen Formulierungen an den bisher abgeschlossenen Friedensverträgen orientierten. Dabei wurde wiederholt auf den Friedensvertrag mit Italien Bezug genommen, einmal auch auf den Friedensvertrag mit Ungarn, und am häufigsten auf eine Stellungnahme der Sowjetregierung vom 7. Mai 1951 zum Entwurf des Friedensvertrages zwischen den USA und Japan[70].

[66] Vgl. Loth, Stalins ungeliebtes Kind, S. 24.

[67] AVPRF, f. 019, op. 2, p. 17, d. 123, ll. 2–9.

[68] Am 19. 10. 1951 berichtete er Vyšinskij, Gromyko und Gribanov aus Berlin über das Gespräch, das DDR-Außenminister Georg Dertinger mit seinem in den Westen geflohenen Parteifreund Ernst Lemmer hatte: AVPRF, f. 082, op. 38, p. 221, d. 6, ll. 47–57.

[69] AVPRF, f. 07, op. 25, p. 13, d. 144, ll. 1–6. Eine Kopie des Entwurfs, die am 10. 1. 1952 unterzeichnet wurde, findet sich in AVPRF, f. 082, op. 40, p. 255, d. 11, ll. 1–6. Bjørnstad, Soviet Union, S. 128 A. 253 bezeichnet das Dokument irrtümlich als Ergebnis des Revisionsprozesses Ende Januar 1952.

[70] AVPRF, f. 07, op. 25, p. 13, d. 144, ll. 7–9. Der Friedensvertrag mit Japan war am 8. September 1951 unterzeichnet worden.

In der Tat war der neue Entwurf durch ein stärkeres Bemühen um Annehmbarkeit für die westlichen Siegermächte gekennzeichnet. Die einleitenden Erläuterungen der Grundsätze eines Friedensvertrages mit Deutschland wurden von der Reaktion der Sowjetregierung auf den Appell der Regierung der DDR getrennt und als Entwurf einer gemeinsamen Erklärung der vier Siegermächte präsentiert, die sich über die „grundlegenden Bestimmungen" eines „unverzüglich" abzuschließenden Friedensvertrages äußerten. Dabei wurde der Bezug auf die „Verpflichtungen Deutschlands gegenüber den anderen Ländern, die unter der hitlerischen Aggression gelitten haben", fallen gelassen, und die Doppelung in der Erwähnung des Truppenabzugs und der freien wirtschaftlichen Entfaltung wurde aufgehoben. Bei den Einzelbestimmungen wurde zunächst das Moment der Beendigung der Spaltung Deutschlands zusätzlich aufgenommen. Die Frist zum Abzug der Besatzungstruppen wurde auf „kürzestmöglich" und „keinesfalls später als sechs Monate vom Tag des Inkrafttretens des Friedensvertrages an" verkürzt. Im Abschnitt über die Parteien wurde zusätzlich das Recht „auf Presse und Verlage" erwähnt.

Wichtig war sodann, daß die „demokratischen Umgestaltungen" nicht mehr „bekräftigt werden", sondern nur noch „in Kraft bleiben" sollten; dabei wurde auch nicht mehr auf den angeblichen „Willen des deutschen Volkes" Bezug genommen, sondern nur noch auf die „Beschlüsse der Potsdamer Konferenz" und „andere Beschlüsse der vier Mächte". Im Abschnitt über die wirtschaftlichen Bestimmungen wurde „ein stetiges Wachstum des Wohlstandes des deutschen Volkes" als Ziel hervorgehoben. Hinsichtlich der Reparationsverpflichtungen wurde nicht mehr auf Jalta und Potsdam verwiesen, sondern nur noch eine grundsätzliche Verpflichtung zum „Ersatz für Schäden, die durch Kriegshandlungen gegen Alliierte oder Vereinigte Mächte [...] zugefügt wurden", postuliert; gleichzeitig wurde eine Befreiung Deutschlands von sämtlichen Schuldtiteln zugestanden.

Die inhaltlichen Bestimmungen kamen damit auch den Deutschen noch einmal etwas weiter entgegen. Ob und inwieweit dabei die Beobachtung eine Rolle spielte, daß die Kampagne der SED zur Einberufung einer gemeinsamen „gesamtdeutschen Beratung" nicht so recht vorankam und Adenauer offensichtlich nicht unter Druck geriet, muß offen bleiben. Möglicherweise haben die Autoren des Entwurfs und ihre Auftraggeber gehofft, mit deutlicheren Zugeständnissen an die Deutschen dann wenigstens bei der Veröffentlichung der Grundsätze eines Friedensvertrages jene Bewegung unter den Westdeutschen auszulösen, die mit Aufrufen zur Vorbereitung von gesamtdeutschen Wahlen und Forderungen nach alsbaldiger Verabschiedung des Friedensvertrages allein nicht zu bewerkstelligen war. Jedenfalls waren die Autoren und ihre Auftraggeber sichtlich darauf bedacht, sowohl die Westdeutschen als auch die westlichen Alliierten für eine Verständigung auf der Grundlage dieses Entwurfs zu gewinnen. Sie wußten, daß eine Rückkehr der Westmächte an den Verhandlungstisch nicht ohne Druck der Westdeutschen zu haben war und eine gesamtdeutsche Lösung nicht ohne die Zustimmung der Westmächte.

Molotow fand die neue Version einmal mehr noch nicht weitgehend genug. Wie aus den handschriftlichen Notizen auf der Entwurfskopie im Sekretariat Wyschinskij und der überarbeiteten Fassung vom 14. Januar hervorgeht (angefertigt „nach der Beratung beim Genossen Molotow", wie Puschkin, Koptelow und Gribanow im Anschreiben an Gromyko vermerkten[71]), erweiterte er die Rechte der Parteien um die „freie Regelung ihrer inneren Angelegenheiten" und die „Bildung von Koalitionen". Bei den „demokratischen Reformen", für die eine Bestandsgarantie gegeben werden sollte, ergänzte er, daß sie „zwecks Verbesserung der Lebensbedingungen der Bevölkerung" durchgeführt worden seien. Die Rehabilitierung „aller ehemaligen Nazis" weitete er auf „alle ehemaligen Militärpersonen der deutschen Armee, einschließlich der Offiziere und Generäle" aus, schränkte dann aber ein, daß die Beteiligungsrechte nicht für diejenigen gelten sollten, „die eine vom Gericht verhängte Strafe für von ihnen begangene Verbrechen abbüßen", und präzisierte, daß die Mitwirkung natürlich dem „Aufbau des demokratischen friedliebenden Deutschlands" zu dienen habe[72].

Gromyko leitete die überarbeitete Fassung noch am gleichen Tag an Molotow weiter[73]. Zwei Tage später, also am 16. Januar, legten Puschkin, Gribanow und Koptelow der Leitung des Außenministeriums einen Katalog von Maßnahmen vor, die jetzt zur Lancierung des Entwurfs der „Grundlagen" ergriffen werden sollten. Er ging davon aus, noch abzuwarten, wie der Bundestag auf den Vorschlag der Volkskammer vom 9. Januar reagieren würde, Vertreter zur Diskussion des von der Volkskammer verabschiedeten Wahlgesetzes für gesamtdeutsche Wahlen zu benennen[74]. Sollte die Bonner Seite auch diesen Vorschlag ablehnen, ebenso wie zuvor schon den Appell zur Bildung einer gesamtdeutschen Beratung und den Vorschlag zur Bildung einer Kommission zur „Überprüfung der Voraussetzungen für die Durchführung freier Wahlen" unter Kontrolle der Siegermächte[75], so sollte der DDR-Regierung „empfohlen" werden, „sich an die Regierungen der vier Besatzungsmächte in Deutschland mit der Bitte zu wenden, Maßnahmen zur Beschleunigung des Abschlusses eines Friedensvertrages mit Deutschland zu ergreifen". Darauf sollte die Sowjetregierung dann mit ei-

71 AVPRF, f. 07, op. 25, p. 13, d. 144, l. 10; der überarbeitete Entwurfstext, ebenda, ll. 11–15.

72 Anders als Wettig, Bereitschaft zur Einheit in Freiheit?, S. 214, behauptet, stand „der endgültige Text der Note" keineswegs „bereits Anfang Januar 1952 endgültig fest".

73 Gromyko an Molotov 14. 1. 1952, AVPRF, f. 07, op. 25, p. 13, d. 144, l. 16; eine weitere – identische – Fassung des Textes, ebenda, ll. 17–21.

74 Vgl. das Schreiben vom Volkskammerpräsident Johannes Dieckmann an Bundestagspräsident Hermann Ehlers vom 10. 1. 1952, Neues Deutschland 11. 1. 1952.

75 Dies in einem mit Semenov abgesprochenen Schreiben von DDR-Präsident Wilhelm Pieck an Bundespräsident Theodor Heuss, veröffentlicht in Neues Deutschland 4. 11. 1951.

ner Unterstützungserklärung reagieren und „7–10 Tage später" mit einer Note an die Westmächte, die den „Entwurf der Grundlagen des Friedensvertrages" enthielt. Zuvor sollten die Regierungen Polens und der Tschechoslowakei um „Anmerkungen" zu dem „Entwurf der Grundlagen" gebeten werden, und die Regierungen Chinas, Bulgariens, Rumäniens, Ungarns und Albaniens sollten über das Vorhaben informiert werden. Schließlich sollte der „Entwurf der Grundlagen" in der Presse veröffentlicht werden[76].

Sodann bereiteten die Beamten des Außenministeriums eine Beschlußvorlage für das Zentralkomitee vor. In einem Begleitschreiben („an den Genossen J. W. Stalin" adressiert) erinnerten sie an den Beschluß vom September 1951 und erklärten es für „zweckmäßig", die DDR-Regierung jetzt „mit der Bitte um Beschleunigung des Abschlusses des Friedensvertrages" an die vier Mächte herantreten zu lassen. Die Bonner Regierung sollte noch einmal aufgefordert werden, diesen Appell zu unterstützen. Die Sowjetregierung sollte dann gleich – nicht erst „7–10 Tage später", wie zuvor vorgesehen – mit der Note an die Westmächte reagieren und ihnen dabei vorschlagen, „innerhalb von drei Monaten den Entwurf des Friedensvertrages mit Deutschland vorzubereiten". Hinsichtlich des erneuten Zusammentretens des Außenministerrats bemerkten die Autoren, „ein solcher Vorschlag" würde „bedeuten, daß wir indirekt die Einberufung des Rates der Außenminister der vier Mächte vorschlagen, ohne aber den formellen Vorschlag dazu zu machen. Wir meinen, daß man sich in der ersten Note darauf beschränken kann, wenn man berücksichtigt, daß der formelle Vorschlag zur Einberufung des Ministerrates auch später, in Abhängigkeit von der Reaktion der Westmächte auf unsere Note, gemacht werden kann" (*Dokument 12*)[77].

Die Beschlußvorlage selbst beinhaltete zunächst die Bestätigung einer Anweisung an die Genossen Tschujkow und Semjonow in Berlin. Diese sollten Pieck, Grotewohl und Ulbricht aufsuchen, sie auffordern, den Appell der DDR-Regierung an die vier Mächte jetzt zu starten, und sie über das weitere Procedere informieren. Zur Begründung sollten sie ihnen sagen, daß „der Appell der Regierung der DDR an die vier Mächte und das Auftreten der Sowjetregierung mit dem Entwurf der Grundlagen des Friedensvertrages als Antwort auf diesen Appell die Position der Regierung der DDR im Kampf für die Durchführung der gesamtdeutschen Konferenz [...], für den Abschluß des Friedensvertrages mit Deutschland und den Abzug aller Besatzungstruppen aus Deutschland stärken würden". Tschujkow und

[76] „Über Maßnahmen, die mit der Vorbereitung der Grundlagen des Friedensvertrages mit Deutschland verbunden sind", Puškin, Gribanov, Koptelov, 16. 1. 1952, AVPRF, f. 07, op. 25, p. 13, d. 144, l. 22.

[77] AVPRF, f. 07, op. 25, p. 13, d. 144, ll. 38–40. Das Tagesdatum auf dem Entwurf ist offen gelassen.

Semjonow sollten dem Moskauer Außenministerium „umgehend die Meinungen" der SED-Führer zu diesem Vorgehen mitteilen. Weiter sollte das Zentralkomitee den „Grundlagen"-Text (der in der Fassung vom 14. Januar als Anlage beigelegt wurde) bestätigen und die Überreichung wie die Veröffentlichung der Note und des beigefügten „Grundlagen"-Textes beschließen[78].

Bevor die Beamten des Außenministeriums diese Beschlußvorlage Molotow unterbreiten konnten, mußten sie sich mit einer Initiative der DDR-Regierung auseinandersetzen, die Tschujkow und Semjonow per Telegramm übermittelten. Die DDR-Führung schlug in der dritten Januarwoche vor, eine Kampagne gegen den „Generalvertrag" zur Ablösung des Besatzungsstatuts zu starten, über den die Bundesregierung mit den Westmächten verhandelte, und es der Volkskammer zu überlassen, im Zuge dieser Kampagne mit „Grundlagen des Friedensvertrages" an die Öffentlichkeit zu treten. Die Sowjetregierung sollte dann „als Antwort auf diesen Appell der Volkskammer [...] in der ersten Märzhälfte den Entwurf des Gesamttextes des Friedensvertrages" veröffentlichen; damit sollten dann insbesondere klare Aussagen „über die Ost- und Westgrenzen Deutschlands, darunter auch die an der Saar" getroffen werden[79].

Dahinter stand wohl nicht die Absicht, ernsthafte Verhandlungen mit den Westmächten durch neue Attacken auf die „Spalterpolitik" des Westens zu torpedieren[80]. DDR-Außenminister Georg Dertinger, der als CDU-Politiker unzweifelhaft am Zustandekommen einer gesamtdeutschen Regelung interessiert war, hatte Puschkin schon Ende Oktober eröffnet, er hoffe, „die Grundlagen eines Friedensvertrages" ausarbeiten zu können, und angeboten, ihm den Entwurf, sobald er fertig sein würde, vertraulich zu zeigen[81]. Insofern mag es durchaus sein, daß die Idee, die DDR als Urheber der „Grundlagen" erscheinen zu lassen, auf Dertinger zurückging. Auch läßt die Bitte um Veröffentlichung des Gesamttextes des Friedensvertrags-Entwurfs das Bestreben erkennen, durch Gewißheit Glaubwürdigkeit im westlichen Deutschland zu gewinnen, nicht zuletzt im Hinblick auf die Zugehörigkeit der Saar zum deutschen Staatsverband. Tschujkow und Semjonow sprachen sich in ihrem Telegramm dafür aus, entsprechend dem Vorschlag der DDR-Führung zu verfahren.

Indessen barg der Vorschlag aus Ost-Berlin – der einmal mehr zeigte, daß die DDR-Führung im begrenzten Rahmen durchaus zu Eigeninitiativen fä-

78 AVPRF, f. 07, op. 25, p. 13, d. 144, ll. 40–47. Die vorgesehene Unterschrift Gromykos in der Anweisung an Čujkov und Semenov fehlt.

79 Berichtet nach der Zusammenfassung im Entwurf Gribanovs, Puškins und Koptelovs zu einer Stellungnahme 21. 1. 1951, AVPRF, f. 07, op. 25, p. 13, d. 144, ll. 26–29.

80 So in der Tendenz die Interpretation bei Bjørnstad, Soviet Union, S. 66f. und 70f.

81 Puškin an Vyšinskij, Gromyko und Gribanov 21. 11. 1951, AVPRF, f. 082, op. 38, p. 221, d. 6, l. 64.

hig war – auch einige Risiken. Gribanow schrieb darum das Begleitschreiben zur Vorlage an das Zentralkomitee eilig um. Eine Kampagne gegen den Generalvertrag, so warnte er in der neuen Fassung, die er am 21. Januar zusammen mit Puschkin und Koptelow unterzeichnete (*Dokument 13*)[82], würde „die Aufmerksamkeit des deutschen Volkes" nur „von den Fragen des Kampfes um die Einheit Deutschlands und für den Friedensvertrag" ablenken. Die Veröffentlichung von „Grundlagen des Friedensvertrages" durch die Volkskammer würde bedeuten, „daß der besiegte Staat selbst den Entwurf der Grundlagen des Friedensvertrages für sich erarbeitet", und das würden die Westmächte zweifellos „zu unserem Schaden ausnutzen". Eine Veröffentlichung des Volltextes würde „den Gegnern des Friedensvertrages mit Deutschland Anlaß geben, einige für die Deutschen unvorteilhafte Artikel des Vertrages auszunutzen, um die Bedeutung unseres Eintretens in dieser Frage herunterzuspielen", und sie würde der Sowjetregierung auch „bei möglichen Verhandlungen mit den Westmächten zu einzelnen Artikeln des Friedensvertrages die Hände binden". Gribanow empfahl daher dringend, sich an das Verfahren zu halten, das Anfang September 1951 im Zentralkomitee der KPdSU beschlossen worden und, wie er hinzufügte, doch „mit der DDR-Führung abgestimmt" war.

In den Entwurf der Anweisung an Tschujkow und Semjonow fügten Gribanow und seine Ko-Autoren zunächst den Hinweis ein, daß der erbetene Appell an die vier Mächte „dem Plan entspricht, der mit der Führung der DDR im September 1951 vereinbart wurde". Die weiteren Ausführungen wurden durch eine scharfe Kritik an dem „in Ihrem Telegramm dargelegten Maßnahmeplan" ergänzt: Er sei „nicht annehmbar [...] weil er dem Ihnen bekannten Beschluß (im September 1951 gefaßt) widerspricht", die Rolle der Sowjetunion schmälere und von den Westmächten „in ihrer Propaganda gegen die Sowjetunion und die DDR ausgenutzt werden könnte". Abschließend wurde nicht mehr die Meinung der SED-Führung zu dem sowjetischen Verfahrensvorschlag erbeten, sondern in barschem Ton verlangt: „Telegrafieren Sie die Durchführung."[83] Die weiteren Verfahrensvorschläge in dem Anschreiben an Stalin wurden um die Anregung ergänzt, daß die Regierungen Polens und der Tschechoslowakei „vor der Absendung des Entwurfs der Grundlagen des Friedensvertrages" mit dem Text „vertraut" gemacht werden sollten. Für die Regierung der DDR war hingegen nur eine

[82] Wie Anm. 79. Gribanov unterzeichnete als erster, dann folgten auch noch die Unterschriften Puškins und Koptelovs. Aus diesem Grund kann man ihn als den Hauptautor der Stellungnahme ansehen. Keinesfalls handelt es sich um einen von Gromyko verfaßten Text, der unmittelbar an Stalin ging, so die Wiedergabe bei Wettig, Deutschland-Note vom 10. März 1952 auf der Basis diplomatischer Akten, S. 795–799, und Ders., Bereitschaft, S. 212f.

[83] AVPRF, f. 07, op. 25, p. 13, d. 144, ll. 31f. Der Entwurf der Rahmennote ist in der Kopie im Sekretariat Vyšinskij nicht enthalten.

Information im Zusammenhang mit der Übergabe an die drei westlichen Regierungen vorgesehen[84].

Gribanow und seine Ko-Autoren sorgten sich also, daß eine ungeschickte Präsentation des Vertragsprojektes den Gegnern eines Friedensvertrages unfreiwillig Munition liefern könnte. Sie waren darauf bedacht, die optimale Form einer Aufforderung zu neuen Verhandlungen zu finden; und sie achteten darauf, daß die sowjetische Seite in den Verhandlungen, wenn sie denn zustande kamen, nicht durch allzu starre Vorab-Festlegungen ihre Kompromißfähigkeit verlor. Um den erstrebten Abschluß des Friedensvertrages nicht durch Aktionen zu gefährden, die in ihrer Sicht mehr als töricht waren, schlugen sie vor, die DDR-Führung energisch in ihre Schranken zu verweisen[85].

Gromyko zeichnete das Dokument ab und schickte es noch am gleichen Tag mit der Bitte um „Prüfung" an Molotow[86]. Diesem ging die Kritik an der DDR-Führung allerdings etwas zu weit. Wie es scheint, ließ er Semjonow zur Berichterstattung nach Moskau kommen und an einer Revision der Vorlage mitarbeiten. Zu Beginn eines Konzeptentwurfs vom 24. Januar ist neben Puschkin, Koptelow und Gribanow auch der Name des „Politischen Beraters" der Kontrollkommission in Deutschland vermerkt. Der „berichtigte Entwurf", der auf diesen Vermerk folgt, sah vor, neben den Regierungen Polens und der Tschechoslowakei auch die DDR-Regierung vorab mit dem Inhalt des „Grundlagen"-Textes bekannt zu machen. Im Entwurf der Anweisung an Tschujkow und Semjonow wurde keine Kritik an dem Plan der DDR-Regierung geübt, sondern nur eine Kampagne für den Friedensvertrag als „neue Etappe im Kampf des deutschen Volkes für die Beseitigung der Teilung Deutschlands und für die Wiederherstellung des vereinigten Deutschlands" empfohlen. Die Frage des Friedensvertrages sollte danach „ins Zentrum der Aufmerksamkeit des deutschen Volkes gestellt" werden; „Maßnahmen zur Entlarvung der Vorschläge der drei Mächte zum ‚Generalvertrag'" wurden aber an zweiter Stelle auch als „wichtig" gutgeheißen. Zudem wurde der DDR-Führung versichert, daß sie „natürlich" vor der

[84] Entsprechend wurde auch die Beschlußvorlage ergänzt: AVPRF, f. 07, op. 25, p. 13, d. 144, l. 30.

[85] Bei der Referierung der Stellungnahme durch Wettig, Deutschland-Note vom 10. März 1952 auf der Basis diplomatischer Akten, S. 795–799, und Bereitschaft zur Einheit in Freiheit?, S. 212, geht verloren, daß die Autoren durchaus Verhandlungen mit den Westalliierten im Blick hatten. Wettig bezieht die Sorge um die „Aufmerksamkeit des deutschen Volkes" fälschlicherweise auf die Formulierung der Note, ebenso die Sorge vor Aktivitäten der Westmächte „zu unserem Schaden". Sodann behauptet er, diese „Gesichtspunkte" in dem Dokument vom 21. Februar 1952 seien bei der Umformulierung des „Erstentwurfs" vom 8. September 1951 „maßgebend" gewesen, die tatsächlich schon am 15. September 1951 aktenkundig ist. Seine Schlußfolgerung, die Vorschläge seien „nicht dazu bestimmt" gewesen, „bei den offiziellen westlichen Adressaten auf Gegenliebe zu stossen", ist nicht nachvollziehbar.

[86] AVPRF, f. 07, op. 25, p. 13, d. 144, l. 25.

Absendung mit dem Entwurf des „Grundlagen"-Textes vertraut gemacht würde[87].

Nach der Prüfung des „berichtigten Entwurfs" durch Molotow[88] wurde auch noch das Anschreiben an den Genossen Stalin modifiziert. Es begann jetzt wieder mit der Erinnerung an den ZK-Beschluß vom September 1951 und erläuterte dann das Procedere in Anlehnung an die Beschlußlage. In der Vorgabe für die Noten an die Westmächte entfiel die Fristsetzung von drei Monaten für die Ausarbeitung des Entwurfs des Friedensvertrages. Der Vorschlag sollte jetzt nur noch lauten, „mit der Ausarbeitung zu beginnen". Nach der Schilderung des geplanten Verfahrensablaufs hieß es ohne weitere Begründung, das Außenministerium halte den Maßnahmeplan der DDR-Führung, der im Widerspruch zum ZK-Beschluß vom September 1951 stehe, „für nicht annehmbar"[89]. Molotow war offensichtlich auch darauf bedacht, das Zustandekommen der Friedensvertrags-Konferenz nicht durch unbedachte Eskapaden der DDR-Führung zu gefährden. Auf der anderen Seite, und das unterschied ihn von Gribanow, wollte er aber auch das Mobilisierungspotential der DDR-Führung nicht beeinträchtigen.

Gleichzeitig nahm Molotow noch einmal einige Korrekturen an dem „Grundlagen"-Text vor, die den Entwurf für die westlichen Alliierten akzeptabler machen sollten. Der Ausblick auf die „freundschaftlichen Beziehungen" zwischen den Alliierten und Deutschland wurde durch das Argument ersetzt, der Friedensvertrag habe durch die Lösung der Probleme, die infolge des Krieges entstanden sind, „auch höchste Bedeutung für die Stärkung des Friedens in Europa". Das Bekenntnis zur „Umgestaltung des deutschen politischen Lebens auf demokratischer Grundlage" entfiel, ebenso der Grundsatz, daß sich „das gesamte politische Leben Deutschlands auf demokratischer Grundlage entwickeln" müsse, und die Bestimmung, daß „alle demokratischen Reformen in Kraft bleiben" müßten. Weiter ließ Molotow die Aussicht auf eine „freie Entwicklung" des vereinten Deutschlands durch die Charakterisierung als „friedliebend" ersetzen. Für den Abzug der Besatzungstruppen wurde wieder eine Frist von einem Jahr eingeräumt. Die Verpflichtung der Ruhrindustrie auf Produktion „in friedlicher Absicht" und die Befreiung Deutschlands „von allen staatlichen

87 AVPRF, f. 07, op. 25, p. 13, d. 144, ll. 51–62. Beigefügt waren identische Fassungen des „Grundlagen"-Textes und des Noten-Entwurfs, ebenda, ll. 63–70.

88 Die Kopien der Anlagen zum Schreiben an Molotov vom 24. 1. 1952 im Sekretariat Vyšinskij sind wieder mit Korrekturen mit blauem Stift versehen.

89 AVPRF, f. 07, op. 25, p. 13, d. 144, ll. 94 f. Daß in dem Text „nochmals auf die Gründe hin*[gewiesen]*" worden sei, die gegen den Vorschlag der DDR-Führung sprachen, so Wettig, Deutschland-Note vom 10. März 1952 auf der Basis diplomatischer Akten, S. 797, trifft nicht zu. Die Argumentation, die in dem Entwurf vom 21. 1. 1951 enthalten war, ist Stalin nie vorgelegt worden; er kann ihr darum auch nicht „beigepflichtet" (so ebenda, S. 799) haben. Die Erläuterung, der sowjetische Vorschlag käme einer indirekten Forderung nach Einberufung des Außenministerrats gleich, blieb hingegen bestehen, anders als Bjørnstad, Soviet Union, S. 70, behauptet.

Schuldverpflichtungen" (die sich im wesentlichen auf Schulden bei den westlichen Alliierten bezog) entfielen, und auch das Verbot, ausländische Staatsbürger „für die Ausbildung der deutschen Armee in Dienst *[zu]* nehmen", wurde weggelassen (*Dokument 14*)[90]. In der begleitenden Note zu dem „Grundlagen"-Vorschlag erklärte die Sowjetregierung ihre Bereitschaft, „auch andere mögliche Vorschläge in dieser Frage zu prüfen"[91].

Stalin übernimmt

In dieser Form wurde das Schreiben an Stalin am 25. Januar von Gromyko unterzeichnet und mit den Anlagen weitergeleitet. Gleichzeitig wurden zur Vorbereitung der Politbüro-Entscheidung Kopien des Beschlußpakets an Molotow, Malenkow, Berija, Mikojan, Kaganowitsch, Bulganin und Chruschtschow verschickt[92]. Das Politbüro beriet das Maßnahmenpaket am 30. Januar. Dabei wurde der DDR-Führung, wie aus Notizen auf der Arbeitskopie im Sekretariat Wyschinskij[93] und „überarbeiteten" Entwürfen mit der Unterschrift Wyschinskijs vom 2. und 6. Februar hervorgeht[94], einerseits eine Belobigung zugedacht; andererseits wurde sie aber noch straffer an die Leine genommen. Der „berichtigte" Entwurf der Instruktionen für Semjonow und Tschujkow (*Dokument 15*)[95] begann jetzt mit der anerkennenden Behauptung, „die Maßnahmen, die im Verlauf des letzten halben Jahres im Zusammenhang mit dem Appell der Regierung der DDR an die Bonner Regierung zur Beschleunigung des Abschlusses des Friedensvertrages [...] in Deutschland ergriffen wurden", hätten „zweifellos positive Ergebnisse"; sie hätten geholfen, die Politik der Westmächte „in den Augen breiter Schichten des deutschen Volkes zu entlarven". Dann folgten eine Erklärung, daß diese Maßnahmen nicht mehr ausreichten, und die Aufforderung, jetzt einen Appell an die vier Mächte zu richten. Weiter wurden jetzt genaue Angaben gemacht, welche Begründungen für den Abschluß des

90 AVPRF, f. 07, op. 25, p. 13, d. 144, ll. 99–102. Damit war allerdings immer noch nicht die „später verwendete Form" des „Grundlagen"-Textes erreicht, so Wettig, Deutschland-Note vom 10. März 1952 auf der Basis diplomatischer Akten, S. 797, ähnlich Bjørnstad, Soviet Union, S. 66.

91 AVPRF, f. 07, op. 25, p. 13, d. 144, ll. 103 f.

92 Beschlußentwurf, ebenda, l. 96, Entwurf der Anweisung an Čujkov und Semenov, ebenda, ll. 97 f., Verteilerliste am Fußende des Anschreibens, ebenda, l. 95. Den Entwurf der Anweisung an Čujkov und Semenov schickte Vyšinskij am 29. Januar an Molotov mit der Bemerkung: „Im Falle Ihres Einverständnisses wird dieser Text anstelle des vorher geschickten Textes verschickt"; ebenda, ll. 110–113.

93 Auf den Blättern 94 bis 104. Anders als Bjørnstad, Soviet Union, S. 66 und 128, meint, gehen diese mit Bleistift eingetragenen Bemerkungen nicht auf „Instruktionen" Molotovs zurück. Sie sind offensichtlich erst nach der Beratung der von Molotov abgesegneten Entwürfe im Politbüro angefertigt worden.

94 Diese waren wiederum zur „Prüfung" an Molotov gerichtet: AVPRF, f. 07, op. 25, p. 13, d. 144, ll. 113–131.

95 Ebenda, ll. 126–128.

Friedensvertrags die DDR-Regierung in dem Appell aufführen und welche Prinzipien eines Friedensvertrages sie nennen sollte.[96] Weiter wurde die Erwartung geäußert, daß der Entwurf des Appells vor der Veröffentlichung der Sowjetregierung zur Kenntnis gebracht würde; und schließlich folgten auch noch detaillierte Anweisungen zur Argumentation gegen den Generalvertrag. Wie die Sowjetregierung auf den Appell im Detail reagieren würde, wurde den deutschen Genossen bewußt noch nicht gesagt[97].

Die gleiche Sorge, den sowjetischen Standpunkt so präzise wie möglich zum Ausdruck zu bringen, zeigte sich auch bei der Überarbeitung des Entwurfs der Begleitnote an die Westmächte. Die von Molotow angeregte Auflistung aller früheren sowjetischen Initiativen zur Beratung des Friedensvertrags entfiel; offensichtlich wurde sie als unnötig provozierend empfunden[98]. Stattdessen wurde die Begründung für den Abschluß des Friedensvertrages aus der Präambel des „Grundlagen“-Textes übernommen und um den Hinweis ergänzt, „daß die Gefahr der Wiederbelebung des deutschen Militarismus und der deutschen aggressiven Kräfte nicht beseitigt“ sei. Weiter wurde schon in der Note angekündigt, „daß der Friedensvertrag mit Deutschland die Möglichkeit neuer deutscher Aggressionsversuche ausschließen“ müsse und es gestatten würde, „die Entwicklung der Friedenswirtschaft ohne jegliche Begrenzungen im Interesse der Verbesserung der Lebensbedingungen des deutschen Volkes zu gewährleisten“[99].

Ebenso hielt Stalin es offensichtlich für nötig, allen Beteiligten so deutlich wie möglich zu sagen, was mit der Aktion bezweckt wurde. Den Westmächten wurde erklärt, die Sowjetregierung lege den Entwurf der Grundlagen des Friedensvertrages „mit dem Ziel“ vor, „die Aufgabe der Vorbereitung des Entwurfs *[eines Friedensvertrages]* zu erleichtern“[100]. Der DDR-Regierung wurde mitgeteilt, die Sowjetregierung richte sich danach, „daß die oben genannten wie auch die möglichen künftigen Maßnahmen zur Beschleunigung des Abschlusses des Friedensvertrages mit Deutschland, zur Beseitigung der Spaltung Deutschlands und zur Schaffung eines vereinigten

[96] Auf der Arbeitskopie vom 25. 1. 1952 ist dazu etwas widersprüchlich notiert: „Es ist notwendig, den offenen Appell der DDR zu haben. Im deutschen Appell sind einige Verpflichtungen nötig.“ Ebenda, l. 94.

[97] Vgl. dazu auch Vyšinskijs erläuterndes Anschreiben an Molotov vom 6. 2. 1952, ebenda, l. 124. Das Politbüro kam dem Vorschlag der DDR-Führung also keineswegs so weit entgegen, wie Bjørnstad, Soviet Union, es darstellt („that the East German wish [...] might, and might not, be correct“); der neue Entwurf war nicht „more lenient towards the East Germans“, so S. 71.

[98] Auf der Arbeitskopie vom 25. 1. 1952 ist dazu vermerkt: „Ohne zeitliche Abfolge“ und „Ohne Tadel“, ebenda, ll. 103f.

[99] Ebenda, ll. 116f. Der „Grundlagen“-Vorschlag selbst blieb unverändert (ebenda, ll. 118–121), so daß nun eine gewisse Redundanz zwischen Begleitnote und materiellem Textvorschlag entstand.

[100] Die Arbeitskopie vom 25. 1. 1952 erhielt dazu die Notiz: „Das Progr*[amm]* unterstützen.“ Ebenda, l. 104.

deutschen Staates beitragen werden", nicht zuletzt durch die „Mobilisierung der demokratischen Kreise Deutschlands, darunter auch der in Westdeutschland, zum Kampf für den Abschluß des Friedensvertrages". Der ZK-Beschluß zur Instruktion Tschujkows und Semjonows wurde mit der Erläuterung versehen, die Maßnahme erfolge „zwecks Beschleunigung des Abschlusses des Friedensvertrages mit Deutschland und Schaffung eines vereinigten, demokratischen, friedliebenden deutschen Staates und Verstärkung des Widerstandes des deutschen Volkes gegen die Pläne zur Remilitarisierung Westdeutschlands", und firmierte unter der Überschrift „Maßnahmen zur Beschleunigung des Abschlusses des Friedensvertrages und zur Schaffung eines vereinigten, demokratischen, friedliebenden deutschen Staates"[101].

Schließlich unterschied der Fahrplan des Außenministeriums nach der Beratung bei Stalin wieder zwischen sowjetischer Antwort auf den Appell der DDR-Regierung und dem Auftreten mit dem Entwurf der „Grundlagen des Friedensvertrages". Wyschinskij legte gleich am 2. Februar einen ersten Entwurf der Antwort der Sowjetregierung auf den DDR-Appell vor, der die Vorteile eines Friedensvertrags für das deutsche Volk in den höchsten Tönen pries, von der „Gleichberechtigung Deutschlands", seiner „friedlichen Wirtschaft" bis zum „Abzug aller ausländischen Truppen"[102]. Offensichtlich hielt Stalin die Mobilisierung durch die Kampagne seit dem Volkskammer-Appell noch nicht für ausreichend. Folglich sollte sie mit der Veröffentlichung der sowjetischen Antwort auf den DDR-Appell noch einmal intensiviert werden, ehe die Sowjetregierung mit der Note und dem „Grundlagen"-Entwurf auftrat.

Formal wurde nach Billigung des überarbeiteten Entwurfs durch Molotow[103] in der nächsten Politbüro-Sitzung am 6. Februar nur die Instruktion an Tschujkow und Semjonow beschlossen[104]. Stalin nahm die operative Leitung des Unternehmens jetzt, da die Sowjetführung gegenüber den Westmächten und den Deutschen aktiv wurde, persönlich in die Hand. Die Aktion war ihm zu bedeutsam, ihr Ziel zu essentiell, als daß er sich weiterhin nur auf Molotows Erfahrung und Gespür verlassen wollte. Am 8. Februar faßte das Politbüro den Beschluß, die DDR-Regierung solle „in den näch-

[101] Ebenda, l. 125, vgl. Dokument 15. – Den Regierungen Polens und der Tschechoslowakei wurde zunächst gesagt, die Kampagne habe „die Schaffung eines einheitlichen, demokratischen, friedliebenden deutschen Staates zum Ziel", und dann erläutert, es gehe darum, „die Bewegung des deutschen Volkes für den Frieden, gegen den Krieg noch breiter zu entfalten"; ebenda, l. 122. Wettig, Deutschland-Note vom 10. März 1952 auf der Basis diplomatischer Akten, S. 799, stützt sich in seiner Interpretation der sowjetischen Motive nur auf das zweite Element der Mitteilung.

[102] AVPRF, f. 07, op. 25, p. 13, d. 144, l. 115.

[103] Er vermerkte auf dem am 6. 2. 1952 übergebenen Entwurf: „Dafür. V. Molotov 5. 2. 52"; AVPRF, f. 07, op. 25, p. 13, d. 144, ll. 129–131.

[104] Ein von Gromyko am 13. 2. 1952 unterzeichnetes Schreiben an Stalin nimmt auf diesen Beschluß Bezug; ebenda, l. 136.

sten Tagen“ mit ihrem Appell hervortreten[105]. Am 12. Februar wurden auf Empfehlung des Außenministeriums zwei Änderungen im Entwurf für den Appell an die vier Mächte beschloßen, den die DDR-Regierung unterdessen vorgelegt hatte: Statt von „imperialistischen Kräften“ sollte darin nur ganz allgemein von „aggressiven Kräften“ die Rede sein, um den Westmächten keinen Anlaß zu feindlicher Propaganda zu bieten; und die DDR-Regierung sollte auch nicht darum „bitten“, daß die Alliierten die „unnormale Situation“ in Deutschland beenden, sondern nur demütig eine entsprechende „Hoffnung“ äußern[106].

Nachdem die DDR-Regierung den entsprechend korrigierten Appell am 13. Februar veröffentlicht hatte[107], schlug das Außenministerium vor, einen Beschluß über alle „weiteren Maßnahmen“ zu fassen, „die mit diesem Appell verbunden sind“. Die Note der Sowjetregierung und der „Grundlagen“-Entwurf sollte den drei Mächten „am 20. Februar“ geschickt werden[108]. Kurz darauf wurde die Beschlußvorlage dahingehend korrigiert, daß Versand und Publizierung am 23. Februar erfolgen sollten[109]. Am 15. Februar wurde das Datum ganz aufgehoben: „Was die Absendung der Note betrifft“, hieß es in einer Vorlage für Stalin, die offensichtlich nach Rückkoppelung mit der obersten Führung verfaßt wurde, „hält es das Außenministerium der UdSSR für zweckmäßig, dies etwas später zu prüfen, wenn sich die Reaktion der Bonner Regierung und der drei Mächte auf den Appell

[105] Laut Gromyko an Stalin 12. 2. 1952, AVPRF, f. 07, op. 25, p. 13, d. 144, ll. 132f. Vgl. den Beschluß „Über Maßnahmen zur Beschleunigung des Abschlusses eines Friedensvertrags mit Deutschland und zur Schaffung eines vereinigten, demokratischen, friedliebenden deutschen Staates“ vom 8. 2. 1952 (Beschluß Nr. 425) im RGASPI f. 17, op. 3, d. 1092, und die Hinweise auf die Beratungen am 30.1. und 6. 2. 1952, ebenda. Anders als Bjørnstad, Soviet Union, S. 71f., schreibt, ist der DDR-Führung die Verpflichtung zu einem erneuten Appell an die Bonner Regierung nicht erlassen worden; es mußte auch kein inhaltlich neuer Entwurf vorgelegt werden. Erst recht liegt kein mit dem Entwurfpaket vom 25. 1. 1952 „sinngleich formulierter Stalin-Beschluß“ vor, wie Wettig, Deutschland-Note vom 10. März 1952 auf der Basis diplomatischer Akten, S. 797, behauptet.

[106] Beschluß „Zu den Instruktionen für die Genossen Čujkov und Semenov in Verbindung mit dem Entwurf des Appells der Regierung der DDR an die vier Mächte aus Anlaß des Abschlusses des Friedensvertrages mit Deutschland“ 12. 2. 1952 (Beschluß Nr. 453), RGASPI f. 17, op. 3, d. 1092, eine Arbeitskopie in AVPRF, f. 07, op. 25, p. 13, d. 144, ll. 134f. In der Stellungnahme des Außenministeriums vom gleichen Tag (Gromyko an Stalin 12. 2. 1952, wie Anm. 105) war vorgeschlagen worden, den Absatz mit der Ablehnung des „Strebens imperialistischer Kräfte“ ganz wegzulassen. Was Wettig, Bereitschaft zur Einheit in Freiheit?, S. 213f., als angeblichen Inhalt der Korrekturen referiert (Weglassen der Verpflichtung zur „Umgestaltung“ und der Hinweise auf frühere sowjetische Vorschläge), sind in Wahrheit Änderungen Molotovs am „Grundlagen“-Text (24. 1.) und eine Modifikation Stalins am Notenentwurf an die Westmächte (30. 1.).

[107] Dokumente zur Außenpolitik der Regierung der Deutschen Demokratischen Republik, Bd. 1, Berlin 1954, S. 73–76.

[108] Gromyko an Stalin 13. 2. 1952, wie Anm. 103; Beschlußentwurf mit Anlagen, AVPRF, f. 07, op. 25, p. 13, d. 144, ll. 137–148.

[109] Undatierter Beschlußentwurf, wahrscheinlich 14. 2. 1952, ebenda, l. 149, die Anlagen ll. 150–158.

der Regierung der DDR und auf die Antwort der Sowjetregierung auf diesen Appell abzeichnet“[110].

Fertiggestellt wurde zunächst nur die Antwort auf den DDR-Appell. Das Außenministerium schickte den Entwurf nach Abstimmung mit Molotow am 15. Februar „an die zuständige Stelle“[111]. Diese, also Stalin, strich die Avancen an die „nationalen Interessen des deutschen Volkes“ aus dem Text und fügte die „Übereinstimmung mit den Potsdamer Beschlüssen“ sowie die „Teilnahme Deutschlands“ am Abschluß des Friedensvertrages ein. In dieser Form wurde die Antwort am 20. Februar im Politbüro beschlossen und sogleich an die DDR-Regierung übermittelt, am 21. Februar wurde sie veröffentlicht[112]. Den deutschen Genossen wurde aufgetragen, die Kampagne darauf zu richten, „die Bonner Regierung und das Bonner Parlament mit einer solchen Menge von Resolutionen und Forderungen zu attackieren, daß sowohl das Parlament als auch die Regierung starken Druck von Seiten des Volkes erfahren“[113].

Mit der Übersendung der Note an die Westmächte ließ sich Stalin danach noch einmal Zeit, weitaus mehr als die „7–10 Tage“, die Gribanow ursprünglich vorgeschlagen hatte. Das Außenministerium legte am 23. Februar eine neue Beschlußvorlage vor, in der die Absendung und Veröffentlichung der Noten für den „28. oder 29. Februar“ vorgesehen war[114]. Stalin ging auch darauf nicht ein, sondern hielt, während die Kampagne zur Unterstützung des Appells der DDR-Regierung zusehends heftiger gefahren wurde[115], hartnäckig nach Anzeichen für eine Mobilisierung der Westdeutschen Ausschau, die es ihm erlauben würde, den „Grundlagen“-Entwurf ohne Gesichtsverlust und mit Aussicht auf Erfolg zu präsentieren. Erst am 8. März, einem Samstag mehr als drei Wochen nach der Veröffentlichung des DDR-Appells, beschloß das Politbüro die weiteren Maßnahmen im Zu-

110 Gromyko an Stalin 15. 2. 1952, ebenda, l. 159.

111 So die Erläuterung in einem Schreiben Gromykos an Molotov 17. 2. 1952, ebenda, l. 162. Beschlußentwurf und Antwortentwurf in der Anlage zum Schreiben Gromyko an Stalin 15. 2. 1952, ebenda, ll. 160f.

112 Beschlußentwurf vom 18. 2. 1952 mit handschriftlichen Ergänzungen mit Blaustift, darunter: „Beschlossen. 20.2.“, ebenda, l. 166. Noch am 17.2. übermittelte Gromyko eine Variante des ursprünglichen Entwurfs vom 2.2.: ebenda, l. 163. Der definitive Text der Antwort u.a. in: Neues Deutschland 21. 1. 1952.

113 So der SKK-Verantwortliche für gesamtdeutsche Angelegenheiten, I. S. Bakulin in einem an Semenov gerichteten Schreiben vom 18. 2. 1952, AVPRF, f. 0457a, op. 13, p. 66, d. 5, ll. 5–12, zitiert mit weiteren Hinweisen auf die Kampagne bei Gerhard Wettig, Die KPD als Instrument der sowjetischen Deutschland-Politik. Festlegungen 1949 und Implementierungen 1952, in: Deutschland Archiv 27 (1994), S. 816–829, hier: S. 822–825.

114 Gromyko an Stalin 23. 2. 1952, AVPRF, f. 082, op. 40, p. 255, d. 11, ll. 14–24.

115 Vgl. die Zusammenstellung der Schlagzeilen der „Täglichen Rundschau“ bei Jürgen Weber, Das sowjetische Wiedervereinigungsangebot vom 10. März 1952, in: Aus Politik und Zeitgeschichte B50 (1969), S. 3-30, hier: S. 11.

sammenhang mit der Veröffentlichung der „Grundlagen des Friedensvertrages“[116].

Auch hier kam es noch einmal zu bedeutenden Änderungen in letzter Minute. Die Note an die Westmächte, die der Beschlußvorlage vom 23. Februar noch in der gleichen Form beilag, wie sie das Außenministerium am 25. Januar dem Politbüro zugeleitet hatte, wurde jetzt zunächst dahingehend modifiziert, daß die Sowjetregierung auf den Appell der DDR-Regierung Bezug nahm. Dann folgten präzisere Angaben zu dem gedachten Procedere: „In nächster Zeit“ sollte „ein vereinbarter Friedensvertragsentwurf vorbereitet“ und dann „einer entsprechenden internationalen Konferenz unter Beteiligung aller interessierten Staaten zur Prüfung vorgelegt“ werden. Vor allem aber griff die Note jetzt die Kritik auf, die die Bundesregierung in ihrer Reaktion auf den Appell der DDR-Regierung am 22. Februar vorgebracht hatte. Auf die Feststellung, daß das Schreiben Grotewohls vom 13. Februar kein Wort über „eine Beteiligung Deutschlands an der Friedenskonferenz und dem Friedensvertrag“ enthalte[117], reagierte die Sowjetregierung mit der Erklärung, es „verstehe“ sich, „daß ein solcher Friedensvertrag unter unmittelbarer Beteiligung Deutschlands, vertreten durch eine gesamtdeutsche Regierung, ausgearbeitet werden“ müsse; die vier Mächte müßten daher „auch die Frage der Bedingungen prüfen [...], die die schleunigste Bildung einer gesamtdeutschen, den Willen des deutschen Volkes ausdrückenden Regierung fördern“. Die vollmundigen Erklärungen über die Vorteile eines Friedensvertrages, die Stalin in den Notenentwurf hineingebracht hatte, fielen wieder weg[118].

Noch gravierender waren die Änderungen im Entwurf der „Grundlagen des Friedensvertrages“ selbst. Nicht nur, daß Präambel und Grundsätze, wie schon in der Politbüro-Sitzung vom 30. Januar angeordnet[119], durch eine Zwischenüberschrift getrennt wurden. In die Präambel wurde jetzt ein Teil der Erklärungen aufgenommen, die Stalin zunächst in die Note an die Westmächte gesetzt hatte. Die Erklärung über die Fortdauer der Militarismus-Gefahr wurde zur Klage darüber ausgeweitet, daß „die entsprechenden Beschlüsse der Potsdamer Konferenz immer noch nicht durchgeführt sind“, und die Erläuterungen der Vorteile des Friedensvertrages für das deutsche Volk wurden in die Formel zusammengezogen, „ohne den schnellen Abschluß“ des Friedensvertrages könne „eine gerechte Behandlung der rechtmäßigen Interessen des deutschen Volkes nicht gewährleistet werden“. Aus-

116 Beschluß Nr. 47 in RGASPI f. 17, op. 3, d. 1093.

117 Antwort der Bundesregierung vom 22. Februar 1952, in: Europa-Archiv 7 (1952), S. 4794.

118 Um den Frieden mit Deutschland. Note der Sowjetregierung an die Westmächte über den Friedensvertrag mit Deutschland vom 10. 3. 1952 sowie: Entwurf der Sowjetregierung über die Grundlagen eines Friedensvertrages mit Deutschland, in: Europa-Archiv 7 (1952), S. 4832f.

119 Auf der Arbeitskopie des Entwurfs vom 25. Januar wurde handschriftlich notiert: „Die Grundlagen von der Präambel trennen“, AVPRF, f. 07, op. 25 p. 13, d. 144, l. 99.

führlicher als bisher ging die Präambel jetzt auf die Interessen der Nachbarn Deutschlands am Friedensvertrag ein, und dann wurde auch hier das Prinzip verkündet, „daß die Vorbereitung eines Friedensvertrages unter Beteiligung Deutschlands, vertreten durch eine gesamtdeutsche Regierung, erfolgen muß“. Insgesamt changierte die ursprünglich als Entwurf einer gemeinsamen Absichtserklärung der vier Mäche gedachte Präambel jetzt zwischen einer Erklärung der Sowjetregierung und einer Willensbekundung der Alliierten.

Bei den Grundsätzen selbst wurde zunächst das Verbot von „nazistischen und militaristischen Organisationen“ ausgeweitet zu einem Verbot von „Organisationen, die der Demokratie und der Sache der Erhaltung des Friedens feindlich sind“. Bei der Festlegung des Territoriums wurde nur noch auf die „Beschlüsse der Potsdamer Konferenz“ Bezug genommen; die Anerkennung der „vollen Souveränität des deutschen Volkes“ entfiel. Weiter entfielen das Monopolverbot, das Verbot der Verbindung des Ruhrgebietes mit „irgendwelchen internationalen Vereinigungen“, die Verpflichtung zu Reparationsleistungen und das Verbot des Dienstes deutscher Staatsbürger „in ausländischen Armeen und Polizeieinheiten“. Statt der Begrenzung der deutschen Streitkräfte war positiv davon die Rede, daß Deutschland die Streitkräfte besitzen sollte, „die für die Verteidigung des Landes notwendig sind“.

Stalin[120] kam den Deutschen also noch einmal in erheblichem Umfang entgegen, offensichtlich von der Überlegung geleitet, damit vielleicht doch noch jene Bewegung auszulösen, die Druck auf die Westmächte ausüben sollte und bislang allen Anstrengungen zum Trotz nicht wirklich zustande gekommen war. Zugleich war er aber darauf bedacht, in dem Dokument festzuhalten, worauf es ihm wirklich ankam: die Verwirklichung des antifaschistischen Kerns der Potsdamer Beschlüsse. Er bemühte sich, die Bedingungen so zu formulieren, daß sie von den Westalliierten ohne größere Schwierigkeiten akzeptiert werden konnten. Und er achtete darauf, daß das Hindernis aus dem Weg geräumt wurde, das sich aus dem Einwand der Bundesregierung ergab – auch wenn dazu eine stärkere Beteiligung der Deutschen an der „Ausarbeitung“ des Friedensvertrages in Kauf genommen werden mußte, als die Sowjetregierung ursprünglich im Sinn gehabt hatte. All dies zeigt, daß auch Stalin nicht nur die Mobilisierung der Deutschen im Westen betrieb, sondern selbst anvisierte, wozu sie nach den Erklärungen des Außenministeriums dienen sollte: Verhandlungen über den Friedensvertrag und schließlich eine Verständigung über den Friedensschluß[121].

120 Angesichts der bis zur Politbüro-Sitzung vom 8. März unveränderten Beschlußlage in den Akten des Außenministeriums können die letzten substantiellen Änderungen nicht von Molotov stammen, wie Bjørnstadt, Soviet Union, S. 72f., hinsichtlich der Bestimmungen zum Ruhrgebiet und zur Reparationsfrage schreibt.

121 Man wird also nicht davon sprechen können, daß „Stalin was evidently unable to make up

Natürlich war mit der Streichung der Bestimmungen über wirtschaftliche Entflechtung, Aufhebung westlicher Ruhrkontrolle und Reparationen noch nicht gesagt, daß die Sowjetregierung ihre diesbezüglichen Verhandlungspositionen vollständig aufgegeben hatte. Angesichts der Kürze der zur Verfügung stehenden Zeit ist nicht davon auszugehen, daß die entsprechenden Änderungen sogleich in den Entwurf des Friedensvertrages übernommen wurden. In den Akten des Außenministeriums finden sich keine Spuren einer fortlaufenden Aktualisierung des Entwurfs der „Gruppe Seljaninow". Bis ein fertig ausformulierter Friedensvertragstext gebraucht wurde, war ja nach den Vorstellungen der Verantwortlichen noch etwas Zeit; und wenn man an einem durchsetzungsfähigen Entwurf interessiert war, stellten detaillierte Ausformulierungen vor der grundsätzlichen Zustimmung der westlichen Alliierten zu Verhandlungen eigentlich auch eine Zeitverschwendung dar.

Allerdings mußte Stalin damit rechnen, daß Forderungen, die in der „Grundlagen"-Skizze nicht mehr auftauchten, in den Verhandlungen auch nur noch schwer durchzusetzen waren. Das galt umso mehr, wenn man bereit war, die Deutschen an der Ausarbeitung des Friedensvertrages zu beteiligen und ihnen nicht nur, wie noch im Entwurf vom 25. Januar vorgesehen, einen von den Alliierten erarbeiteten Entwurf vorzulegen[122]. Insofern spiegelt die schrittweise Revision der in den „Grundlagen" zu nennenden Bedingungen doch schon einen Prozeß der Anpassung der Ziele sowjetischer Deutschlandpolitik an die durch die Entzweiung der ehemaligen Anti-Hitler-Koalition veränderten machtpolitischen Gegebenheiten wider; die Veränderungen waren nicht nur terminologischer Natur[123]. Stalins Programm lief nicht auf die Formel „Zurück zu Potsdam" hinaus, wie allein schon die Bereitschaft zur Ausstattung des vereinten Deutschlands mit sicherheitsadäquaten Streitkräften zeigt. Es ging vielmehr darum, unter den veränderten Umständen von „Potsdam" zu retten, was zu retten war.

Zusammen mit der Verabschiedung des endgültigen Notentextes wurde beschlossen, die Noten am übernächsten Tag, also Montag, dem 10. März den Botschaftern der drei Westmächte zu übergeben und zu veröffentlichen. Für die Vorab-Information der Regierungen Polens, der Tschechoslowakei

his mind on whether to pursue negotiations with the West or propaganda against the West", so Bjørnstadt, ebenda, S. 71. In Stalins Sicht (und bis zu einem gewissen Grad auch in objektiver Hinsicht) waren das keine Gegensätze.

122 Der Notenentwurf vom 25. Januar sah die Erarbeitung eines „abgestimmten Entwurfs des Friedensvertrages" durch die vier Mächte „innerhalb von drei Monaten" vor; AVPRF, f. 07, op. 25 p. 13, d. 144, ll. 103f.

123 Wie Wettig, Bereitschaft zur Einheit in Freiheit?, S. 211, in einer allzu schematischen Gegenüberstellung von angeblichen „Extremvorstellungen" und propagandistischer Verkleidung meint. Auch bei Bjørnstads Betrachtungen „What if there had been a peace treaty?" (Soviet Union, S. 77–91) kommen die materiellen Veränderungen im Zuge der Arbeit am „Grundlagen"-Text etwas zu kurz.

und DDR blieb nur noch der Sonntag. Tatsächlich wurden die Tatsache und der Inhalt der Noten der DDR-Führung erst in einer „Besprechung am 9. 3. 1952, Sonntag, ab 10.30 abends“ übermittelt; Pieck schrieb alle Einzelheiten mit[124]. Stalin legte keinen Wert darauf, der beschlossenen Informationspflicht gegenüber der DDR-Führung und den Führungen der Regime in Warschau und Prag mehr als formal Genüge zu tun. Was ihn jetzt vorrangig interessierte, war die Reaktion im Westen.

Die Dritte europäische Abteilung stellte danach Tag für Tag Übersichten zusammen, wie die westliche Presse auf die Noten vom 10. März reagierte[125]. Als Adenauers Erklärung vom 16. März[126] die Tendenz der westlichen Antwort vermuten ließ, lieferte Gribanow gleich Vorschläge, wie die Sowjetführung darauf reagieren sollte: das Bekenntnis zu freien Wahlen wiederholen, aber zugleich darauf hinweisen, daß eine Prüfung der Wahlvoraussetzungen durch die Vereinten Nationen dem Kontrollratsabkommen widersprechen würde; hinsichtlich der Angemessenheit nationaler Streitkräfte der Deutschen auf das Beispiel anderer Nationen verweisen; in der Frage der Oder-Neisse-Grenze frühere sowjetische Erklärungen hinsichtlich der Endgültigkeit der Potsdamer Regelungen wiederholen[127]. Ende März wurden Pieck, Grotewohl und Ulbricht nach Moskau zitiert, um über ihren Eindruck von der Wirkung der Veröffentlichung der „Grundlagen“ zu berichten. Möglicherweise sollten sie auch zur Ordnung gerufen werden: Gribanow hatte in einer Stellungnahme vom 27. März bemängelt, die „Thesen des ZK der SED“ zur zweiten Parteikonferenz, die für den kommenden Juli geplant war, seien „so aufgebaut, als ob die SED-Regierung davon ausgeht, daß die existierende Teilung Deutschlands ewig andauern wird“[128].

Bei einer ersten Besprechung der SED-Führer im Moskauer Politbüro am Abend des 1. April – anwesend waren laut Piecks Notizen Stalin, Molotow, Malenkow, Mikojan, Bulganin[129] – berichtete Pieck zunächst pflichtgemäß, „der Vorschlag der Sowjetregierung“ habe „eine große Bewegung der Massen ausgelöst – durch die die Westmächte und ihre Adenauerregierung in harte Bedrängnis geraten“; ihre Antwort spiegele das wider[130]. Dann erkun-

124 Badstübner/Loth, Wilhelm Pieck, S. 381.

125 AVPRF, f. 082, op. 40, p. 255, d. 10, ll. 9–44.

126 Text in: Siegener Zeitung vom 17. 3. 1952.

127 Gribanov an Vyšinskij 20. 3. 1952, AVPRF, f. 082, op. 40, p. 255, d. 10, ll. 45–47, ein Vorentwurf vom 18. 3. 1952, ebenda, ll. 48f. – Die Argumentation ist dann der sowjetischen Note vom 9. 4. 1952 zugrundegelegt worden; vgl. den Text der Note der sowjetischen Regierung an die Westmächte über den Friedensvertrag mit Deutschland vom 9. April 1952, in: Europa-Archiv 7 (1952), S. 4866f.

128 Gribanov an Vyšinskij 27. 3. 1952, AVPRF, f. 082, op. 27, p. 43, d. 172, l. 67. Semenov hatte den SED-Entwurf am 22. 3. 1952 zur Überprüfung nach Moskau geschickt; vgl. Bjørnstadt, Soviet Union, S. 74f.

129 Aber bezeichnenderweise nicht Vyšinskij; siehe Badstübner/Loth, Wilhelm Pieck, S. 382.

130 „Plan der Besprechung am 1. 4. 1952“, ebenda, S. 383–385.

digte er sich, wie Stalin die Lage einschätzte: „Wie stehen die Perspektiven hinsichtlich des Abschlusses eines Friedensvertrages mit Deutschland; wird es zu einer Konferenz der vier Mächte kommen, welche Ergebnisse sind von dieser Konferenz zu erwarten?“ Weiter wollte er wissen, wie der Kremlchef die Absicht der SED-Führung beurteilte, „eine Massenbewegung zum Kampf für [...] die Durchführung freier gesamtdeutscher Wahlen ohne Einmischung der UNO *[zu]* entfalten und den Sturz der Adenauer-Regierung zu erreichen *[zu]* versuchen“. Und schließlich bat er ganz allgemein um Anweisungen, „wie [...] die Partei den Kampf in Westdeutschland weiterführen“ solle[131].

Es dürfte fraglich sein, ob Stalin den vorsichtigen Optimismus hinsichtlich des Abschlusses eines Friedensvertrages, den Pieck mit Blick auf die vermutete Zielsetzung des Kremlherrn zur Schau trug, zu diesem Zeitpunkt noch geteilt hat. Schließlich hatten die Westmächte in ihrer gemeinsamen Antwortnote vom 25. März nicht nur auf einer Untersuchung der Voraussetzungen für freie Wahlen durch eine UNO-Kommission beharrt, sondern auch kategorisch gefordert, dem künftigen deutschen Staat völlige Freiheit beim Eingehen von Bündnissen einzuräumen[132]. Die SED-Führer blieben jedenfalls zunächst ohne Antwort. Sie durften sich in den nächsten Tagen Paradebeispiele sowjetischer Filmkunst ansehen und sich von sowjetischen Funktionären über die „Arbeitsmethoden“ der Spitzen von Partei und Regierung der Sowjetunion unterrichten lassen[133]. Erst am späten Abend des 7. April, nachdem sie sich ab 20 Uhr schon den Film „Junge Garde“ angesehen hatten, wurden sie wieder zu einer Politbüro-Sitzung gerufen, diesmal mit Stalin, Molotow, Malenkow und Bulganin, und erst jetzt wurde ihnen geantwortet.

Stalin eröffnete die Sitzung mit der Erklärung, „daß, welche Vorschläge zur deutschen Frage wir auch machen würden, die westlichen Staaten mit ihnen nicht einverstanden wären und Westdeutschland auf keinen Fall aufgeben würden. Zu denken, daß es einen Kompromiß geben oder die Ameri-

131 Sowjetisches Protokoll im Präsidenten-Archiv, APRF f. 45, op. 1, d. 303, ll. 147–149, mitgeteilt bei Wladimir K. Wolkow, Die deutsche Frage aus Stalins Sicht (1947–1952), in: Zeitschrift für Geschichtswisenschaft 48 (2000), S. 20–49, hier: S. 43. Pieck notierte zu diesem Punkt: „Welche Perspektive in diesem Kampf, ob 4-Mächtekonferenz, welche möglichen Resultate?/ Für Deutschland Frage der Wahlen, ohne UN-Kommission, als Massenkampf zum Sturz der Adenauer-Regierung/ Wie wird der Kampf von SED weitergeführt?“; Badstübner/Loth, Wilhelm Pieck, S. 383. Die von Volkov ermittelten sowjetischen Protokolle von fünf Begegnungen der SED-Führer mit Stalin vom Januar 1947 bis zum April 1948 (gesammelt in dem Bestand AP RF, f. 45, op. 1, d. 303, ll. 1–187) bestätigen die Authentizität der Notizen, die Pieck zu diesen Gesprächen angefertigt hat, und auch die Deutung, die ich ihnen gegeben hatte. Wettigs Paraphrase, die Frage der Wahlen „sollte ‚als Massenkampf zum Sturz der Adenauer-Regierung‘ gestaltet werden“ (Deutschland-Note vom 10. März 1952 auf der Basis diplomatischer Akten, S. 803) ist nicht korrekt.

132 Antwortnote der Westmächte an die Sowjetunion vom 25. 3. 1952, in: Europa-Archiv 7 (1952), S. 4833 f.

133 Badstübner/Loth, Wilhelm Pieck, S. 382 f. und 397 f.

kaner den vorgeschlagenen Friedensvertrag akzeptieren könnten, wäre ein großer Irrtum. Die Amerikaner brauchen eine Armee in Westdeutschland, um Westeuropa zu halten. [...] Tatsächlich entwickelt sich in Westdeutschland ein selbständiger Staat.“ Das war ihm offensichtlich in den letzten Tagen nach einigen Zweifeln zur Gewißheit geworden, und nun galt es, die Konsequenzen daraus zu ziehen. Folglich wies er die SED-Führer an: „Sie müssen auch ihren eigenen Staat organisieren. Die Demarkationslinie zwischen West- und Ostdeutschland muß als Grenze angesehen werden – und zwar nicht nur als eine normale, sondern als eine sehr gefährliche Grenze. Der Schutz dieser Grenze muß verstärkt werden.“[134]

So ganz mochte Stalin die Hoffnung auf einen einvernehmlichen Friedensvertrag der Siegermächte aber auch jetzt, da ihm das Scheitern der Noteninitiative bewußt wurde, noch nicht aufgeben. Als Ulbricht nachfragte – bezeichnend für seine Tendenz, die Revolution im Osten Deutschlands voranzutreiben, wo immer dies möglich war[135] –, ob man „angesichts der tiefen Spaltung Deutschlands“ denn auch weiterhin „eine Reihe von Maßnahmen nicht durchführen“ soll, „die bei der Entwicklung in Richtung Sozialismus durchgeführt werden müssen“, antwortete Stalin: „Obgleich in Deutschland zwei Staaten geschaffen werden, ist es vorerst nicht angebracht, lauthals vom Sozialismus zu reden.“ Grotewohl, der wissen wollte, ob es denn noch „notwendig“ sei, „an unserer Argumentation zu Fragen der Einheit Deutschlands festzuhalten“, hielt er entgegen: „Man muß die Propagierung der Einheit Deutschlands die ganze Zeit fortsetzen. Das hat für die Erziehung des Volkes in Westdeutschland große Bedeutung. [...] Wir werden auch weiterhin Vorschläge zu Fragen der Einheit Deutschlands machen, um die Amerikaner zu entlarven.“[136] Als Stalin im Oktober 1952 Semjonow zu einem langen Gespräch empfing, erkundigte er sich nach dem „Echo in der Bevölkerung auf die Note der Sowjetunion vom 10. März 1952 über die Wiedervereinigung.“[137]

Schlußfolgerungen

Im Rückblick erweist sich die Noteninitiative vom 10. März 1952 also als ein von langer Hand geplantes Manöver, das, wie es in den Politbüro-Beschlüssen vom 6. und 8. Februar 1952 heißt, auf die „Beschleunigung des Abschlusses des Friedensvertrages“ mit Deutschland zielte[138]. Es entwikkelte sich aus einer Initiative heraus, die zunächst dazu gedacht war, einen Verhandlungserfolg bei der nächsten Tagung des Alliierten Außenminister-

134 AP RF f. 45, op. 1, d. 303, l. 179, veröffentlicht bei Loth, Stalins ungeliebtes Kind, S. 238 f.
135 Nachgewiesen bei Loth, Stalins ungeliebtes Kind.
136 AP RF, f. 45, op. 1, d. 303, ll. 183 f. u. 187; Wolkow, Deutsche Frage, S. 46 f.
137 Semjonow, Von Stalin bis Gorbatschow, S. 279.
138 Vgl. oben Anm. 100 und 103.

rats herbeizuführen. Als sich die Hoffnungen zerschlugen, die Regierungen der drei Westmächte für eine solche Ratstagung gewinnen zu können, entstand daraus der Plan, die deutsche und auch die französische Öffentlichkeit durch eine abgestufte Folge von Propagandakampagnen und Veröffentlichung eines Friedensvertrags-Entwurfs soweit zu mobilisieren, daß die westlichen Regierungen nicht umhin konnten, Verhandlungen über den Friedensvertrag doch noch zuzustimmen.

Diese Zielsetzung wurde von allen Beteiligten geteilt. Michail Gribanow als für die Exekutierung der Deutschlandpolitik verantwortlicher Beamter (in einem Außenministerium, das bezeichnenderweise noch keine Trennung von ost- und westdeutschen Angelegenheiten kannte) betätigte sich als Manager des Unternehmens, der sich subjektiv als loyaler Zuarbeiter Stalins verstand und grundsätzlich auch von Stalins Zustimmung gedeckt wurde. Konkurrierende Alternativkonzepte sind an keiner Stelle zu entdecken und erst recht keine organisierten Fraktionsbildungen; sie sind bei Stalins exorbitantem Kontrolleifer auch nicht denkbar. Molotow erweist sich als tatsächlicher Leiter der Außenpolitik im Rahmen Stalinscher Grundsätze, der für die Idee des Leiters der Deutschland-Abteilung die politische Verantwortung übernahm, für ihre Durchsetzung sorgte und bei ihrer Operationalisierung durchaus politisches Gespür entwickelte. Indem er insbesondere auf die Befindlichkeit der französischen Öffentlichkeit wie der westalliierten Regierungen einging, arbeitete er zielorientiert auf das Zustandekommen von Verhandlungen hin. Daß er, um beim Sturz Berijas nicht mitzufallen, das gesamtdeutsche Programm Stalins später zur alleinigen Angelegenheit des angeblichen „bürgerlichen Renegaten“ Berija erklärte[139], sollte nicht verdecken, daß er zu Lebzeiten Stalins und auch noch in den Anfängen der Nach-Stalin-Ära[140] an entscheidender Stelle an seiner Verwirklichung mitwirkte.

Berija taucht in den Akten des Außenministeriums nicht auf. Das ist insofern nicht weiter verwunderlich, als er formal auch nicht für die Behandlung außenpolitischer Fragen zuständig war. Es mag aber mehr als ein Zufall sein, daß er bei den beiden Politbüro-Sitzungen Anfang April 1952, als sich für Stalin das Scheitern der Noteninitiative abzeichnete, nachweislich nicht zugegen war. Jedenfalls hat seine Unterstützung, die nach dem Zeugnis von Semjonow bei der Lancierung des Projekts im August 1951 hilfreich gewesen war, bei der Reaktion auf die westliche Antwortnote vom 25. März 1952 gefehlt. Das mag dazu beigetragen haben, daß Stalin dem Vorhaben jetzt kurzfristig keine Chancen mehr gab. Stalin selbst hat sich wie üblich erst

139 Vgl. seinen Auftritt vor dem ZK-Plenum vom 3. bis 7. Juli 1953: Der Fall Berija. Protokoll einer Abrechnung. Das Plenum des ZK der KPdSU Juli 1953. Stenographischer Bericht, Berlin 1993, S. 72–97, sowie die Angaben in einem späteren Erinnerungsinterview F. Čuev: Sto sorok besed s Molotovym. Moskau 1991, S. 335.

140 Nachgewiesen bei Scherstjanoi, Sowjetische Deutschlandpolitik nach Stalins Tod.

nach einigem Zögern für das Projekt gewinnen lassen, dann aber die Ausführung höchstpersönlich in die Hand genommen, als der Moment zu öffentlichem Auftreten der Sowjetregierung gekommen war. Sein Eingreifen unterstreicht einmal mehr, wie essentiell die Verwirklichung des Programms eines „antifaschistischen“ Deutschlands in gemeinsamer Verantwortung der Siegermächte für ihn war.

Objektiv gesehen hat Stalins Eingreifen dem Projekt in zweifacher Hinsicht geschadet. Zunächst führte sein Prestigedenken zu einer Verzögerung des Auftritts mit den Grundlagen eines Friedensvertrages, die ihn möglicherweise den Erfolg kostete: Adenauers Position war im Spätsommer 1951 noch wesentlich weniger gefestigt als im Frühjahr 1952[141]. Sodann minderten die kurzfristig verfügten Korrekturen in den Noten an die Westmächte wie in dem Dokument über die „Grundlagen des Friedensvertrages“ die Kohärenz und damit auch die Glaubwürdigkeit beider Texte. Das Ziel einer Vorlage, die sich die westalliierten Regierungen in den Augen der westlichen Öffentlichkeit zu eigen machen konnten und infolge dessen auch mußten, wurde so trotz aller Anstrengungen von Gribanow und Molotow verfehlt.

Im übrigen litt die Initiative natürlich unter der generellen Schwerfälligkeit eines politischen Systems, in dem alle wichtigen Entscheidungen vom Diktator selbst getroffen werden mußten. Obwohl die zuständigen Beamten auf das Scheitern der Pariser Vorkonferenz und die Fortschritte bei den westlichen Verhandlungen über einen bundesdeutschen Verteidigungsbeitrag sogleich reagierten, dauerte es über zwei Monate, bis Stalin die Kurskorrektur genehmigte und die daraus resultierenden Maßnahmen getroffen werden konnten. Bei der Implementierung des Auftritts mit den „Grundlagen des Friedensvertrages“ verging ebenfalls noch einmal kostbare Zeit; den Beamten und auch Molotow waren die Hände gebunden, solange der einsame Kremlherr zögerte, den Absprung zu wagen. Vor allem aber litt auch diese Initiative unter der generellen Glaubwürdigkeitslücke Stalinscher Politik: Weil sich der Diktator die Realitäten im eigenen Machtbereich immer wieder zynisch zurechtbog und seine Botschafter in der ideologischen Grundhaltung auf Unterwerfung aus waren, nicht auf die Gewinnung unabhängiger Bündnispartner, liefen seine Beteuerungen, für den Augenblick nicht mehr zu wollen als ein demokratisches Deutschland, das weder einem Westblock noch einem Ostblock angehörte, ins Leere.

Die Schwächen der sowjetischen Noteninitiative ändern aber nichts an ihrer Ernsthaftigkeit. In allen internen Dokumenten wird das Ziel eines vereinten Deutschlands klar benannt, an keiner Stelle taucht dabei der Gedanke auf, man könne es auch ohne die Zustimmung der westlichen Siegermächte

141 Vgl. dazu Wilfried Loth, Der Koreakrieg und die Staatswerdung der Bundesrepublik, in: Josef Foschepoth (Hrsg.), Kalter Krieg und Deutsche Frage. Deutschland im Widerstreit der Mächte 1945–1952, Göttingen 1985, S. 335–361.

erreichen[142]. Die Spitzenbeamten des Moskauer Außenministeriums arbeiteten mit Wissen und Billigung Stalins den Entwurf eines Friedensvertrages aus, den sie auf der angestrebten Außenministerratstagung vorlegen wollten. Dieser Entwurf nahm sehr detaillierte Formen an; die DDR-Führung wußte, wie aus ihrer Initiative in der dritten Januarwoche 1952 hervorgeht, von seiner Existenz oder ging zumindest davon aus, daß ein solcher Entwurf vorgelegt werden würde. Gribanow, Molotow und Stalin verwandten große Mühe darauf, den Vorschlag zu baldigen Verhandlungen über den Friedensvertrag so zu präsentieren, daß die westalliierten Regierungen ihn nicht ablehnen konnten. Stalin trug dabei den Realitäten der weltpolitischen Entwicklung soweit Rechnung, daß sich die Verhandlungsposition der Deutschen eindeutig verbesserte. Ob es angemessen war, den Vorschlag einer Neutralisierung Deutschlands abzulehnen, wird man weiter kontrovers diskutieren können[143]. Daß Stalin wirklich wollte, was er sagte: ein vereintes Deutschland außerhalb des westlichen Blocks, das die historische Entwicklungsstufe der sozialistischen Revolution noch nicht erreicht haben würde, daran kann nach der Rekonstruktion der Entstehung der sowjetischen Noteninitiative vom 10. März 1952 jedoch kein Zweifel mehr sein.

[142] Insofern steht Wettigs These, Stalin sei es nicht um „Verständigung mit der westlichen Seite" gegangen, sondern „um einen Krieg mit anderen als militärischen Mitteln" (Deutschland-Note, S. 803), gegen jede dokumentarische Evidenz.

[143] Zur Notwendigkeit, zwischen historischer Rekonstruktion und politischer Bewertung zu unterscheiden, vgl. schon Wilfried Loth, Die Historiker und die Deutsche Frage. Ein Rückblick nach dem Ende des Kalten Krieges, in: Historisches Jahrbuch 112 (1992), S. 366–382.

Dokumente

Dokument 1[144]

Geheim
Ex. Nr. 2
24. Februar 1951
Nr. 387–3EA

Gen. Gromyko A. A.

Einer der Punkte der Tagesordnung der zukünftigen Tagung der SMID[145] wird offensichtlich die Frage des Friedensvertrages mit Deutschland sein. Bei der Besprechung dieser Frage darf sich die Sowjetdelegation nicht darauf beschränken, ihre alten Vorschläge bloß zu wiederholen. Es ist notwendig, in dieser Hinsicht einen Schritt vorwärts zu machen.

Infolgedessen würde ich es für zweckmäßig halten, die Grundlagen eines Friedensvertragsentwurfs mit Deutschland, den die Sowjetdelegation zur Behandlung in der SMID-Tagung vorlegen könnte, vorzubereiten.

Eine erste Variante eines Entwurfes der Grundlagen für den Friedensvertrag mit Deutschland ist durch unsere Abteilung erstellt worden. Zur weiteren Bearbeitung dieses Entwurfes würde ich es für zweckmäßig halten, eine Kommission zu bilden, und zwar mit folgender Besetzung:

1. Gen. Golunskij S. A. – Vorsitzender
2. Gen. Durdenewskij W. N.
3. Gen. Chwostow W. M.
4. Gen. Pawlow W. N.
5. Gen. Arutjunjan A. A.
6. Gen. Arkadjew G. P.
7. Gen. Gribanow M. G.

Die Kommission soll verpflichtet werden, den Entwurf der Grundlagen des Friedensvertrages mit Deutschland zum l. April d.J. vorzubereiten.

Ich bitte um Ihre Anweisungen.

M. Gribanow

In die Aktenmappe. M.G. 1. 03. 1951[146]

[144] Gribanov an Gromyko 24. 2. 1951, AVPRF, f. 082, op. 38, p. 230, d. 47, l. 1.
[145] Sovet Ministrov Inostrannych Del: Rat der Außenminister *[der vier Mächte]*.
[146] Handschriftlicher Vermerk.

Dokument 2[147]

Geheim
Ex. Nr. 1
6. März 1951
Nr. 446–3EA

Gen. Sorin W. A.

Durch Telegramm Nr. 7/363 vom 21. Februar 1951 haben Gen. Tschujkow und Semjonow mitgeteilt, daß Pieck, Grotewohl und Ulbricht es für notwendig halten, im Namen der Volkskammer der DDR an den Bonner Bundestag mit einem Vorschlag zu appellieren, eine gemeinsame Bitte an die Regierungen der vier Großmächte um Aufnahme der Frage des Abschlusses des Friedensvertrages mit Deutschland im Jahre 1951 in die Tagesordnung der SMID-Tagung zu richten. Dabei wurde angenommen, daß die Volkskammer dann selbständig mit einem entsprechenden Vorschlag an die vier Mächte appelliert, wenn der Bundestag diesen Vorschlag der Volkskammer ablehnt oder keine Antwort zur festgesetzten Frist gibt.

Gen. Tschujkow und Semjonow haben diesen Vorschlag unterstützt. Gen. Molotow hat dieses Telegramm mit dem Vermerk versehen: „An Gen. Gromyko. Dafür. 24. 02. 51".

Infolgedessen ist dem Gen. Tschujkow die Billigung des Vorschlags von Pieck, Grotewohl und Ulbricht mitgeteilt worden.

Der Vorschlag an den Bundestag ist in der Sitzung der Volkskammer der DDR am 3. März gemacht worden. Zum festgesetzten Termin ist keine Antwort eingegangen.

Am 5. März hat der Volkskammer-Vorsitzende Dieckmann gleichlautende Telegramme an die Regierungen der vier Mächte geschickt mit der Bitte, ihren Repräsentanten auf der Pariser Tagung die Anweisung zu erteilen, *[die Frage]*[148] der Vorbereitung und des Abschlusses eines Friedensvertrags mit Deutschland innerhalb des Jahres 1951 auf die Tagesordnung der SMID-Konferenz zu setzen.

Angesichts des Telegramms von Dieckmann an den Genossen Stalin, dessen Text durch den Gen. Puschkin, Tel. Nr. 159 vom 5. 03. 51, übergeben worden ist, würde ich für zweckmäßig halten:

1. Durch Gen. Puschkin G. M. die Annahme des angeführten Telegramms zu bestätigen und Dieckmann mitzuteilen, daß die Sowjetdelegation auf der Vortagung in Paris den Vorschlag über die Aufnahme der Frage nach der Beschleunigung des Abschlusses eines Friedensvertrags mit Deutschland und in Zusammenhang hiermit nach dem Abzug der Besatzungstruppen aus Deutschland schon vorgelegt hat.

2. Der Sowjetdelegation in Paris den Text von Dieckmanns Telegramm vom 5. März 1951 mitzuteilen.

[147] Kudrjavcev an Zorin 6. 3. 1951, AVPRF, f. 082, op. 38, p. 230, d. 47, l. 2.
[148] Das Wort fehlt im Original.

Dieser Text soll vom Gen. Gromyko in seinen Unterredungen zur Unterstützung des zweiten Punktes der Tagesordnung, wie sie von der Sowjetdelegation am 5. März vorgeschlagen wurde, genutzt werden.

Die Entwürfe der Anweisungen an Berlin und Paris sind beigelegt. Ich bitte um Begutachtung.

Der Stellvertretende Chef der dritten Europa-Abteilung S. Kudrjawzew

Dokument 3[149]

Ganz geheim. Ausf. Nr. 2
„9."[150] Juli 1951
Ausg. Nr. 1273–3EA

Gen. Gromyko A. A.

Auf der vorangegangenen Tagung in Paris[151] wurde klar, daß die Regierungen der drei Mächte auch weiterhin mit forciertem Tempo die Wiederaufrüstung Westdeutschlands betreiben werden, in der Absicht, sich die materiellen und menschlichen Reserven Westdeutschlands für die eigenen aggressiven Ziele nutzbar zu machen. Diese Aktivierung der Politik der drei Mächte ist vor allem mit der Ausgestaltung der Einbeziehung Westdeutschlands in den Nordatlantischen Block und mit der Wiederherstellung des deutschen Militarismus verbunden.

Um diese ihre Ziele zu erreichen, machen die Regierungen der drei Mächte gegenüber den westdeutschen Imperialisten sogar manche unwesentliche Zugeständnisse, obwohl sie diese unwesentlichen Zugeständnisse zur Täuschung der öffentlichen Meinung als Maßnahmen darzustellen versuchen, die angeblich eine deutliche Lockerung des Besatzungsregimes und die Gewährung größerer Souveränität der Bonner Regierung bedeuten.

Laut einiger in der westlichen Presse erschienener Meldungen können solche Maßnahmen folgendermaßen aussehen:

1. Deklaration der Regierungen der USA, Großbritanniens und Frankreichs über die Beendigung des Kriegszustandes mit Deutschland. Hauptziel dieser Deklaration der drei Mächte wird die Bildung der rechtlichen Grundlage für die Gestaltung des Beitritts Westdeutschlands zum aggressiven Nordatlantischen Block sein. Zur Zeit haben folgende Länder den Kriegszustand mit Deutschland für beendet erklärt: Indien, Pakistan, Iran, Irak, Peru, Mexiko, Norwegen, Holland und Italien.

2. Ersetzung des Besatzungsstatuts durch sogenannte bilaterale Abkommen oder Sicherheitsverträge. Als ersten Schritt dazu haben die Westmächte im März ds. Js.[152] die sogenannte kleine Änderung des Besatzungsstatuts durchgeführt. Bilaterale Abkommen zwischen der jeweiligen Besatzungsmacht und Westdeutschland werden den gesamten Beziehungsrahmen zwischen den USA, England und Frankreich auf der einen und Westdeutschland auf der anderen Seite regeln. Wie man aus den Berichten der westlichen Presse schließen kann, ist in diesen Abkommen vorgesehen, daß die Streitkräfte der drei westlichen Mächte in Westdeutschland zur „Verteidigung Europas" verbleiben werden. Die Besatzungskosten werden als „Kosten zur Gewährleistung der Sicherheit" deklariert.

3. Zum gleichen Ziel einer fiktiven Lockerung des Besatzungsregimes könnten sich die Regierungen der drei Mächte darauf einlassen, das gegenwärtig existierende

[149] Gribanov an Gromyko 9. 7. 1951, AVPRF, f. 082, op. 38, p. 239, d. 108, ll. 126–134.
[150] Datum handschriftlich eingetragen.
[151] Gemeint ist die Tagung der Stellvertretenden Außenminister der vier Mächte vom 5. 3. bis 21. 6. 1951.
[152] Am 6. 3. 1951.

System des Besatzungsapparates zu reorganisieren und die dreiseitige Oberste Alliierte Kommission (OAK)[153] durch einen sogenannten Botschafterrat zu ersetzen. Dieser Rat wird das Organ sein, das die gesamte Tätigkeit der Bonner Regierung kontrolliert. Tatsächlich schwächt eine solche Umgestaltung der OAK in einen Botschafterrat die Kontrolle der drei Mächte über die Tätigkeit der Bonner Regierung.

4. An der Haltung der drei Mächte auf der Vorbereitenden Konferenz der Vizeaußenminister in Paris kann man ablesen, daß die Regierungen der USA, Großbritanniens und Frankreichs weiterhin forciert die Maßnahmen zur Wiederaufrüstung Westdeutschlands betreiben werden. Dies wird sich nicht nur in der schnellen Aufstellung einer deutschen Armee und ihrer Ausrüstung mit Artillerie, Panzern und Luftwaffe äußern, sondern auch in der Umstellung der gesamten westdeutschen Wirtschaft auf die Rüstungsschiene. In dieser Hinsicht haben die Regierungen der drei Mächte bereits eine Reihe von Einzelmaßnahmen durchgeführt: Sie haben die Beschränkungen bei der Entwicklung der Rüstungsindustrie Westdeutschlands aufgehoben und den Deutschen sogar die Durchführung von Forschungen auf dem Gebiet der Atomenergie genehmigt.

5. Mit demagogischer und propagandistischer Zielsetzung könnten die Regierungen der USA, Großbritanniens und Frankreichs auch versuchen, neue heuchlerische Schritte auf dem Gebiet der Wiedervereinigung Deutschlands zu unternehmen; insbesondere könnten sie ihre alten Vorschläge zur Durchführung gesamtdeutscher Wahlen[154] wiederholen.

Im Zusammenhang mit der oben dargelegten Möglichkeit der Aktivierung der Politik der drei Mächte in Deutschland entsteht für uns die Notwendigkeit, eine Reihe dringlicher Maßnahmen durchzuführen, die darauf abgestimmt sind, die Initiative in allen entscheidenden Fragen des deutschen Problems nach wie vor in unseren Händen zu behalten. Hierzu können folgende Maßnahmen gehören:

A. Kampf für die Wiederherstellung der Einheit Deutschlands.

Um die Initiative im Kampf für die Wiederherstellung der Einheit des demokratischen Deutschlands nicht unseren Händen entgleiten zu lassen, erscheint es zweckmäßig, der Regierung der DDR zu empfehlen, sich in der nächsten Zeit (Juli–Anfang August) mit einer offenen Erklärung an die Bonner Regierung zu wenden. Darin wäre vorzuschlagen, umgehend mit Verhandlungen über die Durchführung freier, demokratischer, gesamtdeutscher Wahlen mit dem Ziel der Bildung eines Konstituierenden Rates als erstem Schritt zur Bildung einer gesamtdeutschen demokratischen Regierung zu beginnen. In der Erklärung könnte man nichts davon erwähnen, daß für derartige Verhandlungen die gleiche Zahl von Vertretern Westdeutschlands und der DDR eingesetzt werden soll.

Wenn die Bonner Regierung diesen Vorschlag ablehnt, was höchstwahrscheinlich ist, so bleibt die DDR politisch im Vorteil und wird wie bisher in den Augen des deutschen Volkes Bannerträger des Kampfes um die Wiederherstellung des geeinten Deutschlands sein.

[153] Gemeint ist die Alliierte Hohe Kommission.

[154] Gemeint ist wohl die Forderung des amerikanischen Hochkommissars McCloy nach gesamtdeutschen Wahlen vom 15. 10. 1950; vgl. Ereignisse in Europa, Deutschland (28. 2. 1950), in: Europa-Archiv 5 (1950), S. 2931.

In dem Fall aber, daß die Bonner Regierung dieses Angebot annimmt, was wenig wahrscheinlich ist, könnte man in einem bestimmten Stadium der Verhandlungen über die Verfahrensweise der Durchführung der gesamtdeutschen Wahlen als eine der notwendigen Bedingungen für die Durchführung solcher Wahlen die Einstellung der Wiederaufrüstung Westdeutschlands fordern, womit die Bonner Regierung nicht einverstanden sein wird. Und in diesem Falle offenbart sie sich in den Augen des deutschen Volkes als Gegnerin der Einheit Deutschlands und als Mittäterin bei der Vorbereitung eines neuen Krieges.

B. Kampf um die Ausführung der Beschlüsse der Vier Mächte über die Entmilitarisierung Deutschlands

Zur aktiveren Nutzung der zur Zeit in Deutschland durchgeführten Volksabstimmung gegen die Wiederaufrüstung und für den Abschluß eines Friedensvertrages im Jahre 1951 könnte sich die Regierung der DDR, indem sie sich auf die Ergebnisse dieser Befragung stützt, an die Regierungen der UdSSR, der USA, Großbritanniens und Frankreichs mit einer Deklaration wenden, in der sie darauf hinweist, daß die überwältigende Mehrheit des deutschen Volkes sich gegen die Wiederaufrüstung und für einen Friedensvertrag ausgesprochen hat, und daß deshalb die Regierung der DDR, den Willen des ganzen deutschen Volkes berücksichtigend, an die Regierungen der Vier Mächte mit der Bitte herantritt, die Wiederherstellung des deutschen Militarismus in Westdeutschland nicht zuzulassen, der die Gefahr des nationalen Untergangs Deutschlands heraufbeschwören würde. Gleichzeitig würde die Regierung der DDR um schnellen Abschluß eines Friedensvertrages mit Deutschland ersuchen.

In diesem Zusammenhang und zur Unterstützung der unter anderem in Frankreich und Deutschland ebenfalls gegen die Wiederherstellung des deutschen Militarismus auftretenden Pazifisten erscheint es zweckmäßig, Genossen Tschujkow zu beauftragen, sich an die Hohen Kommissare der drei Mächte in Deutschland mit dem Vorschlag zu wenden, eine vierseitige Kommission zur Durchführung der Kontrolle der Ausführung der Beschlüsse der Potsdamer Konferenz und der Verordnungen des Kontrollrates über die Entmilitarisierung Deutschlands in allen Besatzungszonen zu bilden. Einen solchen Vorschlag könnte man damit begründen, daß in dieser Frage Meinungsverschiedenheiten zwischen den vier Mächten bestehen und widersprüchliche Nachrichten über das Vorhandensein deutscher Streitkräfte in Westdeutschland und der DDR vorliegen.

Einen solchen Vorschlag werden die Westmächte zweifellos ablehnen und sich damit als Aggressoren entlarven.

Ferner erscheint es ebenfalls zweckmäßig, eine Note der sowjetischen Regierung an die Regierungen der USA, Großbritanniens und Frankreichs zu richten, in der sie, gestützt auf die Beweise für die Wiederaufrüstung Westdeutschlands und auf die Ergebnisse der Befragung des deutschen Volkes, offiziell Protest gegen den Bruch des Potsdamer Abkommens über die Entmilitarisierung Deutschlands durch die drei Westmächte einlegt und nochmals unterstreicht, daß sich die Sowjetunion mit dem Wiederaufbau des deutschen Militarismus nicht einverstanden erklären wird.

Die Versendung einer solchen Note fixiert noch einmal vor der Weltöffentlichkeit die offizielle Haltung der Sowjetunion gegen die Wiederaufrüstung Deutschlands, hilft den Pazifisten im Kampf gegen die Vorbereitung eines neuen Krieges und übt zweifellos einen positiven Einfluß auf die Haltung der französischen Patrioten aus, die gegen den Wiederaufbau des deutschen Militarismus antreten.

C. Über den Friedensvertrag mit Deutschland

Da die Regierungen der drei Westmächte systematisch gegen einen schnellen Abschluß eines Friedensvertrages auftreten, was auch ihre Haltung auf der Vorbereitungskonferenz in Paris zeigte, erscheint es zweckmäßig, daß die Sowjetunion die Initiative zur Vorbereitung der Grundlagen eines Friedensvertrages mit Deutschland ergreift. Hierzu könnte man bereits jetzt eine Fachkommission des Außenministeriums der UdSSR unter Einbeziehung der entsprechenden Behörden und von Vertretern der Forschungsinstitute beauftragen, innerhalb einer Frist von einem Monat die Grundlagen des Entwurfs des Friedensvertrages mit Deutschland auszuarbeiten.

Danach hätte die sowjetische Regierung diesen Entwurf an die Regierungen der drei Mächte bei gleichzeitiger Veröffentlichung in der Presse zuzuleiten.

Eine Initiative der Sowjetunion in dieser Frage würde jenem Standpunkt entsprechen, den die sowjetische Regierung stets auf den Tagungen des Rates der Außenminister vertreten hatte, nämlich für die schnelle Vorbereitung des Friedensvertrages mit Deutschland.

Bei den Grundlagen des Entwurfs des Friedensvertrages mit Deutschland könnte man ebenfalls den Abzug aller Besatzungstruppen aus Deutschland vorsehen und zwar vielleicht nicht innerhalb einer Frist von einem Jahr, sondern innerhalb von sechs Monaten.

Die Ausarbeitung und Veröffentlichung der Grundlagen des Friedensvertrages mit Deutschland durch uns wäre gleichzeitig ein schwerer Schlag gegen das Manöver der drei Mächte mit der von ihnen geplanten Erklärung zur Beendigung des Kriegszustandes mit Deutschland[155].

Die formelle Erklärung über die Beendigung des Kriegszustandes mit Deutschlands gibt dem deutschen Volk nichts Wirkliches. Der schnelle Abschluß des Friedensvertrages hingegen und der Abzug aller Besatzungstruppen aus Deutschland innerhalb einer Frist von sechs Monaten nach Abschluß des Friedensvertrages entspricht den vitalen Interessen des ganzen deutschen Volkes wie auch den Interessen aller anderen friedliebenden Völker.

D. Über die Besatzungstruppen in Deutschland

Unter Berücksichtigung, daß die USA, England und Frankreich systematisch die Zahl ihrer Besatzungstruppen in Westdeutschland erhöhen, erscheint es zweckmäßig, sich schon heute, ohne die Entscheidung über die Frage des Friedensvertrages abzuwarten, mit einer Note der Regierung der UdSSR an die drei Mächte zu wenden. Darin sollte vorgeschlagen werden, die Befehlshaber der Besatzungstruppen in Deutschland zu beauftragen, unverzüglich die Frage einer Halbierung der Besatzungstruppen in Deutschland und die Festsetzung der Höchstzahl der Besatzungstruppen der vier Mächte in Deutschland sowie die Reduzierung der Besatzungstruppen auf das Niveau der Jahre 1948–49 zu verhandeln.

155 Am 8. 7. 1951 gab die britische Regierung eine entsprechende Erklärung ab. Am 13. 7. 1951 folgte die französische Regierung, am 24. 10. 1951 die amerikanische Regierung.

Die Regierungen der drei Westmächte werden auf diese Vorschläge ohne Zweifel nicht eingehen, und die Sowjetunion wird durch diese Vorschläge politisch nur gewinnen.

E. Über den Umbau des Apparats der Sowjetischen Kontrollkommission in Deutschland

Unter Berücksichtigung, daß die DDR bereits annähernd zwei Jahre existiert, daß die SED und andere demokratische Organisationen in der DDR sich bedeutend gefestigt haben und führende Stellungen im Lande innehaben und daß in der DDR feste politische und ökonomische Grundlagen für eine Entwicklung auf dem demokratischen Weg geschaffen wurden, muß die Frage nach dem Umbau der gesamten Struktur der sowjetischen Militärobrigkeit in Deutschland aufgeworfen werden.

Vor allem erscheint es zweckmäßig, die sowjetischen Besatzungskontrollbehörden von den sowjetischen Militärbehörden in Deutschland zu trennen. Der Oberbefehlshaber der Gruppe der sowjetischen Besatzungstruppen in Deutschland muß nicht gleichzeitig die Leitung der sowjetischen Besatzungsbehörden innehaben. Der Leiter der sowjetischen Besatzungsbehörden muß eine Zivilperson mit großer Erfahrung in der Staats- und Parteiarbeit der UdSSR sein.

Es erscheint auch zweckmäßig, die Struktur der SKK wesentlich zu verändern: Es muß bei dem Vorsitzenden der SKK eine Kontrollgruppe aus qualifizierten sowjetischen Fachkräften aus verschiedenen Bereichen der staatlichen und wirtschaftlichen Verwaltung geschaffen werden; ferner müssen alle strukturellen Einheiten der SKK (Abteilungen usw.) aufgelöst werden bei gleichzeitiger wesentlicher Reduzierung des Personals der SKK um nicht weniger als um die Hälfte.

Gleichzeitig berücksichtigend, daß die deutschen Machtorgane und die deutschen Freunde sich bei der einen oder anderen Frage in der überwältigenden Mehrzahl der Fälle hilfesuchend an die sowjetischen Besatzungsbehörden wenden, sollte man anstelle der heutigen SKK-Abteilungen staatliche Berater der UdSSR für verschiedene Bereiche der Wirtschaft der DDR und für staatspolitische Fragen einsetzen.

Ein solcher Umbau der SKK würde unsere Kontrolle in Deutschland im Grunde nicht mindern. Gleichzeitig würde dies in den Augen der Weltöffentlichkeit und des deutschen Volkes als neuer großzügiger Schritt seitens der Sowjetunion zur Stärkung der Souveränität und zur Entwicklung größerer Selbständigkeit der DDR-Regierung erscheinen. Diese Aktionen der Sowjetunion wären ebenfalls ein schwerer Schlag gegen die demagogischen Manöver der drei Mächte, der viel Staub aufwirbelt um den von ihnen geplanten Ersatz des Besatzungsstatuts durch bilaterale Verträge oder Sicherheitsverträge, sowie um den geplanten Ersatz der Obersten Dreiseitigen Alliierten Kommission durch einen Botschafterrat.

Es wäre wünschenswert, wenn die oben genannten Vorschläge bei Ihnen auf der Beratung der Stellvertreter oder beim Kollegium des Ministeriums für Auswärtige Angelegenheiten der UdSSR diskutiert werden würden.

Ich bitte um Ihre Anweisungen.

M. Gribanow

Dokument 4[156]

3. August 1951
Nr. 1475–3EA

Gen. Gromyko A. A.

Als Ergänzung zur Denkschrift der 3. Europäischen Abteilung unter Nr. 1273 vom 9. Juli[157] würde ich es als zweckmäßig erachten, Ihnen folgenden Vorschlag zur Prüfung zu unterbreiten:

Sogleich, ohne die Sache zu verzögern, eine Kommission zur Unterbreitung des Entwurfs der Grundlagen des Friedensvertrages mit Deutschland zu bilden. Die Kommission könnte man in folgender Zusammensetzung bilden:

1. G. Golunskij S. A. (Einberufung)
2. G. Pawlow W. N.
3. G. Chwostow W. M.
4. G. Semjonow W. S.
5. G. Krylow S. B.
6. G. Gribanow M. G.

Diese Kommission beauftragen, innerhalb eines Monats dem Minister einen Entwurf der Grundlagen des Friedensvertrages mit Deutschland vorzulegen.

Nach der Genehmigung dieses Entwurfs im MID[158] der UdSSR wäre es zweckmäßig, eine Note der sowjetischen Regierung an die Regierungen der drei Mächte zu entwerfen und ihnen diese Note, im Falle der Zustimmung der Instanz, unter Beilage des Entwurfs der Grundlagen des Friedensvertrages zuzuleiten. Die Note und den Entwurf der Grundlagen des Friedensvertrages könnte man in der Presse veröffentlichen.

Eine solche Maßnahme der sowjetischen Regierung wäre von großer politischer Bedeutung und ein wirklicher Schritt zu einem friedlichen Ausgleich verglichen mit der falschen Deklaration der drei Mächte über die Beendigung des Kriegszustands mit Deutschland. Ich bitte um Begutachtung.

M. Gribanow

[156] Gribanov an Gromyko 3. 8. 1952, AVPRF, f. 082, op. 38, p. 230, d. 47, l. 12.
[157] Dokument 3.
[158] Ministerstvo Inostrannych Del (Ministerium der Auswärtigen Angelegenheiten).

Dokument 5[159]

An Gen. Gribanow
Ziehen Sie die Besprechung mit den Stellvertretenden am 16.08 in Betracht.
A. W. 17.08.51[160]

15. August 1951
Nr. 1558–3EA

Gen. Wyschinskij A. J.

Im Gespräch mit den Gen. Tschujkow und Iljitschew haben Pieck, Grotewohl und Ulbricht den Wunsch geäußert, die Sowjetregierung möge mit den konkreten Vorschlägen zum Abschluß des Friedensvertrages mit Deutschland hervortreten und eine Grundlage für diesen Vertrag im Geiste der Reden der sowjetischen Delegation auf der Londoner SMID-Tagung[161] erstellen.

In diesem Zusammenhang würde ich es für zweckmäßig halten, die folgenden Maßnahmen zu treffen:

1. Die Gen. Tschujkow und Semjonow sollen beauftragt werden, den deutschen Freunden zu empfehlen, daß die Regierung der DDR mit einem Vorschlag an die Bonner Regierung herantritt, ohne Verzug eine Beratung der Vertreter der Regierungen der DDR und Westdeutschlands zur Besprechung der Frage eines gemeinsamen Appells an die Regierungen der USA, Großbritanniens, Frankreichs und der Sowjetunion bezüglich des beschleunigten Abschlusses des Friedensvertrages mit Deutschland und der Bedingungen für die Wiederherstellung eines einheitlichen, souveränen, demokratischen und friedliebenden deutschen Staates einzuberufen.

Dabei sollte es als möglich erachtet werden, der Regierung der DDR zu empfehlen, im Unterschied zu ihren früheren Vorschlägen an die Bonner Regierung, die Forderung nach paritätischer Vertretung als Vorbedingung zur Einberufung einer solchen Beratung nicht mehr zu erheben, um der Bonner Regierung keinen Anlaß zu geben, eine solche Forderung als Vorwand zur Zurückweisung des Vorschlags der DDR-Regierung zur Durchführung einer gesamtdeutschen Beratung zu nutzen.

Falls die Bonner Regierung den Vorschlag der DDR-Regierung annimmt, könnten den deutschen Freunden die folgenden Fragen zur Besprechung empfohlen werden:

1. über den gemeinsamen Appell an die Regierungen der vier Mächte bezüglich des beschleunigten Abschlusses des Friedensvertrages mit Deutschland und des darauf folgenden Abzugs aller Besatzungstruppen aus Deutschland

2. über die Bedingungen der Vereinigung Deutschlands und in diesem Zusammenhang über die Durchführung freier, allgemeiner, gleicher, geheimer und direkter Wahlen zur Nationalversammlung in ganz Deutschland

[159] Gribanov an Vyšinskij 15. 8. 1951, AVPRF, f. 082, op. 38, p. 230, d. 47, ll. 14–16.
[160] Handschriftlicher Vermerk in der oberen linken Ecke.
[161] Gemeint ist die Londoner Außenministerratstagung im November/Dezember 1947.

3. über das Verbot der Remilitarisierung Deutschlands und der Bildung militärischer Formationen sowie über die Nichtzulassung einer Teilnahme Deutschlands an militärisch-politischen Gruppierungen jedweder Art

4. über die Beseitigung der Hindernisse zur Entwicklung des innerdeutschen Handelsverkehrs.

Es ist zu erwarten, daß die Bonner Regierung den Vorschlag der DDR-Regierung zur Durchführung der gesamtdeutschen Beratung zurückweisen wird. In diesem Fall sollte die DDR-Regierung unter Bezug auf das Volksbegehren des Jahres 1951 zur Frage der Remilitarisierung Westdeutschlands und des Abschlusses des Friedensvertrages mit Deutschland mit der Bitte hervortreten, alle möglichen Maßnahmen zum Abschluß des Friedensvertrages in kürzester Zeit zu treffen.

Als Antwort auf diesen Appell der DDR-Regierung würde die Sowjetregierung mitteilen, daß die Sowjetunion schon seit längerer Zeit bemüht war, den Abschluß des Friedensvertrages mit Deutschland zu beschleunigen, und daß die Sowjetregierung den unverzüglichen Abschluß des Friedensvertrages nach wie vor für notwendig halte.

Nach 1,5 – 2 Monaten könnte die Sowjetregierung die Noten mit dem Entwurf der Grundlagen des Friedensvertrages, die auch in der Presse veröffentlicht werden sollen, an die Regierungen der USA, Großbritanniens und Frankreichs richten. In den Noten soll auch der Wunsch nach Einberufung der Friedenskonferenz zur deutschen Frage vor Ende 1951 angezeigt werden.

M. Gribanow

Dokument 6[162]

26. August 1951

Gen. Molotow W. M.

Lege Ihnen den Entwurf der Vorlage für die Instanz einschließlich des Entwurfs der Note an die französische Regierung zur deutschen Frage vor, die entsprechend des Meinungsaustauschs mit Ihnen am 25. August vorbereitet wurden.

An den Genossen STALIN J. W.

Nach der Sprengung der vorangegangenen Konferenz in Paris forcieren die Regierungen der USA, Großbritanniens und Frankreichs mit allen Mitteln die Remilitarisierung Westdeutschlands, die Bildung einer deutschen Armee und die Einbeziehung Westdeutschlands in den Nordatlantikpakt. Diesen Fragen wird sich auch die für den 10. September d.J. einberufene Konferenz der Außenminister in Washington widmen. Den Pressemeldungen zufolge haben die drei Westmächte vor, auf dieser Konferenz einige Zugeständnisse an die Bonner Regierung zu machen mit dem Ziel, die Durchführung der Remilitarisierung Deutschlands zu beschleunigen und zu erleichtern.

In diesem Zusammenhang hält es das MID der UdSSR für zweckmäßig, folgende Maßnahmen durchzuführen, die sich auf die Verstärkung des Kampfes gegen die Remilitarisierung Westdeutschlands richten:

1. Den deutschen Freunden zu empfehlen, daß die Volkskammer der DDR an das Bonner Parlament (Bundestag) den Vorschlag richtet, unverzüglich eine Konferenz von Vertretern der DDR und Westdeutschlands einzuberufen, um die Frage der Durchführung gesamtdeutscher Wahlen zur Nationalversammlung mit dem Ziel der Bildung eines einheitlichen, demokratischen und friedliebenden Deutschlands zu diskutieren.

Der Appell der Volkskammer ist zweckmäßigerweise von Seiten der gesellschaftlichen Organisationen der DDR und Westdeutschlands zu unterstützen, die um diesen Appell herum eine aktive Kampagne unter der Losung „Deutsche an einen Tisch“ entwickeln.

Der neue Appell der Volkskammer an den Bundestag würde sich von den früheren Appellen dadurch unterscheiden, daß er sich nur auf die Frage der Einberufung der Konferenz und nicht auf die Einberufung des Gesamtdeutschen Konstituierenden Rates konzentriert und die Aufmerksamkeit des deutschen Volkes nur auf die Frage der Durchführung gesamtdeutscher Wahlen lenkt. In dem neuen Appell würde keine Forderung nach Parität als Bedingung für die Einberufung der gesamtdeutschen Konferenz gestellt.

[2.[163]] Für den Fall, daß das Bonner Parlament (Bundestag), den Vorschlag der Volkskammer der DDR zur Einberufung der gesamtdeutschen Konferenz zurückweist, wäre es zweckmäßig, daß die Regierung der DDR sich nach Durchführung

[162] Vyšinskij an Molotov 26. 8. 1951, AVPRF, f. 07, op. 24, p. 388, d. 33, ll. 127–131.
[163] Numerierung fehlt.

einer entsprechenden Kampagne in der DDR und Westdeutschland an die Regierungen der vier Mächte mit der Bitte wendet, den Abschluß des Friedensvertrages mit Deutschland mit nachfolgendem Abzug der Besatzungstruppen aus Deutschland zu beschleunigen.

Als Antwort auf diesen Appell der Regierung der DDR könnte man eine Note der Sowjetregierung an sie richten, in der darauf verwiesen wird, daß die Sowjetunion bereits seit geraumer Zeit einen schnelleren Abschluß des Friedensvertrages mit Deutschland anstrebe und nach wie vor den raschen Abschluß des Friedensvertrages als notwendig erachte. Zugleich wäre es zweckmäßig, im Namen der Sowjetregierung einen Entwurf der Grundlagen des demokratischen Friedensvertrags mit Deutschland zu veröffentlichen, dessen Text das MID der UdSSR im Laufe von 2–3 Monaten vorbereiten wird.

3. Außer den genannten Maßnahmen wäre es nötig, in der nächsten Zeit eine Note der Sowjetregierung an die Regierung Frankreichs zu richten wegen der Bildung der westdeutschen Streitkräfte („Pleven-Plan“) und der Gründung der „EGKS“, die auf die Wiederherstellung des Kriegspotentials Westdeutschlands zielt („Schuman-Plan“).

Die Absendung einer solchen Note an die französische Regierung ist deshalb zweckmäßig, weil die französische Regierung in der letzten Zeit bei einer Reihe von Fragen eine Vorreiterrolle bei der Wiederherstellung der westdeutschen Armee und des militär-industriellen Potentials Westdeutschlands übernimmt, was sowohl beim Pleven- als auch beim Schuman-Plan zum Ausdruck kam.

Zu diesen Fragen hat die Sowjetregierung bisher noch keine offiziellen Erklärungen abgegeben. Unsere Note könnte den Friedensanhängern in Frankreich und Deutschland in ihrem Kampf gegen die Remilitarisierung Westdeutschlands helfen und der französischen Regierung einige Hindernisse gegen die Fortsetzung ihrer aggressiven Politik in den Weg legen.

Entwurf des Beschlusses des ZK der WKP(b) liegt bei.

Bitte um Prüfung.

[Beschlußentwurf[164]*]*

1. Den Entwurf der Anweisungen an die Gen. Tschujkow und Semjonow bezüglich des Appells zur Einberufung der gesamtdeutschen Konferenz in der Frage der gesamtdeutschen Wahlen sanktionieren.

2. Den Entwurf der Note der Sowjetregierung an die Regierung Frankreichs sanktionieren.

3. Das MID der UdSSR (Gen. Wyschinskij) beauftragen, gemeinsam mit der SKK in Deutschland und Vertretern der interessierten Ressorts binnen einer 2–3monatigen Frist einen Entwurf der Grundlagen des Friedensvertrages mit Deutschland vorzubereiten und ihn zur Bestätigung vorzulegen.

[164] Überschrift fehlt.

Dokument 7[165]

Nr. 1652–3EA
28. August 1951

Gen. Wyschinskij A. J.

Wir legen zu Ihrer Begutachtung den Entwurf der Vorlage für die Instanz sowie den Entwurf der Anweisungen an die Gen. Tschujkow und Semjonow vor.

Zu den Entwürfen werden folgende Materialien beigelegt, die gedruckt werden:

1. Auszug aus dem Telegramm der Gen. Tschujkow und Iljitschow vom 4. August.

2. Übersichtsbericht zur Behandlung der Frage eines Friedensvertrages mit Deutschland auf
den Sitzungen des SMID.

Semjonow, Gribanow, Puschkin.

An den Genossen STALIN J. W.

Am 30. Juli haben Pieck, Ulbricht und Grotewohl in der Besprechung mit den Gen. Tschujkow und Iljitschow den Wunsch geäußert, daß die Sowjetregierung den Abschluß eines Friedensvertrages mit Deutschland vorschlagen und die Grundlagen dieses Vertrages veröffentlichen solle. Die deutschen Freunde sind der Ansicht, daß ein solches Auftreten der Sowjetregierung besonders im Zusammenhang mit der Deklaration der Westmächte über die Beendigung des Kriegszustands mit Deutschland wünschenswert wäre.

Die genannten Vorschläge der deutschen Freunde sind nach Ansicht des MID der UdSSR im Prinzip richtig. Die Veröffentlichung des sowjetischen Entwurfs der Grundlagen eines Friedensvertrages mit Deutschland würde eine konkrete Plattform des Kampfes für ein vereintes demokratisches Deutschland und gegen die Unterjochung Westdeutschlands durch die anglo-amerikanischen Imperialisten abgeben. Indessen tauchte die Frage nach dem Zeitpunkt und nach der Form eines solchen Vorstoßes der Sowjetregierung auf.

Das MID der UdSSR ist der Ansicht, daß der Vorstoß der Sowjetregierung in der Frage eines Friedensvertrages mit Deutschland zum angegebenen Zeitpunkt den Eindruck erwecken könnte, daß die Sowjetregierung jetzt im Unterschied zur Haltung der sowjetischen Delegation auf der vorangegangenen Tagung in Paris (März – Juni 1951) vorschlage, eine Tagung des Rats der Außenminister lediglich zur Diskussion der Frage des Abschlusses eines Friedensvertrages mit Deutschland einzuberufen. Deshalb scheint es zweckmäßiger, den Vorstoß der Sowjetregierung in der Frage des Friedensvertrages mit Deutschland etwas später zu unternehmen und vorher die Meinung der Weltöffentlichkeit auf einen solchen Schritt der Sowjetregierung vorzubereiten.

[165] Semenov, Gribanov, Puškin an Vyšinskij 28. 8. 1951, AVPRF, f. 082, op. 38, p. 222, d. 13, ll. 1–6.

Davon ausgehend, stellt das MID folgende Anträge:

1. Im Zusammenhang mit der Beschleunigung der Remilitarisierung Westdeutschlands durch die Regierungen der USA, Großbritanniens und Frankreichs und mit der Absicht, zum 10. September eine Sondertagung der Außenminister dieser Länder nach Washington einzuberufen[166], wäre es zweckmäßig, die Kampagne für eine Vereinigung Deutschlands auf demokratischer und friedlicher Basis zu aktivieren. Dafür könnte man den deutschen Freunden empfehlen, daß die Volkskammer der DDR an das Bonner Parlament (Bundestag)

den Vorschlag richtet, eine Konferenz von Vertretern der DDR und Westdeutschlands einzuberufen, um die Frage der Durchführung gesamtdeutscher Wahlen zu einer Nationalversammlung mit dem Ziel der Bildung eines einheitlichen und demokratischen Deutschlands zu diskutieren.

Solch ein Aufruf der Volkskammer der DDR wäre die Fortsetzung jener Maßnahmen, die in Deutschland entsprechend den Beschlüssen der Prager Außenministerkonferenz der acht Länder im Oktober 1950 durchgeführt worden waren.

Bekanntlich wandte sich der Ministerpräsident der DDR Grotewohl am 31. November 1951[167] an Adenauer mit dem Vorschlag, den Gesamtdeutschen Konstituierenden Rat einzuberufen. Mit dem gleichen Vorschlag wandte sich auch die Volkskammer der DDR am 30. Januar 1951 an das Bonner Parlament (Bundestag). Sowohl Adenauer als auch der Bundestag lehnten die Vorschläge Grotewohls und der Volkskammer der DDR ab. Dennoch haben diese Vorschläge eine breite öffentliche Resonanz nicht nur in der DDR, sondern auch in Westdeutschland hervorgerufen und eine Bewegung unter der deutschen Bevölkerung unter dem populär gewordenen Motto „Deutsche an einen Tisch" aktiviert.

Die Ablehnung der Vorschläge Grotewohls und der Volkskammer durch Adenauer und das Bonner Parlament aus demagogischen Gründen wurde mit der Notwendigkeit der Durchführung freier gesamtdeutscher Wahlen als Vorbedingung für die Vereinigung Deutschlands begründet. Das Einverständnis der Volkskammer der DDR, in einem Gesamtdeutschen Konstituierenden Rat neben anderen Fragen auch die Frage der Bedingungen für die Durchführung gesamtdeutscher Wahlen zu diskutieren, ist aber von der Bonner Regierung und dem Bonner Parlament mit Schweigen übergangen worden, was zeigt, daß sie auch in der Frage der Wahlen nicht zu Verhandlungen mit den Vertretern der DDR bereit sind.

Ein neuer Appell der Volkskammer an das Bonner Parlament mit dem Vorschlag, eine gesamtdeutsche Konferenz durchzuführen, würde die demagogischen Manöver der Bonner Regierung und der westlichen Besatzungsmächte in der Frage gesamtdeutscher Wahlen entlarven.

Gleichzeitig würde der Aufruf der Volkskammer die Bewegung des deutschen Volkes für eine Wiedervereinigung Deutschlands auf friedliebender und demokratischer Grundlage stärken und die Realisierung der anglo-amerikanischen Pläne zur Remilitarisierung Westdeutschlands und dessen Einbeziehung in den Nordatlantikpakt behindern.

Im neuen Appell der Volkskammer könnte man die Forderung nach Parität der

[166] Tatsächlich fand diese Konferenz vom 12. bis 14. 9. 1951 statt.
[167] Sic! Tatsächlich am 30. 11. 1950.

Vertreter der DDR und Westdeutschlands als Bedingung für die Einberufung der Gesamtdeutschen Konferenz nicht stellen.

Aller Wahrscheinlichkeit nach wird das Bonner Parlament unter dem Druck der Amerikaner und Engländer auch diesen neuen Aufruf der Volkskammer zur Durchführung der Gesamtdeutschen Konferenz über die Frage der Wahlen ablehnen. Mit der Ablehnung dieses Aufrufs entlarven sich aber die Regierenden in Bonn als Spalter und Brandstifter eines Krieges von Deutschen gegen Deutsche, was von unseren Freunden im Laufe der massenpolitischen Kampagne entsprechend genutzt werden kann.

Falls die Bonner Regierung aber den genannten Vorschlag der Volkskammer der DDR akzeptiert, könnte man den deutschen Freunden empfehlen, bei der Diskussion der Frage gesamtdeutscher Wahlen auf der Gesamtdeutschen Konferenz auf der Gewährung freier Betätigung der demokratischen Parteien und Organisationen in Westdeutschland, auf Entlassung der inhaftierten Anhänger der Bewegung für Frieden und Einheit Deutschlands aus den Gefängnissen[168], auf dem Verhältniswahlrecht, auf der Berechtigung der gesellschaftlichen demokratischen Organisationen, eigene Kandidaten aufzustellen und auch Wahlvereinigungen und -blöcke zu bilden und auf anderen demokratischen Forderungen zu bestehen.

Außerdem könnte man im Verlauf der Konferenz den Vorschlag machen, als notwendige Bedingung für die Bildung eines einheitlichen, friedliebenden Deutschlands die Remilitarisierung und seine Teilnahme an irgendwelchen militärpolitischen Gruppierungen nicht zuzulassen. Man könnte auch die Frage eines gemeinsamen Aufrufs an die vier Mächte zum baldigsten Abschluss eines Friedensvertrages mit Deutschland und zum anschließenden Abzug aller Besatzungstruppen aus Deutschland zur Diskussion stellen.

Der Appell der Volkskammer an das Bonner Parlament sollte durch die öffentlichen Organisationen der DDR und Westdeutschlands unterstützt werden.

2. Das MID der UdSSR sieht es als zweckmäßig an, daß der Vorstoß der Sowjetregierung in der Frage des Friedensvertrages mit Deutschland als zweite Etappe der breiten öffentlichen Kampagne zur demokratischen und friedlichen Lösung der deutschen Frage zum Tragen kommt[169], das heißt, nach der weitgehenden Durchführung der Maßnahmen, die mit dem Appell der Volkskammer der DDR an das Bonner Parlament zur Einberufung der Gesamtdeutschen Konferenz zusammenhängen.

Die Tatsache der Ablehnung des genannten Vorschlags der Volkskammer der DDR durch die Bonner Regierung oder die Tatsache der Unterbrechung der Gesamtdeutschen Konferenz durch die Vertreter Westdeutschlands ausnutzend, könnte man den deutschen Freunden empfehlen, daß sich die Regierung der DDR offiziell an die Regierungen der UdSSR, der USA, Großbritanniens und Frankreichs mit der Bitte wendet, den Abschluß des Friedensvertrages mit Deutschland mit anschließendem Abzug der Besatzungstruppen zu beschleunigen.

Als Antwort auf diesen Appell der Regierung der DDR könnte man eine Note der Sowjetregierung an sie richten, in der darauf verwiesen wird, daß die Sowjetunion bereits seit geraumer Zeit einen schnelleren Abschluß des Friedensvertrages

[168] Die unterstrichene Passage ist mit blauem Stift durchgestrichen.
[169] Mit blauem Stift unterstrichen.

mit Deutschland anstrebt und nach wie vor den raschen Abschluß des Friedensvertrages als notwendig erachtet. Zugleich wäre es zweckmäßig, im Namen der Sowjetregierung den Grundlagenentwurf des Friedensvertrages mit Deutschland zu veröffentlichen, dessen Text das MID im Laufe von 2–3 Monaten vorbereiten wird.

Dieser Entwurf könnte später in einer Außenministerkonferenz der UdSSR, der Länder der Volksdemokratien und der DDR unter Berücksichtigung der Vorschläge und Korrekturen der Teilnehmerländer der Konferenz diskutiert und gebilligt werden .

Entwurf des Beschlusses liegt bei[170].

Bitte um Prüfung.

[170] AVPRF, f. 082, op. 38, p. 222, d. 13, l. 9. Auf ll. 10–13 folgt der Entwurf der Anweisungen an Čujkov und Semenov.

Dokument 8[171]

Entwurf

SCHEMA DES ENTWURFS DER GRUNDLAGEN DES FRIEDENSVERTRAGES MIT DEUTSCHLAND.

Präambel.

a) Die Länder aufzählen, die den Friedensvertrag mit Deutschland schließen und im folgenden „Alliierte und Vereinigte Mächte“ genannt werden.

b) Darauf hinweisen, daß Deutschland einen Aggressionskrieg entfesselt und so den Kriegszustand mit allen Alliierten und Vereinigten Mächten und den anderen Vereinten Nationen herbeigeführt hat und daß die Verantwortung für diesen Krieg bei ihm liegt.

c) Betonen, daß allein aufgrund des Sieges der Alliierten im Zweiten Weltkrieg Deutschland gemäß der Deklarationen von Jalta und Potsdam bedingungslos kapituliert und die Urkunde über die bedingungslose Kapitulation am 8. Mai 1945 unterzeichnet hat.

d) Betonen, daß Deutschland sich verpflichtet, die Reste des Faschismus und des Militarismus endgültig auszurotten und künftig niemals in irgendeiner Weise die Tätigkeiten faschistischer und militaristischer Organisationen zuzulassen.

e) Auf die Pflicht Deutschlands hinweisen, die in Ostdeutschland durchgeführten demokratischen Veränderungen zu festigen.

f) Auch darauf hinweisen, daß die Alliierten und Vereinigten Mächte und Deutschland den Wunsch haben, den Friedensvertrag abzuschließen, der den Prinzipien der souveränen Gleichheit und Gleichberechtigung entsprechend zur Grundlage[172] der freundschaftlichen Beziehungen zwischen ihnen werden würde.

g) Betonen, daß dementsprechend sich die Alliierten und Vereinigten Mächte entschieden haben, die Beendigung des Kriegszustandes mit Deutschland zu erklären und zu diesem Ziel einen Friedensvertrag abzuschließen.

I.[173]

1. Darauf hinweisen, daß der Kriegszustand zwischen Deutschland und jeder der Alliierten und Vereinigten Mächte vom Augenblick des Inkrafttretens des Friedensvertrages an beendet ist.

II. Territoriale Frage[174]

2. Betonen, auf welches Territorium sich die Souveränität Deutschlands erstreckt; zum Vertrag Karte mit Angabe der Grenzen Deutschlands beilegen.

[171] Gribanov, „Schema des Entwurfs“, vermutlich Januar 1951, handschriftlich ergänzt 7. 9. 1951, AVPRF, f. 082, op.38, p. 230, d. 47, ll. 22–34.

[172] Im russischen Original durch Tippfehler: „hauptsächlich“.

[173] Römische Ziffer mit Tinte im maschinenschriftlichen Text ergänzt.

[174] Handschriftlich ergänzt.

Auch darauf hinweisen, daß die Alliierten und Vereinigten Mächte die volle Souveränität des deutschen Volkes auf dem Territorium anerkennen, wie es in diesem Artikel und in der dem Vertrag beigelegten Karte definiert ist.

In der Saarfrage sich in allgemeiner Form auf die Beschlüsse der Potsdamer Konferenz berufen, welche die Abtrennung von Deutschland nicht vorsehen.

3. Darauf hinweisen, daß Deutschland auf alle Rechte, Gründe und Ansprüche auf Territorien, die entsprechend der Beschlüsse der Regierungen der USA, Großbritanniens, Frankreichs und der Sowjetunion an Polen, die Sowjetunion, Holland usw. (die Länder aufzählen) abgetreten worden sind, verzichtet.

III.[175]

4. Darauf hinweisen, daß Deutschland an die Alliierten und Vereinigten Mächte alle Gegenstände von künstlerischem, historischem und wissenschaftlichem Charakter, Dokumente, aber auch Archive, die während der Besatzungszeit von deutschen Streitkräften in diesen Ländern mitgenommen und nach Deutschland verbracht wurden, zurückgibt.

Politische Bestimmungen[176]

Darauf hinweisen, daß Deutschland als einheitlicher, souveräner, demokratischer, friedliebender Staat wiederhergestellt wird.

5. Darauf hinweisen, daß Deutschland sich verpflichtet, alle Hindernisse bei der Wiedergeburt und Festigung der demokratischen Tendenzen im deutschen Volk zu beseitigen und alle notwendigen Maßnahmen ergreift, daß allen Personen, die der deutschen Gerichtsbarkeit unterliegen, ohne Unterschied der Rasse, des Geschlechts, der Sprache oder des Glaubens, die gleichen Menschenrechte und grundlegenden Freiheiten einschließlich der Rede-, der Presse , der Publikations-, der Glaubensfreiheit, der Freiheit der politischen Überzeugungen und der Versammlungsfreiheit gewährt werden.

6. Betonen, daß:

a) sich Deutschland verpflichtet, die Wiedergeburt der faschistischen und militaristischen Organisationen, sei es politischer, militärischer oder paramilitärischer Art, deren Ziel die Beseitigung der demokratischen Rechte des Volkes ist, auf dem Territorium Deutschlands nicht zuzulassen.

b) sich Deutschland verpflichtet, die Entwicklung des gesamten staatlichen, gesellschaftlichen und politischen Lebens des Landes auf demokratischer und friedlicher Grundlage zu gewährleisten.

7. Feststellen, daß sich Deutschland verpflichtet, keinerlei politischen oder militärischen Bündnissen beizutreten, die gegen irgendeine Macht gerichtet sind, welche mit ihren Streitkräften am Krieg gegen Deutschland teilgenommen hat.

8. Darauf hinweisen, daß die deutsche Regierung die freie Betätigung aller demokratischen Parteien und Organisationen gewährleisten muß, deren Programme zur friedlichen und demokratischen Entwicklung des Landes und zur Herstellung der Freundschaft unter den Völkern beitragen. Jegliche Betätigung von Organisationen,

[175] Handschriftlich ergänzt.
[176] Handschriftlich unterstrichen. Auch die weiteren Unterstreichungen sind handschriftlich mit blauer Tinte hinzugefügt.

sei es politischer, militärischer oder paramilitärischer Art, aber auch von Einzelpersonen unabhängig von ihrer gesellschaftlichen Stellung, die auf die Abschaffung der demokratischen Rechte des Volkes, auf die Wiedergeburt des deutschen Militarismus und Faschismus und auf die Pflege der revanchistischen Ideen abzielen, muß verboten und von der Justiz verfolgt werden.

9. Darauf hinweisen, daß Deutschland sich verpflichtet, die volle Geltung der Friedensverträge mit Italien, Rumänien, Bulgarien, Ungarn, Finnland (und Japan) und der anderen Übereinkommen oder Akte, die von den Alliierten und Vereinigten Mächten hinsichtlich Österreichs zum Abschluß der Friedensregelung in Europa erreicht worden sind und werden, anzuerkennen.

Bilaterale Verträge

10. Darauf hinweisen, daß jede Alliierte und Vereinigte Macht Deutschland binnen 6 Monaten nach Inkrafttreten des Friedensvertrags Mitteilung darüber machen muß, welche bilateralen Verträge mit Deutschland aus der Vorkriegszeit diese Macht in Kraft zu belassen oder deren Geltung sie zu erneuern wünscht. Betonen, daß alle derartigen Verträge im Sekretariat der UNO gemäß Art. 102 der UNO-Satzung registriert werden müssen, und daß alle anderen Verträge, über die Deutschland keine Mitteilung gemacht werden, für ungültig erklärt werden.

Kriegsverbrecher

11. Darauf hinweisen, daß Deutschland die Urteilssprüche des Internationalen Kriegstribunals für Deutschland anerkennt, aber auch die Urteilssprüche aller nationalen Gerichte der Alliierten und Vereinigten Mächte, die gegen deutsche Bürger sowohl innerhalb, als auch außerhalb Deutschlands wegen der von ihnen verübten Kriegsverbrechen verhängt wurden.

12. Betonen, daß die Regierung Deutschlands die genaue Vollstreckung der Urteile gewährleisten wird, die durch das Internationale Kriegsverbrechertribunal gegen die Hauptkriegsverbrecher verhängt wurden, aber auch der Urteile der nationalen Gerichte gegen deutsche Bürger, die sich in Deutschland befinden.

13. Feststellen, daß Deutschland sich verpflichtet, nach Aufforderung durch Alliierte und Vereinigte Mächte Staatsbürger dieser Mächte auszuliefern, die in Strafverfahren ihrer Länder wegen Verrat und Kollaboration mit dem Feind angeklagt werden.

14. Hervorheben, daß eine Abänderung der Strafen gegen die in Deutschland befindlichen und vom Internationalen Kriegsverbrechertribunal verurteilten Häftlinge nur durch einvernehmliche Entscheidung der Regierungen derjenigen Mächte, die Mitglied im Internationalen Kriegstribunal sind, und gegen Verurteilte irgendeiner Alliierten oder Vereinigten Macht nur mit Zustimmung der Regierung dieser Macht vorgenommen werden kann.

15. Deutschland verpflichtet sich binnen einer Frist von drei Monaten ab dem Tag des Vertragsabschlusses, die auf seinem Territorium verbliebenen Bürger der Alliierten Mächte, die sich als Folge der Kriegsereignisse und infolge jeglicher Art von Einwirkung und Gewalt seitens der faschistischen Macht auf dem Territorium Deutschlands befanden, zu repatriieren.

Bestimmungen für das Heer, die Marine und die Luftwaffe

16. Darauf hinweisen, daß die das Heer, die Luftwaffe und die Marine betreffenden Artikel des Friedensvertrages solange in Kraft bleiben werden, bis sie ganz oder teilweise durch eine Vereinbarung zwischen den Alliierten und Vereinigten Mächten und Deutschland oder aber, nachdem Deutschland Mitglied der UNO geworden ist, entsprechend einem Abkommen zwischen dem Sicherheitsrat und Deutschland geändert werden.

17. Darauf hinweisen, daß Deutschland vollständig auf alle Rechte an Kriegsmaterial und -technik, die in die Befehlsgewalt der Regierungen ... übergingen, verzichtet.

18. Festlegen, daß die Ausrüstung des Heeres, der Luftwaffe und der Marine Deutschlands so stark beschränkt wird, daß sie ausschließlich Verteidigungszwekken dienen. Entsprechend der obigen Ausführungen wird den Streitkräften einschließlich Grenzschutz und Gendarmerie nicht mehr als

a) Landstreitkräfte einschließlich Flakartillerie mit einer Gesamtstärke von ... Menschen

b) Marine mit einer Personalstärke von ... Menschen und einer Flotte mit einer Gesamttonnage von ...

c) Luftwaffe einschließlich Marineflugzeugen in einer Zahl von ... Jagd-, Aufklärungs-, Transport-, Seerettungs-, Übungs- und Verbindungsflugzeugen einschließlich Reservemaschinen mit einer Gesamtpersonalstärke von ... Menschen gestattet.

Deutschland darf keine Flugzeuge, die hauptsächlich als Bomber mit einer Vorrichtung zur inneren Aufhängung von Bomben entworfen wurden, besitzen oder erwerben.

d) Die Gesamtzahl der mittleren und schweren Panzer in den deutschen Streitkräften darf nicht mehr als ... betragen.

e) Bei der militärischen Stärke wird in jedem Fall das Truppen-, Hilfstruppen- und Stabspersonal einbezogen werden.

19. Darauf hinweisen, daß Deutschland die militärische Ausbildung der Bevölkerung in einer Größenordnung, die größer als die Bedürfnisse der Streitkräfte ist, deren Unterhaltung Deutschland durch Artikel ... dieses Vertrages gestattet wird, in dem die Größe der Streitkräfte Deutschlands festgelegt ist, in jeglicher Form verboten ist.

20. Darauf hinweisen, daß Deutschland sowohl in Staats- als auch in Privathand keinerlei Kriegsmaterialien und -technik weder nach der Menge noch nach dem Typ, die über die Grenze dessen, was für die Streitkräfte durch Artikel ... des Friedensvertrages genehmigt wurde, besitzen oder herstellen darf.

21. Festlegen, daß Deutschland weder besitzen noch produzieren noch erproben darf:

a) jede Art von Atomwaffen und andere Massenvernichtungsmittel einschließlich bakteriologischer und chemischer Mittel;

b) jegliche selbst- oder ferngesteuerte Geschosse oder Vorrichtungen, mit Ausnahme der Torpedos und Torpedorohrsätze sowie der Regelbewaffnung der Schiffe der Kriegsmarine, die durch diesen Vertrag bewilligt sind;

c) jegliche Waffen, die auf eine Distanz von mehr als ... Kilometern feuern können;

d) Seeminen oder Torpedos mit Annäherungszündmechanismus;
e) jegliche Torpedos, die mit Menschen besetzt werden können.

22. Darauf hinweisen, daß deutschen Staatsbürgern der Dienst in der Armee, der Gendarmerie, der Marine und der Luftwaffe anderer Staaten verboten sein wird und daß sie keinerlei militärische Ausbildung in den Armeen oder in den militärischen Ausbildungsstätten dieser Länder erhalten dürfen.

23. Darauf hinweisen, daß Deutschland verboten wird, außerhalb seines Territoriums in jeglicher Form jegliche Streitkräfte, militärische Organisationen, militärisch-industrielle Institutionen und für militärische Ziele bestimmte Forschungseinrichtungen zu unterhalten.

24. Festlegen, daß in Deutschland alle Arten militärischer Ausbildung verboten werden müssen, und daß es deutschen Staatsbürgern verboten ist, den Wehrdienst in den Streitkräften anderer Staaten anzutreten.

25. Darauf hinweisen, daß es verboten ist, auf dem Territorium Deutschlands militärische und paramilitärische Formationen und Organisationen militaristischen Charakters aus Bürgern anderer Staaten zu bilden. Alle auf dem Territorium Deutschlands existierenden Formationen und Organisationen dieser Art müssen binnen 3 Monaten ab dem Tag des Inkrafttretens des Friedensvertrages aufgelöst werden.

26. Darauf hinweisen, daß es in Deutschland verboten ist, jegliche Art militärischer Anlagen, überirdische und Küstenfestungen, zu errichten und zu nutzen, und alle erhalten gebliebenen Anlagen militärischen Charakters binnen 3 Monaten vom Tag der Unterzeichnung des Friedensvertrages an zerstört werden müssen.

Kriegsgefangene

27. Darauf hinweisen, daß Deutschland sich verpflichtet, den Alliierten und Vereinigten Mächten alle Kosten für den Transport der deutschen Kriegsgefangenen und Zivilpersonen einschließlich ihres Unterhalts von den durch die Regierungen der entsprechenden Alliierten oder Vereinigten Mächte festgelegten Sammelpunkten bis zu den Übergabepunkten an die deutschen Behörden zu erstatten.

Abzug der Alliierten Streitkräfte aus Deutschland

28. Darauf hinweisen, daß alle Besatzungstruppen der UdSSR, der USA, Großbritanniens und Frankreichs aus Deutschland in kürzestmöglicher Zeit, auf jeden Fall nicht später als 90 Tage ab dem Tag des Inkrafttretens des Friedensvertrages abgezogen werden.

Prinzipien der Entwicklung der deutschen Wirtschaft

29. Darauf hinweisen, daß sich die deutsche Regierung entsprechend dem Potsdamer Abkommen verpflichtet, die demokratischen Umgestaltungen in der Industrie, in der Landwirtschaft und in anderen Wirtschaftszweigen (Übergabe des Eigentums der Kriegs- und Naziverbrecher in die Hände des deutschen Volkes, Bodenreform und anderes) zu festigen und die Durchführung fortzusetzen.

30. Festlegen, daß zum Ziel der Verhinderung der Wiedergeburt des militär-industriellen Potentials und der Vernichtung der äußersten Konzentration der Wirtschaftskraft deutsche Kartelle, Trusts, Syndikate und andere monopolistische Verei-

nigungen auf dem Gebiet der Produktion, des Handels, des Bankenwesens und anderer Wirtschaftszweige Deutschlands vollständig vernichtet werden müssen.

31. Festlegen, daß Deutschland die Produktion von Ausrüstung, militärischen Ausstattungen und Waffen, aber auch die Produktion aller Art von Flugzeugen und Kriegsschiffen verboten ist.

32. Bestimmen, daß die Entwicklung der friedlichen Zweige der Industrie, der Landwirtschaft, des Außenhandels und anderer Wirtschaftszweige ohne jegliche Einschränkungen oder Hindernisse seitens der Alliierten und Vereinigten Staaten verlaufen wird.

Ruhr

33. Festlegen, daß das Industriegebiet Ruhr ein unabdingbarer Teil Deutschlands in politischer, verwaltungsrechtlicher und wirtschaftlicher Beziehung ist, und daß jegliche existierenden, vor dem Abschluß des Friedensvertrags von fremden Mächten geschaffenen Behörden zur Kontrolle der Ruhr abgeschafft werden und alle Befugnisse auf dem Gebiet der Industrieproduktion und Verteilung der deutschen Regierung übergeben werden, welche sich verpflichtet, die Ruhrindustrie ausschließlich zu friedlichen Zielen zu nutzen.

34. Darauf hinweisen, daß die deutsche Regierung sich entsprechend Artikel ... dieses Vertrages über die Auflösung der deutschen Monopole verpflichtet, die im Ruhrgebiet vorhandenen Betriebe der liquidierten Kartelle, Konzerne, Syndikate, Trusts und anderer monopolistischer Vereinigungen in Staatseigentum zu überführen, die Werke der Rüstungsindustrie zu liquidieren und die vollständige Umstellung der Ruhrwirtschaft auf friedliche Ausrichtung zu verwirklichen.

Reparationen und Restitutionen

35. Festlegen, daß Deutschland die Verpflichtung übernimmt, die durch militärische Handlungen gegen die Alliierten oder Vereinigten Mächte, aber auch die durch Besetzung von Territorien mancher Alliierter oder Vereinigter Mächte entstandenen Verluste zu ersetzen.

36. Festlegen, daß Deutschland entsprechend den Beschlüssen der Konferenzen von Jalta und Berlin in möglichst hohem Maße den Schaden wiedergutmachen muß, den es den Vereinten Nationen zugefügt hat, und wofür das deutsche Volk seiner Verantwortung nicht entgehen kann.

Der Gesamtumfang der Reparationen durch Deutschland wird auf ... Mrd. Dollar (in Preisen des Jahres 1938) festgesetzt. Reparationen zugunsten der Sowjetunion werden in der Höhe von ... Dollar (in Preisen des Jahres 1938) festgesetzt, wobei die Sowjetunion aus ihrem Anteil die Reparationsforderungen der Volksrepublik Polen entschädigt.

37. Festlegen, daß die Reparationen durch Deutschland gedeckt werden:

a) durch den Wert der beschlagnahmten nutzungstauglichen Betriebsanlagen;
b) durch jährliche Warenlieferungen aus der laufenden Produktion;
c) durch deutsche Aktiva im Ausland;
d) durch den Wert diverser Dienstleistungen;
e) durch den Wert der beschlagnahmten deutschen Patente;

f)[177] Die Reparationsverpflichtungen Deutschlands müssen innerhalb von längstens 20 Jahren erfüllt werden, diese Frist wird ab dem Tag der Veröffentlichung des Beschlusses der Berliner Dreimächtekonferenz gerechnet.

38. Festlegen, daß Deutschland die Prinzipien der Deklaration der Vereinten Nationen vom 5. Januar 1943 anerkennt und innerhalb der kürzestmöglichen Frist das aus den Territorien jedes beliebigen Staates der Vereinten Nationen ausgeführte Vermögen zurückgibt.

39. Darauf hinweisen auf den Verzicht Deutschlands auf alle Ansprüche jeglicher Art seitens der Regierung Deutschlands oder deutscher Bürger an die Alliierten oder Verenigten Mächte, die in unmittelbarem Zusammenhang mit dem Krieg stehen oder aus infolge des Kriegszustandes in Europa vorgenommenen Maßnahmen resultieren.

Eigentum der Alliierten und Vereinigten Mächte in Deutschland

40. Darauf hinweisen, daß Deutschland alle gesetzlichen Rechte und Interessen der Alliierten und Vereinigten Mächte und von deren Bürgern in Deutschland wiederherstellt, so wie sie im Zeitraum vor Kriegsbeginn (Verweis auf das Datum) existierten, und das gesamte Eigentum der Alliierten und Vereinigten Mächte und von deren Bürgern in Deutschland in dem Zustand zurückgibt, in dem es sich derzeit befindet, oder aber eine Kompensation für solches Eigentum einräumt.

41. Darauf hinweisen, daß Deutschland vollständig das Eigentum der fremden Staaten an Vermögen, das im Reparationszeitraun an den Staat übergegangen ist und sich auf dem Territorium Deutschlands befindet, anerkennt.

42. Darauf hinweisen, daß Deutschland keine Beschränkungen für die Entwicklung seiner friedlichen Industrie auferlegt werden, sowie für die Entwicklung des Handels von Deutschland mit anderen Staaten und für seinen Zugang zu den Rohstoffquellen entsprechend dem Bedarf der Friedenswirtschaft. In gleicher Weise werden Deutschland auch keinerlei Beschränkungen für die Entwicklung seiner Handelsschiffahrt und für den Bau von Handelsschiffen auferlegt.

43. Darauf hinweisen, daß binnen einer bestimmten Frist (3–6 Monate) nach Unterzeichnung des Friedensvertrages alle Beschlüsse der Besatzungsmächte oder auf der Grundlage dieser Beschlüsse veröffentlichte Anordnungen der deutschen Behörden, welche den normalen Handel sowohl zwischen den einzelnen Teilen Deutschlands, als auch zwischen Deutschland und Fremdstaaten beschränken, oder Handels-, Wirtschafts- und finanzielle Privilegien für Firmen aus diesen Ländern abgeschafft werden.

44. Darauf hinweisen, daß bis zum Abschluß von Handelsverträgen oder von Abkommen zwischen einzelnen Alliierten und Vereinigten Mächten und der deutschen Regierung Deutschland für eine begrenzte Frist (l – l ½ Jahre) vom Tag des Inkrafttretens des Friedensvertrages an jeder Nation dieser Mächte die Meistbegünstigung gewährt, wobei Deutschland auf der Grundlage der Gegenseitigkeit de facto ein analoger Status eingeräumt wird.

45. Darauf hinweisen, daß Deutschland keinem Staat keinerlei Sonderrechte hinsichtlich der Nutzung von Reiseflugzeugen im internationalen Verkehr einräumen

[177] Dieser Buchstabe ist mit Tinte gestrichen; an seine Stelle ist „*37a*" gesetzt.

und auf diesem Gebiet keine Diskriminierung irgendeiner Alliierten oder Vereinigten Macht zulassen wird.

Schulden

46. Darauf hinweisen, daß Deutschland von allen staatlichen Schuldverschreibungen, die als Ergebnis der Handlungen der Regierungen Deutschlands in der Zeit von 1919 bis 1945 entstanden sind, befreit wird. Deutschlands nach 1945 entstandene Schulden einschließlich jener für Besatzungskosten, für Hilfeleistungen mit Lebensmitteln für die deutsche Bevölkerung und andere werden ebenfalls annulliert.

Bestimmungen für die Flüsse (Elbe, Rhein und Oder) und Häfen

47. Festlegen, daß Bestimmungen für die deutschen Flüsse, die teilweise durch die Territorien anderer europäischer Staaten, aber auch Bestimmungen für die deutschen Häfen, die an den Mündungen dieser Flüsse liegen, durch Sonderkonventionen bestimmt werden, die zwischen allen Ländern (einschließlich Deutschlands), durch deren Territorien diese Flüsse fließen oder deren Grenzen an den Ufern dieser Flüsse verlaufen, geschlossen werden müssen.

Sonderbestimmungen

48. Festlegen, daß der Kiel-Kanal demilitarisiert und jederzeit für die Durchfahrt von Handelsschiffen aller Länder geöffnet sein wird.

49. Darauf hinweisen, welchen internationalen Abkommen sich Deutschland nach Unterzeichnung des Friedensvertrages anschließen muß.

50. Festlegen des Verfahrens zur Beilegung von Streitfällen bei der Auslegung der Artikel des Friedensvertrages.

Garantien zur Erfüllung des Friedensvertrages

51. Festlegen, daß im Laufe der ... Frist vom Zeitpunkt des Inkrafttretens des Friedensvertrages an die Botschafter der UdSSR, der USA, Englands und Frankreichs die Alliierten und Vereinigten Mächte in den Beziehungen zur Regierung Deutschlands in allen die Erfüllung und Auslegung der Artikel des Friedensvertrages betreffenden Fragen vertreten werden.

Schlußbestimmungen

52. Darauf hinweisen, daß sich dem Friedensvertrag mit Deutschland auch weitere Länder anschließen können.

53. Festlegen der Ratifizierungsordnung des Friedensvertrages.

M. Gribanow.
7/IX[178]

[178] Unterschrift und Datum handschriftlich mit Tinte.

Dokument 9[179]

FRIEDENSVERTRAG MIT DEUTSCHLAND

/Entwurf/[180]

(Fassung)[181]

ALLGEMEINE BESTIMMUNGEN

/Präambel/

Die Union der Sowjetischen Sozialistischen Republiken, das Vereinigte Königreich Großbritannien und Nordirland, die USA, China, Frankreich, Australien, Albanien u.s.w., im folgenden „Alliierte und Vereinigte Mächte" genannt, einerseits und Deutschland andererseits,

in Anbetracht dessen, daß Deutschland die Errichtung des Naziregimes im Land zuließ, einen Aggressionskrieg gegen seine Nachbarn entfesselte und so den Kriegszustand mit allen Alliierten und Vereinigten Mächten sowie den Vereinten Nationen herbeiführte und die Hauptverantwortung für diesen Krieg und den Schaden trägt, der im Laufe dieses Krieges den Alliierten und Vereinigten Mächten augefügt wurde;

in Anbetracht dessen, daß allein als Ergebnis des Sieges der Alliierten Streitkräfte, der zur totalen Niederlage des faschistischen Deutschlands sowie zum Scheitern des nazistischen und militaristischen Regimes im Land führte, Deutschland gezwungen wurde, zu kapitulieren und am 8. Mai 1945 das Protokoll über die absolute und bedingungslose Kapitulation zu unterzeichnen;

in Anbetracht dessen, daß Deutschland die Verpflichtungen anerkennt und partiell bereits erfüllt hat, die ihm durch die Erklärung über die Niederlage Deutschlands, die Beschlüsse der Krimkonferenz und der Potsdamer Konferenz der Regierungsoberhäupter der Alliierten Mächte sowie durch den Appell des Kontrollrates über einige Zusatzforderungen an Deutschland auferlegt wurden;

in Anbetracht dessen, daß als Ergebnis der Erfüllung der Beschlüsse der Potsdamer Konferenz in einem Teil Deutschlands das gesamte Eigentum der großen Nazi- und Kriegsverbrecher in Volkseigentum überführt wurde, demokratische Boden- und Schulreformen und a. demokratische Reformen durchgeführt wurden und damit der Grundstein für den dauerhaften Wiederaufbau des politischen und ökonomischen Lebens des gesamten Deutschlands auf demokratischer Grundlage und für die Umwandlung Deutschlands in einen demokratischen und friedliebenden Staat gelegt wurde[182];

in Anbetracht dessen, daß Deutschland sich verpflichtet, die Überreste von Nazismus und Militarismus im Staat vollständig auszurotten und künftig niemals de-

179 *[Gruppe Seljaninov]*, „Friedensvertrag mit Deutschland / Entwurf", o.D. *[nach 8. 9. 1951]*, AVPRF, f. 082, op. 40, p. 255, d. 11, ll. 31–46.

180 Mit Schrägstrichen eingeklammert sind jeweils Vermerke für die weitere Bearbeitung des Entwurfs.

181 Handschriftlich eingefügt.

182 Im Text unterstrichen.

ren Wiedergeburt zuzulassen und durchgeführte demokratische Reformen, die von den Potsdamer Beschlüssen vorgesehen wurden, zu sichern;

in Anbetracht dessen, daß Deutschland sich verpflichtet, niemals mehr seine Nachbarn oder die Erhaltung des Friedens in der ganzen Welt zu bedrohen und nicht an militärischen, politischen und a. Bündnissen sowie Vereinigungen, die gegen die Alliierten Mächte oder gegen eine von ihnen gerichtet ist, teilzunehmen;

in Anbetracht dessen, daß die Alliierten und Vereinigten Mächte und Deutschland einen Friedensvertrag abschließen wollen, der alle noch verbliebenen, nicht entschiedenen Fragen regeln soll, der zur Grundlage für die Entwicklung der freundschaftlichen Beziehungen zwischen ihnen werden soll und dem deutschen Volk die Möglichkeit geben soll, einen gebührenden Platz unter den friedliebenden Völkern der Welt einzunehmen;

haben beschlossen, den Kriegszustand für beendet zu erklären und den vorliegenden Friedensvertrag abzuschließen, hierbei vertreten durch die Unterzeichnenden als ihre bevollmächtigten Beauftragten, die nach Vorlegen ihrer Vollmachten, welche als ordnungsgemäß und der Form entsprechend befunden wurden, übereingekommen sind zu folgenden Beschlüssen:

TEIL I.
TERRITORIALE BESCHLÜSSE, GRENZEN, STAATSBÜRGERSCHAFT UND BÜRGERRECHTE AUF DEN ZU ÜBERTRAGENDEN GEBIETEN.

a. In Übereinstimmung mit dem Beschluß der Potsdamer Konferenz verläuft die östliche Grenze Deutschlands auf der Linie verlaufend vom Baltischen Meer etwas westlich Swinemünde und von dort in der Oder bis zur Einmündung des Flusses Westliche Neiße und in der Westlichen Neiße bis zur tschechoslowakischen Grenze.

Die Stadt Königsberg und das angrenzende Gebiet gehen an die UdSSR über, wie das im Abschnitt VI des Potsdamer Abkommens vorgesehen wurde.

b. Deutschlands Grenzen zur Tschechoslowakei, Schweiz, zu Frankreich, Luxemburg, Belgien, Holland und Dänemark sind die Grenzen, die am 1. 1. 1937 existierten. /Einzelne Ansprüche dieser Länder /mit Ausnahme der Schweiz/ auf unbedeutende Grenzkorrekturen konnen vom SMID[183] während der endgültigen Vertragsausarbeitung geprüft werden/.

c. Die deutschen Behörden verpflichten sich, für diejenigen Deutschen, die auf Grund der Beschlüsse der Berliner Konferenz aus anderen Ländern nach Deutschland umgesiedelt wurden, normale Existenzbedingungen zu schaffen und sie ohne jede Diskriminierung als gleichberechtigte Bürger in das politische und ökonomische Leben einzubeziehen sowie jegliche revanchistische Propaganda unter diesen Personen zu untersagen.

d. Nicht umgesiedelte Deutsche, die in Polen, der Tschechoslowakei und Ungarn verblieben sind, können im Laufe eines Jahres vom Tag der Vertragsunterzeichnung an die Übersiedlung nach Deutschland beantragen, und die deutschen Behörden sind im Falle einer Ausreisebewilligung des entsprechenden Landes verpflichtet, sie aufzunehmen. Deutsche, die nicht aus diesen Ländern nach Deutschland überzusie-

[183] Sovet Ministrov Inostrannych Del (Rat der Außenminister).

deln wünschen, werden zu Bürgern der entsprechenden Länder mit uneingeschränkten bürgerlichen und politischen Rechten.

TEIL II.
POLITISCHE BESCHLÜSSE.

ABSCHNITT I.

Deutschland wird als einheitlicher, souveräner, demokratischer und friedliebender Staat wiederhergestellt.

ABSCHNITT II.

Deutschlands Verpflichtungen hinsichtlich der Sicherstellung der Entwicklung des gesamtstaatlichen, politischen und gesellschaftlichen Lebens des Landes auf demokratischer und friedlicher Grundlage.

Die deutsche Regierung leitet Maßnahmen ein, die die wirklich demokratische und friedliche Entwicklung des gesamten staatlichen, politischen und gesellschaftlichen Lebens des Landes gewährleisten.

Mit diesem Ziel:

A. Die deutsche Regierung läßt keinerlei Wiederherstellung der Nazigesetze zu, die die Grundlage für das Hitlerregime schufen oder als Grundlage der Diskriminierung aufgrund der Rasse, der Religion oder der politischen Überzeugung dienten.

B. Allen Bürgern, die der Gerichtsbarkeit der deutschen Regierung, ohne Unterschied des Geschlechts, der Sprache oder der Religion, unterliegen, müssen die Menschenrechte und die demokratischen Grundfreiheiten garantiert sein.

C. Kriegsverbrecher und alle aktiven Mitglieder der Nazipartei, die Naziverbrechen begangen haben, werden aus staatlichen, gesellschaftlichen oder halböffentlichen Ämtern und gesellschaftlichen Stellungen entfernt.

D. Die deutsche Regierung sichert und führt die in Deutschland erzielten demokratischen Reformen fort, darunter auf dem Gebiet der Verwaltungsorgane, der Wirtschaft, der Arbeitsgesetzgebung, der Justiz, der Bildung, des Gesundheitswesens u. a.

E. Das Bildungswesen in Deutschland wird dergestalt organisiert, daß die Nazidoktrin und die militaristische Lehre vollständig beseitigt und ihrer Wiedergeburt zukünftig vorgebeugt wird.

F. Die deutsche Regierung muß die freie Tätigkeit und den Schutz aller demokratischen Parteien und Organisationen sichern, deren Programm zur friedlichen und demokratischen Entwicklung des Landes beiträgt und auf die Festigung des Friedens und auf die Herstellung der Freundschaft zwischen den Völkern ausgerichtet ist. Jede Tätigkeit von Organisationen, sei es politischer, militärischer oder militaristischer Natur, sowie die Tätigkeit von Einzelpersonen, unabhängig von ihrer Gesellschaftsstellung, die darauf ausgerichtet ist, dem Volk seine demokratischen Rechte zu entziehen, oder auf Wiedergeburt des deutschen Militarismus und Faschismus und auf Züchtung revanchistischen Gedankenguts angelegt ist, muß streng verboten und vom Gesetz verfolgt werden.

G. Jegliche Tätigkeit gegen den allgemeinen Frieden wird als äußerst schwerwiegendes Verbrechen angesehen.

H. Die deutsche Regierung verpflichtet sich, Gesetze oder Anordnungen zu erlassen, die die vollständige Ausführung der genannten Bestimmungen sicherstellen.

ABSCHNITT III.
KRIEGSVERBRECHER.

1. Die Regierung Deutschlands ist verpflichtet, alle deutschen Kriegsverbrecher, die Kriegsverbrechen und Verbrechen gegen den Frieden und die Menschlichkeit begangen haben, zur Verantwortung zu ziehen. Kriegsverbrecher, die ihre Verbrechen auf dem Territorium anderer Staaten begangen haben, werden an die Regierungen dieser Staaten ausgeliefert.

2. Die deutsche Regierung verpflichtet sich, die Urteile in den Fällen derjenigen Kriegsverbrecher, die durch die Gerichte der vier Besatzungsmächte Deutschlands verurteilt und in die Hände der deutschen Behörden übergeben wurden, zu vollstrecken.

3. Auf Forderung der Alliierten Mächte ist Deutschland verpflichtet, diejenigen Bürger der Alliierten Mächte, die der Verletzung der Gesetze ihrer Länder durch Landesverrat und Kollaboration mit dem Feind in der Kriegszeit bezichtigt werden, auszuliefern.

ABSCHNITT IV.
VERSCHLEPPTE PERSONEN.

Deutschland verpflichtet sich, in einer Frist von drei Monaten vom Tage des Vertragsabschlusses an, die auf seinem Territorium verbliebenen Bürger der Alliierten Mächte, die sich als Ergebnis der Kriegshandlungen und jeder Art von Einwirkung und Gewalt seitens der faschistischen Obrigkeit auf dem Territorium Deutschlands befinden, zu repatriieren.

ABSCHNITT V.
INTERNATIONALE ABKOMMEN.

1. Deutschland erkennt die uneingeschränkte Geltung der Friedensverträge mit Bulgarien, Ungarn, Rumänien, Italien und Finnland und der anderen Abkommen an, die zwischen der UdSSR, den USA, England, Frankreich und den anderen mit ihnen alliierten Mächten in bezug auf Österreich erzielt wurden oder werden, sowie der Abkommen der UdSSR, Chinas, der USA, England, Frankreichs und der anderen mit ihnen alliierten Mächte in bezug auf Japan.

2. Vorgesehen ist die Möglichkeit einer Wiederherstellung der bilateralen Vorkriegsverträge Deutschlands mit anderen Ländern, die den politischen, militärischen und wirtschaftlichen Prinzipien des vorliegenden Friedensvertrages nicht widersprechen.

ABSCHNITT VI.
RUHR.

Das Industriegebiet der Ruhr ist unabdingbarer Teil Deutschlands im politischen, Verwaltungs- und wirtschaftlichen Sinne.

Die bis zum Abschluß des vorliegenden Vertrages von ausländischen Mächten zur Kontrolle über die Ruhr gebildeten Körperschaften werden aufgelöst, und alle Machtbefugnisse auf dem Gebiet der Industrieproduktion und Verteilung werden an die deutsche Regierung übertragen, die sich verpflichtet, die Ruhrindustrie ausschließlich zu Friedenszielen zu nutzen.

Die deutsche Regierung übernimmt gemäß des Artikels ... Teil ... des vorliegenden Vertrages über die Auflösung der deutschen Monopole die im Ruhrgebiet vorhandenen Betriebe der aufgelösten Kartelle, Konzerne, Syndikate, Trusts und anderer monopolistischer Vereinigungen in Staatseigentum. Sie verpflichtet sich, die Rüstungswerke zu liquidieren und die vollständige Umleitung der Ruhr-Wirtschaft in Friedensbahnen zu verwirklichen.

Die Ausführung der genannten Bedingungen wird unter der Kontrolle der UdSSR, der USA, Englands und Frankreichs geschehen, die für diese Ziele ein Sonderorgan bilden, zur Teilnahme daran wird auch Deutschland herangezogen. Zur Beteiligung an diesem Konsultativorgan werden folgende an Deutschland angrenzende Staaten hinzugezogen: Polen, die Tschechoslowakei, Belgien, Holland, Luxemburg.

Unter der Voraussetzung der Ausführung der genannten Forderungen durch Deutschland wird das Kontrollorgan für die Ruhr aufgelöst.

ABSCHNITT VII. BESTIMMUNGEN ÜBER DIE FLÜSSE /ELBE, RHEIN UND ODER/ UND HÄFEN.

Die Bestimmungen hinsichtlich der deutschen Flüsse, die teilweise durch die Territorien anderer europäischer Staaten fließen, sowie die Bestimmungen hinsichtlich der deutschen Häfen, die an deren Flußmündungen liegen, werden durch die Sonderkonventionen bestimmt, die von allen Ländern /einschließlich Deutschlands/ abgeschlossen werden müssen, durch deren Territorien diese Flüsse fließen oder deren Grenzen an den Ufern dieser Flüsse liegen.

ABSCHNITT VIII.

Der Kieler Kanal muß für die Handelsschiffahrt aller Nationalitäten geöffnet werden. Kriegsschiffen aus den Ostseestaaten ist die Durchfahrt gestattet.

TEIL III. VERORDNUNGEN ÜBER DAS MILITÄR, DIE MARINE UND DIE LUFTSTREITKRÄFTE.

1. Deutschland ist es verboten, Land-, Marine- und Luftstreitkräfte, Generalstab, Kriegsministerium, Offizierskorps, Kriegsschulen und Mobilmachungsdienststellen zu unterhalten.

2. In Deutschland müssen militärische, halbmilitärische und andere militärfaschistische Organisationen und Einrichtungen, die dem Ziel der Wiedergeburt von Faschismus und Militarismus in Deutschland dienen, verboten werden.

3. Deutschland ist es verboten, jede Art von Waffen und militärischer Ausrüstung, mit Ausnahme dessen, was der Friedensvertrag zur Bewaffnung der Polizeikräfte gestattet, zu besitzen, zu produzieren und im Ausland zu erwerben.

4. Deutschland ist es verboten, in irgendeiner Form außerhalb seines eigenen Territoriums irgendwelche Streitkräfte, Militärorganisationen, Militärindustrie und wissenschaftliche Forschungseinrichtungen, die Kriegszielen dienen, zu unterhalten.

5. Es müssen sämtliche Formen militärischer Ausbildung verboten werden.

6. Den deutschen Staatsbürgern ist es verboten, den Dienst in den Streitkräften anderer Staaten anzutreten.

7. Auf dem Territorium Deutschlands ist die Bildung von militärischen und halbmilitärischen Formationen und Organisationen militärischer Art aus Bürgern fremder Staaten verboten. Sämtliche auf dem Territorium Deutschlands existierenden Formationen und derartige Organisationen müssen innerhalb von 3 Monaten vom Tage des Inkrafttretens des Friedensvertrages an gerechnet aufgelöst werden.

8. In Deutschland ist es verboten, jewede militärische Einrichtungen, Boden- und Küstenbefestigungen zu schaffen und zu benutzen, und alle erhalten gebliebenen Einrichtungen militärischer Art müssen zerstört werden.

9. Es müssen effektive Vorkehrungen zur Liquidation des Kriegsindustriepotentials und zur Verhütung von dessen Wiedergeburt in der Zukunft vorgesehen werden. Sämtliche Rüstungsbetriebe müssen zerstört werden.

10. Deutschland ist es gestattet, eine Handelsflotte und Zivilluftfahrt zu betreiben in den Grenzen, die für die Entwicklung der Friedenswirtschaft erforderlich sind.

11. Zum Ziel der Aufrechterhaltung der öffentlichen Ordnung im Inland und zum Grenzschutz Deutschlands wird eine begrenzte Zahl an Polizeikräften /150 – 200 Tausend Mann/, die mit Handwaffen ausgerüstet sind, gestattet.

12. Der Dienst in der Polizei wird dem SS-, SA-, SD- und Gestapo-Personal sowie den ehemaligen aktiven Mitgliedern der faschistischen Partei verboten.

13. Die Kontrolle über die Ausführung der militärischen Bestimmungen des Friedensvertrages muß der Kontrollkommission, bestehend aus Vertretern der UdSSR, der USA, Englands und Frankreichs übertragen werden, die das Recht hat, jederzeit jedes Objekt in Deutschland zu inspizieren. Auf Forderung der Kontrollkommission ist die deutsche Regierung verpflichtet, jede dafür nötige Information zu liefern.

TEIL IV.
GRUNDSÄTZE DER ENTWICKLUNG DER DEUTSCHEN WIRTSCHAFT.

1. Die deutsche Regierung verpflichtet sich, die gemäß dem Potsdamer Abkommen durchgeführten demokratischen Umgestaltungen in der Industrie, Landwirtschaft und anderen Wirtschaftszweigen /Übergabe des Eigentums der Kriegs- und Naziverbrecher in die Hände des deutschen Volkes, Bodenreform u.a./ zu festigen und fortzusetzen.

2. Mit dem Ziel der Verhinderung einer Wiedergeburt des Kriegsindustriepotentials und der Vernichtung der großen Konzentration der Wirtschaftskraft müssen die deutschen Kartelle, Trusts, Syndikate und anderen monopolistischen Vereinigungen im Bereich der Produktion, des Handels, des Bankwesens und der anderen Wirtschaftsbranchen Deutschlands vollständig abgeschafft werden. Den deutschen Industriellen ist verboten, den entsprechenden internationalen Vereinigungen beizutreten.

3. Verboten ist die Produktion von Waffen, Kriegsausrüstung und Kriegswaffen sowie die Produktion sämtlicher Flugzeugtypen und Kriegsschiffe.

4. Die Entwicklung der Friedensindustrie, der Landwirtschaft, des Außenhandels und anderer Wirtschaftszweige wird ohne irgendwelche Einschränkungen oder Hindernisse seitens der Alliierten oder Vereinigten Staaten verlaufen.

5. Die Produktion von Metallen, chemischen Erzeugnissen, des Maschinenbaus sowie die Produktion anderer Gegenstände, die direkt für den militärischen Bedarf genutzt werden können, wird im Umfang, der für die volle Befriedigung der friedlichen Wirtschaftsbedürfnisse Deutschlands vonnöten ist, durchgeführt, jedoch unter der Kontrolle der Alliierten Staaten, und diese Kontrolle wird von der Kommission ausgeübt, die im Teil III der vorliegenden Vertragsbestimmungen vorgesehen ist.

TEIL V.
ANSPRÜCHE, DIE AUS DEM KRIEG FOLGEN.

ABSCHNITT A. REPARATIONEN.

1. Gemäß den Beschlüssen der Berliner Konferenz muß Deutschland in möglichst hohem Maß den Schaden, den es den Vereinten Nationen zufügte und für den das deutsche Volk der Verantwortung nicht entgehen kann, kompensieren.

2. Der allgemeine Reparationsumfang Deutschlands wird in der Höhe von ... Millionen Dollar /in Preisen von 1938/ festgesetzt. Reparationen zugunsten der UdSSR werden in Höhe von 6,829 Mill. Dollar /in Preisen von 1938/ festgelegt, wobei die Sowjetunion aus ihrem Anteil die Reparationsansprüche der Polnischen Volksrepublik befriedigt.

3. Reparationen Deutschlands werden beglichen mittels:

a/ des Wertes der beschlagnahmten, zur Nutzung geeigneten Industriemaschinen.

b/ der jährlichen Warenlieferungen aus der laufenden Produktion.

c/ der deutschen Aktiva im Ausland.

d/ des Wertes diverser Dienste.

e/ des Wertes der beschlagnahmten deutschen Patente.

4. Die Reparationsverpflichtungen Deutschlands müssen im Laufe von nicht mehr als 20 Jahren, diese Frist gerechnet vom Tage der Veröffentlichung der Beschlüsse der Berliner Dreimächtekonferenz, geleistet werden.

5. Den im Friedensvertrag fixierten Reparationsverpflichtungen Deutschlands wird der Vorrang vor allen seinen übrigen Verpflichtungen eingeräumt.

6. Zur Kontrolle der Durchführung der Reparationsverpflichtungen Deutschlands wird eine vierseitige Reparationskommission eingerichtet, die ihre Tätigkeit nach Erfüllung der Reparationsverpflichtungen Deutschlands einstellt.

ABSCHNITT B.
VERZICHT DEUTSCHLANDS AUF ANSPRÜCHE.

Deutschland verzichtet im Namen der Regierung Deutschlands und der deutschen Bürger auf jede Art von Ansprüchen gegenüber den Alliierten und Vereinigten Mächten, die unmittelbar mit dem Krieg in Europa zwischen dem l. September 1939 und der Besetzung Deutschlands verbunden sind, unabhängig davon, ob die entsprechende Alliierte und Vereinigte Macht sich die gesamte Zeit im Kriegszustand mit Deutschland befunden hat oder nicht.

Deutschland verzichtet auch auf alle Ansprüche gegenüber jeder der Vereinten Nationen, die ihre diplomatischen Beziehungen zu Deutschland abgebrochen und die Aktionen zur Zusammenarbeit mit den Alliierten und Vereinten Mächten unternommen hat.

TEIL VI.
EIGENTUM, RECHTE UND INTERESSEN.

ABSCHNITT A. EIGENTUM DER VEREINTEN NATIONEN IN DEUTSCHLAND.

Das Vermögen, das einem Alliierten Staat an Reparationsleistung zugesprochen wurde und von ihm zur Nutzung in Deutschland belassen wurde, kann nicht von deutschen Zentral- oder Lokalbehörden aus dem Eigentum dieses Alliierten Staates ohne dessen Zustimmung beschlagnahmt werden. Die Einschränkungen, die für die deutsche Ausfuhr erlassen werden können, erstrecken sich nicht auf den Export der Erzeugnisse jener Betriebe, die gemäß diesem Paragraph zur Nutzung in Deutschland belassen wurden.

Diese Betriebe müssen den deutschen Gesetzen unterworfen werden.

ABSCHNITT B. SCHULDEN.

Deutschland wird von allen staatlichen Schuldverpflichtungen, die als Ergebnis der Tätigkeit der Regierung Deutschlands im Zeitraum von 1919 bis 1945 entstanden sind, befreit. Deutschlands Verschuldung, die nach 1945 entstanden ist, einschließlich der Besatzungskosten, der Hilfe für die deutsche Bevölkerung mit Lebensmitteln und a., wird ebenfalls annulliert.

TEIL VII.
ALLGEMEINE WIRTSCHAFTSBEZIEHUNGEN.

1. Bis zum Abschluß der Handelsverträge oder Abkommen zwischen einzelnen der Vereinten Nationen und Deutschland gewährt Deutschlands Regierung jeder der Vereinten Nationen in Handelsfragen das Prinzip der Meistbegünstigung auf 18 Monate vom Tage des Inkrafttretens des vorliegenden Vertrages an.

TEIL VIII.
LÖSUNG DER STREITFRAGEN.

/Betrifft die Schaffung einer Schlichtungskommission, die Übergabe der Streitfragen zur Lösung an ein Schiedsgericht u.s.w./

TEIL IX.
TRUPPENABZUG.

Alle Besatzungstruppen werden aus Deutschland in Jahresfrist nach dem Abschluß des Friedensvertrages abgezogen.

TEIL X.
GARANTIEN ZUR ERFÜLLUNG DES FRIEDENSVERTRAGES.

1. Vierseitige Kontrolle.

A. Im Laufe einer dreijährigen Periode vom Zeitpunkt des Inkrafttretens des Friedensvertrages an werden die Botschafter der UdSSR, der USA, Englands und Frankreichs die Alliierten und Vereinigten Mächte in Verbindung mit der Regierung Deutschlands in allen Fragen, die die Erfüllung und die Kommentierung der Paragraphen des Friedensvertrages betreffen, vertreten.

B. Die Frage der Tätigkeit des Viererkontrollorgans für die Ruhr und der Viererkontrollkommission für die Einhaltung der Militärparagraphen des Vertrages wird mit der Zeit neu überprüft in Abhängigkeit von der Erfüllung der Bedingungen des Friedensvertrages durch Deutschland.

2. Sanktionen.

A. Im Falle der Nichterfüllung der Paragraphen des Friedensvertrages durch Deutschland wenden die Regierungen der UdSSR, der USA, Englands und Frankreichs in Übereinstimmung politische und wirtschaftliche Sanktionen gegenüber Deutschland an.

B. Im Falle, daß das Viererkontrollorgan für die Ruhr oder die Kontrollkommission zur Beobachtung der Erfüllung der Militärparagraphen des Friedensvertrages die Nichterfüllung der Paragraphen bezüglich der Ruhr und der Militärbestimmungen durch Deutschland feststellen, behalten sich die Regierungen der UdSSR, der USA, Englands und Frankreichs das Recht vor, die entsprechenden ehemaligen Besatzungszonen Deutschlands mit Truppen zu besetzen.

TEIL XI.
SCHLUSSBESTIMMUNGEN.

Betreffen: a) Lösung von Streitigkeiten über die Vertragsinterpretation.
b) Beitritt zum Vertrag durch andere Länder.
c) Mitwirkung Deutschlands in der UNO./

Unterschrift[184]

[184] Unlesbar.

Dokument 10[185]

ENTWURF DER GRUNDLAGEN DES FRIEDENSVERTRAGES MIT DEUTSCHLAND

Die sowjetische Regierung hat am … (Datum) das Schreiben der Regierung der Deutschen Demokratischen Republik an die Regierungen der UdSSR, der USA, Großbritanniens und Frankreichs über die Beschleunigung des Abschlusses des Friedensvertrags mit Deutschland erhalten und erachtet es in diesem Zusammenhang als notwendig, folgende Erklärung abzugeben:

Wie bekannt, bestand die sowjetische Regierung stets[186] auf dem schnellsten Abschluß des Friedensvertrags mit Deutschland. Ungeachtet der Tatsache, daß seit dem Tag der deutschen Kapitulation bereits mehr als sechs Jahre vergangen sind, bleibt die Frage der Friedensregelung für Deutschland jedoch bisher ungeklärt. Diese Sachlage entstand dadurch, daß die Regierungen der USA, Großbritanniens und Frankreichs Deutschland spaltend und die Politik der Remilitarisierung und die Einbeziehung West-Deutschlands in den aggressiven Nord-Atlantischen Block betreibend systematisch die Vorschläge der sowjetischen Regierung über den schnellsten Abschluß des Friedensvertrages mit Deutschland ablehnten, daran interessiert, daß das Besatzungsregime auf unbestimmte Zeit verlängert wird. Als Ergebnis dieser Politik der USA, Großbritanniens und Frankreichs hat sich die Besetzung Deutschlands unzulässig lange hingezogen.

Die sowjetische Regierung ist nach wie vor der Ansicht, daß es an der Zeit ist, daß das deutsche Volk seinen unabhängigen, demokratischen, friedliebenden Einheitsstaat erhält[187], mit dem das Besatzungsregime in Deutschland durch den Abschluß des Friedensvertrages beendet würde.

Die sowjetische Regierung geht davon aus, daß der Friedensvertrag mit Deutschland auf den Grundsätzen des demokratischen Friedens[188] begründet werden muß, die in den Beschlüssen der Konferenzen von Jalta und Potsdam zur Frage Deutschlands enthalten sind und die Wiederherstellung des unabhängigen, demokratischen, friedliebenden deutschen Einheitsstaates, die Umgestaltung der gesamten Gesellschafts- und Staatsform auf breiter[189] demokratischer Grundlage und die Durchführung der Demilitarisierung Deutschlands vorsehen, damit für immer die Gefahr der Wiedergeburt des deutschen Imperialismus und Militarismus beseitigt, aber auch die Erfüllung der Verpflichtungen Deutschlands gegenüber den anderen Ländern, die unter der Hitler-Aggression gelitten haben, gesichert wird.

Der Friedensvertrag mit Deutschland muß die Bildung des souveränen[190] deutschen Staates, die freie und unabhängige Existenz des deutschen Volkes, die Freiheit

185 Gribanov, Puškin, „Entwurf der Grundlagen", 15. 9. 1951, AVPRF, f. 082, op. 38, p. 230, d. 47, ll. 36–40

186 Die im russischen Original aufeinander folgenden Worte „bestand stets" sind mit blauem Stift unterschlängelt.

187 Mit blauem Stift unterstrichen.

188 Mit blauem Stift unterschlängelt.

189 Mit blauem Stift unterstrichen.

190 Mit blauem Stift unterstrichen; am Rand mit blauem Stift angestrichen.

der Rede, der Presse und der religiösen Überzeugung, die Versammlungsfreiheit, die freie Tätigkeit der demokratischen Parteien und anderer öffentlicher antinazistischer Organisationen garantieren.

Zum Zwecke der Gewährleistung der Entwicklung eines wirklich unabhängigen, demokratischen deutschen Staates muß der Friedensvertrag den Abzug aller Besatzungstruppen aus Deutschland vorsehen, aber auch die Nichtzulassung einer Situation, in der ein beliebiger fremder Staat Truppen oder Militärstützpunkte in Deutschland unterhalten würde[191].

Im Vertrag muß vorgesehen werden, daß sich die Friedenswirtschaft Deutschlands ohne Beschränkungen entwickeln wird. Deutschland muß uneingeschränkte Möglichkeiten bei der Entwicklung seiner Industrie und Landwirtschaft, seines Verkehrs, Handels mit anderen Ländern, aber auch freien Zutritt zu den Weltmärkten und zu den Rohstoffen erhalten. Den unverzüglichen Abschluß des Friedensvertrags mit Deutschland als notwendig anerkennend ist die sowjetische Regierung der Ansicht, daß der Friedensvertrag mit Deutschland folgende Grundsätze[192] beinhalten muß:

1. Deutschland wird als einheitlicher, souveräner, demokratischer, friedliebender Staat wiederhergestellt.

2. Das gesamte staatliche, öffentliche und politische Leben Deutschlands als eines unabhängigen Staates muß sich auf *[breiter]*[193] demokratischer Grundlage entwikkeln. Dementsprechend[194] müssen dem deutschen Volk demokratische Rechte gewährt werden, damit alle Personen, die der deutschen Gerichtsbarkeit unterliegen, ohne Unterschied der Rasse, des Geschlechts, der Sprache oder des Glaubens die Menschenrechte und die Grundfreiheiten einschließlich der Freiheit der Rede, der Presse, der Versammlungsfreiheit, der Religionsausübung und der politischen Überzeugungen nutzen können.

3. *[4.]* In Deutschland muß die freie Tätigkeit aller demokratischen Parteien und Organisationen gewährleistet sein, deren Programme zur friedlichen und demokratischen Entwicklung des Landes beitragen und auf Festigung des Friedens und Herstellung der Freundschaft unter den Völkern ausgerichtet sind.

4. *[5.]* Alle demokratischen Umgestaltungen im öffentlichen, politischen und wirtschaftlichen Leben Deutschlands, die entsprechend der Beschlüsse der Potsdamer Konferenz und entsprechend dem Willen des deutschen Volkes durchgeführt wurden, müssen im Friedensvertrag mit Deutschland bekräftigt werden.

5. *[6.]* Auf dem Territorium Deutschlands darf nicht die Wiedergeburt wie auch immer gearteter Nazi- und Militärorganisationen, sei es politischer, militärischer oder paramilitärischer Art, zugelassen werden, deren Zielsetzung im Entzug der demokratischen Rechte des Volkes besteht.

6. *[7.]* Deutschland verpflichtet sich, keinerlei Koalitionen oder Militärbündnisse einzugehen, die sich gegen eine Macht richten, die mit ihren Streitkräften am Krieg gegen Deutschland teilgenommen hat.

[191] Der gesamte Absatz ist am Rand mit blauem Stift angestrichen.

[192] Am Rand mit blauem Stift: *„Politische Beschlüsse"*.

[193] Das Wort ist mit blauem Stift gestrichen.

[194] Am Rand mit blauem Stift *„3."* ergänzt. Die Zählung der folgenden Absätze wurde entsprechend mit blauem Stift korrigiert.

7.[195] Das Territorium Deutschlands ist durch die Grenzen vom l. Januar 1938 bestimmt mit den Änderungen, die durch die Beschlüsse der Potsdamer Konferenz vorgesehen wurden. Für dieses Territorium erkennen die Alliierten und Vereinigten Mächte die volle Souveränität des deutschen Volkes an.

8. Deutschland werden keinerlei Beschränkungen für die Entwicklung seiner Friedenswirtschaft, aber auch für die Entwicklung des Handels mit anderen Ländern und für seinen Zugang zu den Rohstoffquellen auferlegt.

9. Zum Zwecke der Vorbeugung gegen die Möglichkeit der Wiedergeburt des deutschen Imperialismus und Militarismus müssen die deutschen monopolistischen Vereinigungen aufgelöst werden – Kartelle, Trusts, Syndikate auf dem Gebiet der Produktion, des Handels, des Bankwesens und anderer Wirtschaftszweige Deutschlands, die als Stütze des Hitler-Regimes gedient haben.

10. Die Industrie Deutschlands und insbesondere die Industrie des Ruhrgebiets darf nicht in eine Basis zur Wiedergeburt des deutschen militär-industriellen Potentials und zur Wiederherstellung des aggressiven Deutschlands umgewandelt werden. Die Kohle- und Stahlindustrie Deutschlands soll sich keinen Vereinigungen in der Welt oder in Europa anschließen, die mit der Verwirklichung der aggressiven Pläne der Mitglieder dieser Vereinigungen zusammenhängen, welche eine Gefahr für den Frieden und die Sicherheit der Völker bilden.

11. Die Industrie des Ruhrgebiets sowie der Saar ist unabdingbarer Bestandteil Deutschlands in politischer, verwaltungsrechtlicher und wirtschaftlicher Beziehung. Die Behörden, die vor Inkrafttreten des Friedensvertrages von fremden Mächten zur Überwachung und Verwaltung der Ruhr oder der Saar geschaffen wurden, werden abgeschafft. Die deutsche Regierung wird verpflichtet, die wirtschaftlichen Ressourcen der Ruhr und der Saar ausschließlich zu friedlichen Zielen zu nutzen.

12. Die Ausrüstung von Heer, Luftwaffe und Marine Deutschlands muß streng begrenzt sein und muß ausschließlich Verteidigungszielen dienen. Dementsprechend muß es Deutschland gestattet sein, eigene Streitkräfte einschließlich des Grenzschutzes und der Gendarmerie zu haben.

13. Deutschland ist die Produktion von Kriegsmaterial und -technik gestattet, deren Menge oder Typen nicht die Grenzen überschreiten dürfen, die für die Streitkräfte, die für Deutschland durch den Friedensvertrag festgelegt sind, erforderlich sind.

14. Deutschen Staatsbürgern darf kein Dienst in fremden Streitkräften und Polizeieinheiten gestattet sein und auch in keinerlei anderen ausländischen militärischen Formationen.

15. Deutschland erkennt die Verpflichtungen an, für die Schäden aufzukommen, die durch Kriegshandlungen gegen Alliierte und Vereinigte Mächte, aber auch durch die Besetzung von Territorium Alliierter und Vereinigter Mächte zugefügt wurden. Schadensersatz in Form von Reparationszahlungen muß entspechend den Beschlüssen der Konferenzen von Jalta und Potsdam durchgeführt werden. Dabei muß die Kürzung der Restsumme der Reparationszahlungen um 50% berücksichtigt werden, die am 15. Mai 1950 von der sowjetischen und der polnischen Regie-

[195] Vor die Ziffer „7" ist am Rand mit blauem Stift die Ziffer „*1*" gesetzt und eine Überschrift „*Territoriale Leitsätze*" ergänzt worden.

rung mit dem Ziel der Erleichterung der Bemühungen des deutschen Volkes beim Wiederaufbau und bei der Entwicklung der Volkswirtschaft Deutschlands vorgenommen wurde.

16. In kürzestmöglicher Zeit und auf jeden Fall nicht später als ein Jahr nach dem Tag des Inkrafttretens des Friedensvertrages müssen alle Besatzungstruppen aus Deutschland abgezogen worden sein, ebenso wie alle ausländischen Militärstützpunkte in Deutschland aufgelöst sein müssen.

Puschkin Gribanow
15/IX. 51[196]

[196] Unterschriften und Datum handschriftlich.

Dokument 11[197]

ÜBER DIE GRUNDLAGEN DES FRIEDENSVERTRAGES MIT DEUTSCHLAND.

In Anbetracht dessen, daß seit dem Ende des Krieges mit Deutschland bereits mehr als sechseinhalb Jahre vergangen sind, daß Deutschland immer noch keinen Friedensvertrag besitzt und sich weiterhin in einer nicht gleichberechtigten Stellung in den Beziehungen zu anderen Staaten befindet;

und in Anbetracht dessen, daß die Regierungen der UdSSR, der USA, Großbritanniens und Frankreichs die Notwendigkeit des Abschlusses des Friedensvertrages mit Deutschland anerkennen, der für Deutschland den Weg zur Teilnahme an der friedlichen Mitarbeit am internationalen Leben auf gleichberechtigter Grundlage eröffnet, alle Fragen reguliert, die infolge des Krieges entstanden und noch ungelöst geblieben sind, und zur Grundlage der freundschaftlichen Beziehungen zwischen den Alliierten und Vereinigten Mächten und Deutschland wird,

haben die Regierungen der UdSSR, der USA, Großbritanniens und Frankreichs beschlossen, eine Erklärung abzugeben über die Beendigung des Kriegszustands, den unverzuglichen Abschluß des Friedensvertrages mit Deutschland und über den Abzug der gesamten Streitkräfte der Alliierten und Vereinigten Mächte aus Deutschland.

Dabei gehen die Regierungen der UdSSR, der USA, Großbritanniens und Frankreichs davon aus, daß der Friedensvertrag mit Deutschland auf den Prinzipien beruhen muß, die in den Beschlüssen der Konferenzen von Jalta und Potsdam enthalten sind und die Entwicklung Deutschlands als einheitlichen, unabhängigen, demokratischen, friedliebenden Staat vorsehen, die Umgestaltung des deutschen politischen Lebens auf demokratischer Grundlage[198] und die Durchführung der Demilitarisierung Deutschlands, um die Gefahr der Wiederauferstehung des deutschen Militarismus und Nazismus für immer zu beseitigen.

Die Regierungen der UdSSR, der USA, Großbritanniens und Frankreichs sind der Ansicht, daß der Friedensvertrag zwischen Deutschland und den anderen Staaten die Errichtung von friedlichen und gutnachbarlichen Beziehungen fördern muß, daß dem deutschen Staat die Unabhängigkeit und Souveränität und dem deutschen Volk demokratische Rechte und Freiheiten, darunter Redefreiheit, Pressefreiheit, Glaubensfreiheit, Versammlungsfreiheit, Freiheit der Tätigkeit der demokratischen Parteien und anderer gesellschaftlicher antifaschistischer Organisationen gesichert werden müssen.

Die Notwendigkeit eines unverzüglichen Abschlusses des Friedensvertrages mit Deutschland anerkennend, sind die Regierungen der UdSSR, der USA, Großbritanniens und Frankreichs der Ansicht, daß der Friedensvertrag mit Deutschland folgende grundlegende Bestimmungen beinhalten muß:

[197] Gribanov, Puškin, Koptelov, „Entwurf Grundlagen“, 4./10. 1. 1952, AVPf. 07, op. 25, p. 13, d. 144, ll. 1–6; eine Kopie in AVPRF, f. 082, op. 40, p. 255, d. 11, ll. 1–6.

[198] Auf dem Exemplar mit dem Erstellungsvermerk *4.01.52* nachträglich handschriftlich gestrichen.

Teilnehmer.

Großbritannien, die Sowjetunion, die USA, Frankreich und alle anderen Staaten, die mit ihren Streitkräften am Krieg gegen Deutschland teilgenommen haben.

Politische Grundsätze.

1. Deutschland vereinigt sich politisch und ökonomisch in einem einheitlichen, unabhängigen, demokratischen Staat. Somit wird die Spaltung Deutschlands beendet, und der deutsche Einheitsstaat erhält die Möglichkeit zu einer freien und unabhängigen Entwicklung.

2. Alle Streitkräfte der Alliierten und Vereinigten Mächte müssen aus Deutschland in kürzestmöglicher Frist und keinesfalls später[199] als sechs Monate vom Tag des Inkrafttretens des Friedensvertrages an gerechnet abgezogen werden. *Das Besatzungsregime endet und Deutschland befreit sich von allen Lasten*[200], die mit der Besatzung verbunden sind[201].

3. Das gesamte politische Leben Deutschlands muß sich auf demokratischer Grundlage entwickeln[202]. Dem deutschen Volk müssen die demokratischen Rechte gewährleistet werden, damit alle Personen, die der deutschen Gerichtsbarkeit unterstehen, ohne Unterschied der Rasse, des Geschlechts, der Sprache und des Glaubens in den Genuß der Menschenrechte und der grundlegenden Freiheiten, einschließlich der Freiheit der Rede, der Presse, des Glaubens, der politischen Überzeugung und der Versammlungsfreiheit kommen.

4. In Deutschland muß die freie Tätigkeit aller demokratischen Parteien und Organisationen gewährleistet werden, einschließlich der Gewährung des Rechts auf öffentliche Debatte, auf Einberufung von Versammlungen, auf Presse und Verlage[203].

5. Auf dem Territorium Deutschlands darf keine wie auch immer geartete Wiederbelebung von nazistischen und militaristischen Organisationen zugelassen werden, sei es politischer, militärischer oder paramilitärischer Organisationen, deren Ziel die Abschaffung der demokratischen Rechte des Volkes ist.

6. Im gesellschaftlichen, politischen und wirtschaftlichen Leben Deutschlands bleiben alle gemäß der Beschlüsse[204] der Potsdamer Konferenz und anderer Beschlüsse der vier Mächte gegenüber Deutschland[205] durchgeführten demokratischen Reformen in Kraft.

7. Allen ehemaligen Nazis, die mit der faschistischen Ideologie gebrochen und zusammen mit den demokratischen Kräften des deutschen Volkes am Wiederaufbau des friedlichen, demokratischen Deutschland teilgenommen haben, müssen die staatsbürgerlichen und politischen Rechte in gleicher Weise wie allen anderen deutschen Bürgern gewährleistet werden.

[199] Nachträglich gestrichen.

[200] Nachträglich gestrichen.

[201] In dem am 10. 1. 1952 unterzeichneten Exemplar lautet der hier kursiv gesetzte Satz: „Gleichzeitig damit werden auch alle ausländischen Militärstützpunkte und militärischen Einrichtungen auf dem Territorium Deutschlands geräumt."

[202] Nachträglich gestrichen.

[203] Nachträgliche Randbemerkung mit Bleistift: „Koalitionen".

[204] Nachträgliche Randbemerkung mit Bleistift: „Prinzipien".

[205] Nachträglich gestrichen, Randbemerkung mit Bleistift: „Zwecks Verbesserung der Lebensbedingungen der Bevölkerung".

8. Deutschland verpflichtet sich, keinerlei Koalitionen oder militärischen Bündnissen beizutreten, die gegen irgendwelche Mächte gerichtet sind, die mit ihren Streitkräften am Krieg gegen Deutschland teilgenommen haben.

Territorium.

Deutschlands Territorium wird in den Grenzen vom 1. Januar 1938 mit Ausnahme der Änderungen, die durch die Beschlüsse der Potsdamer Konferenz vorgesehen wurden, festgelegt. Auf diesem Territorium werden die Alliierten und Vereinigten Mächte die volle Souveränität des deutschen Volkes anerkennen.

Wirtschaftliche Grundsätze.

1. Deutschland werden keinerlei Einschränkungen in der Entwicklung seiner friedlichen Wirtschaft auferlegt. Industrie, Landwirtschaft und Transport werden sich frei entwickeln können, um ein stetiges Wachstum des Wohlstandes des deutschen Volkes zu gewährleisten.

Deutschland wird auch keinerlei Beschränkungen in der Entwicklung des Handels mit anderen Ländern und in seinem Zugang zu den Weltmärkten und zu den Rohstoffquellen haben.

Gleichzeitig muß in Deutschland die freie Entwicklung der Privatinitiative und des Unternehmertums gesichert werden.

2. Zum Zwecke der Vorbeugung gegen die Möglichkeit der Wiedergeburt des deutschen Militarismus müssen die deutschen monopolistischen Vereinigungen aufgelöst werden, die als Stütze des Hitler-Regimes gedient haben, – Kartelle, Trusts, Syndikate und andere Monopole auf dem Gebiet der Produktion, des Handels, der Bankgeschäfte und anderer Wirtschaftszweige Deutschlands.

3. Das Industriegebiet Ruhr ist unabdingbarer Teil Deutschlands in politischer, verwaltungsrechtlicher und ökonomischer Beziehung. Die Behörden, die vor Inkrafttreten des Friedensvertrages von fremden Mächten zur Überwachung der Ruhr geschaffen wurden, werden abgeschafft. Alle die Ruhr betreffenden Abkommen, die von deutschen Behörden vor der Wiederherstellung der Einheit Deutschlands geschlossen oder ihnen vorgeschrieben worden waren, verlieren ihre Kraft. Die Kohle- und Stahlindustrie des Ruhrgebiets, wie auch der anderen Industrieregionen Deutschlands, soll sich keinen internationalen Vereinigungen anschließen. Die Industrie des Ruhrgebiets muß in friedlicher Absicht im Interesse des deutschen Volkes und nicht für Rüstungsproduktion und Schaffung von Möglichkeiten zur Wiederholung der deutschen Aggression genutzt werden.

4. Deutschland wird von allen staatlichen Schuldverpflichtungen, die sowohl als Ergebnis der Aktivitäten der Regierungen Deutschlands von 1919 bis 1945, als auch von Schulden, die nach 1945 entstanden sind, befreit.

5. Deutschland erkennt die Verpflichtungen[206] an, Ersatz für Schäden zu leisten, die durch Kriegshandlungen gegen Alliierte oder Vereinigte Mächte, aber auch durch die Besetzung ihrer Territorien zugefügt wurden.

[206] Nachträgliche Randbemerkung mit Bleistift: „auf gerechter Grundlage".

Militärische Grundsätze.

1. Deutschland wird gestattet, seine nationalen Streitkräfte, einschließlich des Grenzschutzes und der Gendarmerie, in durch den Friedensvertrag bestimmten Größen zu unterhalten. Der Umfang der Land-, Luft- und Marinestreitkräfte ebenso wie die Ausrüstung Deutschlands werden begrenzt und werden ausschließlich Verteidigungszwecken dienen.

2. Deutschland wird die Produktion militärischer Materialien und Technik gestattet, deren Menge und Typen nicht die Grenzen dessen überschreiten dürfen, was für die Streitkräfte, die für Deutschland durch den Friedensvertrag festgelegt werden, benötigt wird.

3. Deutschen Staatsbürgern darf kein Dienst in fremden Streitkräften und Polizeieinheiten gestattet sein, aber auch in keinerlei anderen ausländischen Kriegsformationen.

4. Deutschland darf Personen, die keine deutschen Staatsbürger sind, nicht für deutsche Militäreinheiten oder für die Ausbildung der deutschen Armee in Dienst nehmen.

Deutschland und die Organisation der Vereinten Nationen.

Die Staaten, die den Friedensvertrag mit Deutschland abgeschlossen haben, werden das Ersuchen Deutschlands unterstützen, als Mitglied in die Organisation der Vereinten Nationen aufgenommen zu werden.

Gribanow, Puschkin, Koptelow, [Tscherwow] 4. 01. 52[207]

[207] Handschriftlich auf dem am 4. 1. 1952 gezeichneten Exemplar; der vierte Name ist unsicher. Auf dem am 10. 1. 1952 unterzeichneten Exemplar befinden sich drei Unterschriften: links eine nicht zu entziffernde, in der Mitte *M. Koptelov* und rechts *M. Gribanov*, jeweils mit Datum *10/I.52* von eigener Hand.

Dokument 12[208]

Streng geheim.
Ex. Nr. …

An den Genossen STALIN J. W.

Im September 1951 wurde der Beschluß des ZK der KPdSU(B) angenommen, der die Empfehlungen an die Führung der DDR bezüglich des Appells der Volkskammer an das Bonner Parlament zur Einberufung einer gesamtdeutschen Konferenz zwecks Erörterung der Fragen der Durchführung von Wahlen zur Nationalversammlung mit dem Ziel der Schaffung eines einheitlichen, demokratischen und friedliebenden deutschen Staates und zur Beschleunigung des Abschlusses des Friedensvertrages mit Deutschland bestätigte.

In diesem Beschluß war vorgesehen, daß, wenn das Bonner Parlament den Vorschlag der Volkskammer der DDR zur Einberufung einer gesamtdeutschen Konferenz ablehnt oder wenn die Vertreter Westdeutschlands die Konferenz in ihrer Arbeit behindern, die Regierung der DDR sich mit der Bitte um Beschleunigung des Abschlusses des Friedensvertrages mit Deutschland mit nachfolgendem Abzug der Besatzungstruppen aus Deutschland an die Regierungen der vier Mächte wenden könnte.

Als Antwort darauf würde die Sowjetregierung den Vorschlag der Regierung der DDR entsprechend unterstützen und von ihrer Seite den Entwurf der Grundlagen des Friedensvertrages mit Deutschland vorlegen.

Das MID der UdSSR meint, daß es zur Unterstützung der deutschen demokratischen Kräfte bei ihrem Kampf für die Einheit Deutschlands und die Beschleunigung des Abschlusses des Friedensvertrages mit Deutschland jetzt politisch zweckmäßig wäre, der Regierung der DDR zu empfehlen, sich mit der Bitte um Beschleunigung des Abschlusses des Friedensvertrages mit Deutschland an die Regierungen der vier Mächte zu wenden. Gleichzeitig könnte sich die Regierung der DDR auch an die Bonner Regierung mit dem Vorschlag wenden, diesen Appell zu unterstützen.

Als Antwort auf diesen Appell der Regierung der DDR könnte die Sowjetregierung Noten an die Regierungen der USA, Englands und Frankreichs richten, in denen vorgeschlagen wird, innerhalb von drei Monaten den Entwurf des Friedensvertrages mit Deutschland vorzubereiten, und den Entwurf der Grundlagen des Friedensvertrages mit Deutschland beifügen. Ein solcher Vorschlag von uns wird bedeuten, daß wir indirekt die Einberufung des Rates der Außenminister der vier Mächte vorschlagen, aber ohne den formellen Vorschlag dazu zu machen. Wir meinen, daß man sich in der ersten Note darauf beschränken kann, wenn man berücksichtigt, daß der formelle Vorschlag zur Einberufung des Ministerrates auch später, in Abhängigkeit von der Reaktion der drei Westmächte auf unsere Note, gemacht werden kann.

Kopien unserer Noten an die drei Westmächte und der Entwurf der Grundlagen

[208] Gribanov, Puškin, Koptelov, Entwurf „An den Genossen Stalin J. W.“, o.D. *[zwischen 16. und 20. 1. 1951]*, AVPRF, f. 07, op. 25, p. 13, d. 144, ll. 38–40.

des Friedensvertrages müssen an die Regierung der DDR geschickt und auch in der Presse veröffentlicht werden.

Ein solcher Schritt von unserer Seite hätte große politische Bedeutung für die Verstärkung des Kampfes der demokratischen Kreise in Deutschland gegen die Remilitarisierung Westdeutschlands und würde den Anhängern der Einheit Deutschlands und des Friedens bei der Enthüllung von Maßnahmen der drei Westmächte, die unter Nichtbeachtung des Besatzungsstatuts versuchen, das Besatzungsregime in Westdeutschland auf unbestimmte Zeit zu verlängern, sehr helfen.

Der Entwurf des Beschlusses liegt bei.

Ich bitte um Prüfung.

„…“[209] Januar 1952

Nr. …

[209] Tagesdatum offen gelassen.

Dokument 13[210]

Streng geheim

An den Genossen STALIN J. W.

Die Genossen Tschujkow und Semjonow legten im Telegramm Nr. 8/80 einen Maßnahmeplan zum Zweck der Belebung der Kampagne im Kampf für die Vereinigung Deutschlands und für die Beschleunigung des Abschlusses eines Friedensvertrages dar, der folgendermaßen zusammengefaßt werden kann:

1. In Deutschland ist jetzt eine breit angelegte Kampagne gegen den sogenannten „Generalvertrag" zu entfalten, den die Regierungen der USA, Englands und Frankreichs mit der Bonner Regierung Mitte März diesen Jahres anstelle des jetzigen Besatzungsstatuts abzuschließen vorschlagen.

Insbesondere hat die Regierung der DDR die Absicht, in den nächsten Tagen einen Appell des ZK der SED an das deutsche Volk zu veröffentlichen, in dem der Sinn des „Generalvertrages" aufgedeckt wird und die oppositionellen Kreise in Westdeutschland aufgerufen werden, eine Volksbefragung gegen den „Generalvertrag" zu organisieren und eine Konferenz der Arbeiter Westdeutschlands gegen diesen Vertrag durchzuführen.

2. Die Führung der DDR hält es für zweckmäßig, daß die sowjetische Regierung Mitte Februar diese Kampagne unterstützt, indem sie den Regierungen der USA, Englands und Frankreichs eine Note mit der entsprechenden Einschätzung des „Generalvertrages" übergibt.

3. Nach der Veröffentlichung dieser Note der Sowjetregierung ist die Einberufung der Volkskammer vorgesehen, die einen Appell an die Regierungen der vier Mächte mit der Bitte um die Beschleunigung des Abschlusses eines Friedensvertrages mit Deutschland verabschieden und mit den Grundlagen des Friedensvertrages mit Deutschland an die Öffentlichkeit treten wird.

4. Als Antwort auf diesen Appell der Volkskammer wird vorgeschlagen, daß die Sowjetregierung in der ersten Märzhälfte den Entwurf des Gesamttextes des Friedensvertrages mit Deutschland veröffentlicht, in dem insbesondere die Artikel über die Ost- und Westgrenzen Deutschlands, darunter auch die an der Saar, genau und klar formuliert sein werden.

Die Genossen Tschujkow und Semjonow unterstützen den dargelegten Plan.

Nach Meinung des MID der UdSSR darf man sich mit diesem Plan aus folgenden Überlegungen heraus nicht einverstanden erklären.

a/ Die Hauptaufmerksamkeit wird in diesem Plan der Kritik und den Einwänden gegen den „Generalvertrag" gewidmet und nicht dem Kampf für den Friedensvertrag mit Deutschland, was der Bonner Regierung nutzt, die daran interessiert ist, die Frage des Friedensvertrages mit Deutschland durch Propagandalärm um den bevorstehenden Abschluß des „Generalvertrages" zu ersetzen.

[210] Gribanov, Puškin, Koptelov, Entwurf „An den Genossen Stalin J. W.", 21. 1. 1952, AVPRF, f. 07, op. 25, p. 13, d. 144, ll. 26–29.

Man muß auch im Blick haben, daß der Text des „Generalvertrages", den die Führung der DDR durch den Sicherheitsdienst bekommen hat, ernste Zweifel an seiner Echtheit hervorruft. Es ist nicht auszuschließen, daß dieses Dokument extra zum Zweck der Falschinformation verfaßt wurde.

Aus den oben genannten Gründen wäre es zum gegenwärtigen Zeitpunkt nicht zweckmäßig, mit einem Appell aus Anlaß des „Generalvertrages" an das deutsche Volk heranzutreten und den Inhalt dieses Dokumentes zu veröffentlichen. Aus den gleichen Gründen wäre es nicht zweckmäßig, eine Note der sowjetischen Regierung aus Anlaß des „Generalvertrages" an die Regierungen der USA, Englands und Frankreichs zu schicken. Eine solche Maßnahme von unserer Seite würde nur einer Ablenkung der Aufmerksamkeit des deutschen Volkes von den Fragen des Kampfes um die Einheit Deutschlands und für den Friedensvertrag Vorschub leisten.

b/ Man darf auch den Vorschlag nicht als richtig ansehen, daß nicht die Sowjetregierung sondern die Volkskammer der DDR sich mit den Grundlagen des Friedensvertrages an die vier Mächte wenden sollte und daß erst danach, auf der Basis der Vorschläge der Volkskammer, die sowjetische Regierung den Gesamttext des Friedensvertrages vorbereiten und veröffentlichen würde. Solch ein Vorschlag bedeutet, daß der besiegte Staat selbst den Entwurf der Grundlagen des Friedensvertrages für sich erarbeitet. Die Westmächte würden es nicht versäumen, diesen Umstand zu unserem Schaden auszunutzen.

Außerdem würde uns das Auftreten der Sowjetunion mit dem Gesamttext des Friedensvertrages auf der Basis des von der Volkskammer vorgeschlagenen Entwurfs der Grundlagen dieses Vertrages bei möglichen Verhandlungen mit den Westmächten zu einzelnen Artikeln des Friedensvertrages die Hände binden und den Gegnern des Friedensvertrages mit Deutschland Anlaß geben, einige für die Deutschen unvorteilhafte Artikel des Vertrages auszunutzen, um die Bedeutung unseres Eintretens in dieser Frage herunterzuspielen.

c/ Die Durchführung des im Telegramm der Genossen Tschujkow und Semjonow dargelegten Planes, einschließlich der Vorschläge zum Auftreten der DDR mit den Grundlagen des Friedensvertrages und zur Organisation einer Kampagne gegen den „Generalvertrag" würde eine Schmälerung der Rolle der Sowjetunion in solch einer wichtigen Frage, wie sie die Vorbereitung des Friedensvertrages mit Deutschland darstellt, bedeuten.

Das MID der UdSSR meint, daß es nötig ist, von dem mit der DDR-Führung abgestimmten Beschluß des ZK der KPdSU(B) auszugehen, der im September 1951 angenommen wurde und der vorsah, daß die Sowjetregierung mit den Grundlagen des Friedensvertrages auftritt und daß die zentrale Frage, auf die der Kampf der deutschen demokratischen Kräfte gerichtet sein muß, die Frage des Abschlusses des Friedensvertrages mit Deutschland bei Abzug aller Besatzungstruppen und die Frage der gesamtdeutschen Wahlen zum Zweck der Schaffung eines einheitlichen, demokratischen, friedliebenden Deutschlands sein muß.

In Übereinstimmung mit dem genannten Beschluß ist es zweckmäßig, wenn die Regierung der DDR sich in den nächsten Tagen an die vier Mächte mit der Bitte um Beschleunigung des Abschlusses des Friedensvertrages wenden würde. Gleichzeitig könnte sie sich auch an die Bonner Regierung mit dem Vorschlag wenden, diesen Appell zu unterstützen.

Als Antwort auf diesen Appell könnte die Sowjetregierung den Regierungen der USA, Englands und Frankreichs Noten schicken mit dem beigefügten Entwurf der Grundlagen des Friedensvertrages mit Deutschland und vorschlagen, im Zeitraum von drei Monaten den Entwurf des Friedensvertrages mit Deutschland vorzubereiten. Ein solches Auftreten unsererseits hätte große politische Bedeutung für die Verstärkung des Kampfes der demokratischen Kreise Deutschlands gegen die Remilitarisierung Westdeutschlands und könnte den Anhängern der Einheit Deutschlands und des Friedens bei der Aufdeckung der aggressiven Pläne der drei Westmächte, die mit dem „Generalvertrag“ verbunden sind, helfen.

Die genannten Noten der Sowjetregierung würden bedeuten, daß wir indirekt vorschlagen, den Rat der Außenminister der vier Mächte einzuberufen, aber ohne den formellen Vorschlag dazu zu machen. Damit kann man sich nach Meinung des MID der UdSSR in der Note begnügen, wenn man berücksichtigt, daß die Frage der Formulierung des Vorschlags hinsichtlich der Einberufung des Ministerrates später, in Abhängigkeit von der Reaktion der drei Mächte auf unsere Note, gelöst werden kann.

Es ist nötig, Kopien unserer Noten an die drei Mächte und den Entwurf der Grundlagen des Friedensvertrages an die Regierung der DDR zu schicken. Das MID hält es auch für zweckmäßig, vor der Übermittlung des Entwurfs der Grundlagen des Friedensvertrages an die drei Mächte die Regierungen Polens und der Tschechoslowakei mit ihm vertraut zu machen.

Der Entwurf des Beschlusses liegt bei.

Ich bitte um Prüfung.

„...“[211] Januar 1952. A. Gromyko[212]

Nr. ...

M. Gribanow. 21. 1. *Puschkin* *Koptelow.*[213]

[211] Datum offen gelassen.

[212] Maschinenschriftlicher Eintrag. Die Unterschrift Gromykos fehlt.

[213] Handschriftliche Vermerke.

Dokument 14[214]

Anlage 2[215]

Die Grundlagen von der Präambel trennen[216]

ÜBER DIE GRUNDLAGEN DES FRIEDENSVERTRAGES MIT DEUTSCHLAND

Seit der Beendigung des Krieges mit Deutschland sind fast sieben Jahre vergangen und Deutschland hat immer noch keinen Friedensvertrag, ist gespalten und bleibt in den Beziehungen zu anderen Staaten in einer Situation der Nichtgleichberechtigung.

Der Abschluß des Friedensvertrages mit Deutschland würde die Wiedervereinigung Deutschlands ermöglichen und den Weg zu seiner Teilnahme an der internationalen Zusammenarbeit mit anderen Staaten auf der Grundlage der Gleichberechtigung eröffnen. Der Friedensvertrag mit Deutschland würde auch die Regelung von Problemen ermöglichen, die infolge des Krieges entstanden und noch ungelöst sind. Damit hätte der Friedensvertrag auch höchste Bedeutung für die Stärkung des Friedens in Europa.

Davon ausgehend haben die Regierungen der Sowjetunion, der Vereinigten Staaten von Amerika, Großbritanniens und Frankreichs beschlossen, die Beendigung des Kriegszustandes bekanntzugeben und mit diesem Ziel den Friedensvertrag mit Deutschland über den Abzug aller bewaffneten Kräfte der Sowjetunion und der Alliierten Mächte in dem durch den Vertrag festgelegten Zeitraum abzuschließen.

Dabei gehen die Regierungen der UdSSR, der USA, Großbritanniens und Frankreichs davon aus, daß der Friedensvertrag mit Deutschland auf den Prinzipien beruhen muß, die in den Beschlüssen der Konferenzen von Jalta und Potsdam enthalten sind und die Entwicklung Deutschlands als einheitlichen, unabhängigen, demokratischen, friedliebenden Staat vorsehen.

Der Friedensvertrag mit Deutschland muß die Unzulässigkeit der Remilitarisierung Deutschlands gewährleisten und die Gefahr der Wiederbelebung des deutschen Militarismus und Nazismus beseitigen.

Die Regierungen der UdSSR, der USA, Großbritanniens und Frankreichs sind der Ansicht, daß der Friedensvertrag zur Herstellung und Pflege gutnachbarlicher, friedlicher Beziehungen zwischen Deutschland und anderen Staaten beitragen und Deutschland die Möglichkeit geben muß, zusammen mit den anderen friedliebenden Staaten den Frieden zu verteidigen.

Die Notwendigkeit eines Abschlusses des Friedensvertrages mit Deutschland als notwendig anerkennend sind die Regierungen der UdSSR, der USA, Großbritanniens und Frankreichs der Ansicht, daß der Friedensvertrag mit Deutschland folgende grundlegende Bestimmungen beinhalten muß:

[214] Gromyko an Stalin, „Entwurf Grundlagen", 25. 2. 1952, AVPRF, f. 07, p. 13, d. 144, ll. 99–102.
[215] Zur Beschlußvorlage „an den Genossen Stalin J. W." vom 25. 2. 1952, ebda. ll. 94f.
[216] Handschriftlicher Bearbeitungsvermerk.

Teilnehmer.

Großbritannien, die Sowjetunion, die USA, Frankreich und alle anderen Staaten, die mit ihren Streitkräften am Krieg gegen Deutschland teilgenommen haben.

Politische Grundsätze.

1. Deutschland wird wieder ein vereinigter Staat. Damit wird die Spaltung Deutschlands beendet, und das vereinigte Deutschland erhält die Möglichkeit zur Entwicklung als unabhängiger, demokratischer, friedliebender Staat.

2. Alle bewaffneten Streitkräfte der Alliierten müssen aus Deutschland innerhalb eines Jahres ab dem Tag des Inkrafttretens des Friedensvertrages abgezogen werden. Gleichzeitig werden alle ausländischen Militärbasen auf dem Territorium Deutschlands beseitigt.

3. Dem deutschen Volk müssen die demokratischen Rechte gewährleistet werden, damit alle Personen, die der deutschen Gerichtsbarkeit unterstehen, ohne Unterschied der Rasse, des Geschlechts, der Sprache und des Glaubens in den Genuß der Menschenrechte und grundlegenden Freiheiten, einschließlich der Freiheit der Rede, der Presse, des Glaubens, der politischen Überzeugung und Versammlungsfreiheit kommen.

4. In Deutschland muß die freie Tätigkeit der demokratischen Parteien und Organisationen gewährleistet werden, einschließlich der Gewährung des Rechts auf freie Entscheidung ihrer inneren Angelegenheiten, auf die Durchführung von Kongressen und Versammlungen und auf die Nutzung der Presse- und Druckfreiheit.

5. Auf dem Territorium Deutschlands darf keine wie auch immer geartete Wiederbelebung von nazistischen und militaristischen Organisationen zugelassen werden, seien es politische, militärische oder paramilitärische Organisationen, deren Ziel die Abschaffung der demokratischen Rechte des Volkes ist.

6. Allen ehemaligen Militärangehörigen der deutschen Armee, einschließlich der Offiziere und Generäle, und allen ehemaligen Nazis, mit Ausnahme derjenigen, die eine vom Gericht verhängte Strafe für von ihnen begangene Verbrechen abbüßen, müssen zur Teilnahme am Aufbau des demokratischen friedliebenden Deutschlands die staatsbürgerlichen und politischen Rechte in gleicher Weise wie allen anderen deutschen Bürgern gewährt werden.

7. Deutschland verpflichtet sich, keinerlei Koalitionen oder Militärbündnissen beizutreten, die gegen eine Macht gerichtet sind, die mit ihren bewaffneten Streitkräften am Krieg gegen Deutschland teilgenommen hat.

Territorium.

Deutschlands Territorium wird in den Grenzen vom 1. Januar 1938 mit Ausnahme der Änderungen, die durch die Beschlüsse der Potsdamer Konferenz vorgesehen wurden, festgelegt. Auf diesem Territorium werden die Alliierten die volle Souveränität des deutschen Volkes anerkennen.

Wirtschaftliche Grundsätze.

1. Deutschland werden keine Einschränkungen in der Entwicklung seiner friedlichen Wirtschaft, die dem Wachstum des Wohlstandes des deutschen Volkes dienen muß, auferlegt.

Deutschland wird auch keinerlei Beschränkungen im Handel mit anderen Ländern, in der Seeschiffahrt, beim Zugang zu den Weltmärkten und zu den Rohstoffquellen haben.

2. Die deutschen großkapitalistischen Vereinigungen, die als Stütze des Hitlerregimes dienten, müssen beseitigt werden – Kartelle, Trusts, Syndikate und andere Monopole auf dem Gebiet der Produktion, des Handels, der Bankgeschäfte und anderer Wirtschaftszweige Deutschlands.

In Deutschland wird die freie Entwicklung der Privatinitiative und des Unternehmertums garantiert.

3. Das Ruhrgebiet ist in politischer, administrativer und wirtschaftlicher Hinsicht ein integrierter Teil Deutschlands und darf sich nicht irgendwelchen internationalen Vereinigungen anschließen. Alle die Ruhr betreffenden Abkommen, die von deutschen Behörden vor der Wiederherstellung der Einheit Deutschlands geschlossen oder ihnen vorgeschrieben worden waren, verlieren ihre Kraft.

4. Deutschland erkennt die Verpflichtung an, auf gerechter Grundlage Ersatz für Schäden zu leisten, die den Alliierten durch Kriegshandlungen und auch durch die Besetzung ihrer Gebiete zugefügt wurden.

Militärische Grundsätze.

1. Deutschland wird erlaubt sein, eine nationale Armee, einschließlich des Grenzschutzes, sowie auch eine Polizei zu haben. Der Umfang der Land-, Luft- und Seestreitkräfte Deutschlands wird begrenzt, so daß er nur den inneren Aufgaben, dem lokalen Schutz der deutschen Grenzen und der Luftverteidigung entspricht.

2. Deutschland wird die Produktion militärischer Materialien und Technik gestattet, deren Menge und Typen nicht die Grenzen dessen überschreiten dürfen, was für die Streitkräfte, die für Deutschland durch den Friedensvertrag festgelegt werden, benötigt wird.

3. Deutschen Staatsbürgern darf nicht erlaubt werden, in fremden Streitkräften und Polizeieinheiten oder in wie auch immer gearteten ausländischen Militärformationen zu dienen.

Deutschland und die Organisation der Vereinten Nationen.

Die Staaten, die den Friedensvertrag mit Deutschland abgeschlossen haben, werden das Ersuchen Deutschlands unterstützen, als Mitglied in die Organisation der Vereinten Nationen aufgenommen zu werden.

Dokument 15[217]

Streng geheim
Ex. Nr. 2

Gen. Molotow W. M.

Ich lege Ihnen den berichtigten Entwurf des Beschlusses des ZK der KPdSU(B) und den Entwurf der Instruktionen für Tschujkow und Semjonow vor.

Außer den Änderungen im Entwurf der Instruktionen, die Ihnen vorgelegt wurden, haben wir auch im Punkt 3 die Hinweise auf die Dokumente entfernt, über die die Regierung der DDR noch nicht informiert wird, und diesen Punkt entsprechend umformuliert.

Ich bitte um Ihr Einverständnis.

6. Februar 1952

43-WK[218]

Streng geheim
Entwurf

BESCHLUSS DES ZK DER KPDSU(B)

Über Maßnahmen zur Beschleunigung des Abschlusses des Friedensvertrages und zur Schaffung eines einigen, demokratischen, friedliebenden deutschen Staates.

Zwecks Beschleunigung des Abschlusses des Friedensvertrages mit Deutschland und Schaffung eines vereinigten, demokratischen, friedliebenden deutschen Staates und Verstärkung des Widerstandes des deutschen Volkes gegen die Pläne zur Remilitarisierung Westdeutschlands ist der beiliegende Entwurf der Anweisungen an die Genossen Tschujkow und Semjonow zu bestätigen, die die Empfehlung an die Führung der DDR enthalten, daß die Regierung der DDR in den nächsten Tagen einen Appell zur Beschleunigung des Abschlusses des Friedensvertrages mit Deutschland an die Regierungen der UdSSR, der USA, Großbritanniens und Frankreichs richten soll.

Anlage 1
Außer der Reihe

AN TSCHUJKOW, SEMJONOW

Besuchen Sie Pieck, Grotewohl und Ulbricht und teilen Sie ihnen folgendes mit:

1. Die Maßnahmen, die im Verlauf des letzten halben Jahres im Zusammenhang mit dem Appell der Regierung der DDR an die Bonner Regierung zur Beschleunigung des Abschlusses des Friedensvertrages mit Deutschland und zur Schaffung eines vereinigten, friedliebenden, demokratischen deutschen Staates und auch zur Durchführung gesamtdeutscher Wahlen zu diesem Zweck in Deutschland ergriffen

[217] Vyšinskij an Molotov 6. 2. 1952, AVPRF, f. 07, op. 25, p. 13, d. 144, ll. 124–128.
[218] Kürzel für „Vyšinskij". Das „Exemplar Nr. 1" auf Blatt 129 trägt Vyšinskijs Unterschrift.

wurden, hatten zweifellos positive Ergebnisse. Sie halfen, die auf die Remilitarisierung Westdeutschlands, die Vertiefung der Spaltung Deutschlands und seine Einbeziehung in die Kriegspläne des Atlantischen Blocks zur beschleunigten Vorbereitung eines neuen Krieges gerichtete Politik der USA, Großbritanniens und Frankreichs in den Augen breiter Schichten des deutschen Volkes zu entlarven. Dennoch reichen die Maßnahmen, die in der Deutschen Demokratischen Republik durchgeführt wurden, gegenwärtig schon nicht mehr aus, besonders angesichts der Tatsache, daß die Regierungen der USA, Englands und Frankreichs Maßnahmen ergreifen, um Westdeutschland den sogenannten „Generalvertrag" aufzuzwingen, mit dem sie den Friedensvertrag ersetzen wollen.

Ausgehend von dem Plan, der die Beschleunigung des Abschlusses des Friedensvertrages mit Deutschland und die Vereinigung Deutschlands vorsieht und mit der Führung der DDR im September 1951 abgestimmt wurde, und in Verbindung mit der Ablehnung der Vorschläge der Volkskammer der DDR zur Einberufung einer gesamtdeutschen Konferenz durch die Bonner Regierung, hält es die Sowjetregierung für zweckmäßig, daß die Regierung der DDR an die vier Mächte – UdSSR, USA, Großbritannien und Frankreich – einen Appell zur Beschleunigung des Abschlusses des Friedensvertrages mit Deutschland richtet. Eine Kopie dieses Appells sollte nach Meinung der Sowjetregierung an die Bonner Regierung mit der Bitte geschickt werden, die im Appell enthaltenen Vorschläge zu unterstützen.

Sagen Sie auch, daß es nach Meinung der Sowjetregierung notwendig ist, im Appell der Regierung der DDR auf solche wichtigen Aufgaben des Friedensvertrages mit Deutschland hinzuweisen wie die Schaffung eines vereinigten, demokratischen, friedliebenden deutschen Staates, die Beseitigung der Gefahr der Wiederbelebung des deutschen Militarismus und neuer Aggressionsversuche von seiner Seite und die Sicherung der friedlichen Entwicklung des deutschen Staates in Übereinstimmung mit dem Interesse an der Aufrechterhaltung des Friedens in Europa und mit den nationalen Interessen des deutschen Volkes. Der Abschluß des Friedensvertrages würde auch die schnellstmögliche Herstellung normaler Beziehungen zwischen Deutschland und den anderen Staaten gewährleisten. Im Appell sollte auch darauf hingewiesen werden, daß die DDR entschieden für die Verwirklichung der oben genannten Prinzipien und gegen den Versuch, den deutschen Militarismus zur beschleunigten Vorbereitung eines neuen Weltkrieges wiederzubeleben, kämpfen wird.

Sagen Sie auch, daß die sowjetische Kontrollkommission selbstverständlich hofft, von der Regierung der DDR den Entwurf dieses Appells an die Regierungen der UdSSR, der USA, Großbritanniens und Frankreichs zu erhalten, um sich vorbereitend damit vertraut zu machen.

2. Nach Erhalt des genannten Appells der Regierung der DDR hat die Sowjetregierung die Absicht, diesen Appell zu unterstützen.

3. Die Sowjetregierung faßt ins Auge, daß die oben genannten wie auch die möglichen zukünftigen Maßnahmen zur Beschleunigung des Abschlusses des Friedensvertrages mit Deutschland, zur Beseitigung der Spaltung Deutschlands und zur Schaffung eines vereinigten deutschen Staates beitragen werden. Diese Maßnahmen werden nach Meinung der Sowjetregierung auch zur Mobilisierung der demokratischen Kreise Deutschlands, darunter auch der in Westdeutschland, zum Kampf für

den Abschluß des Friedensvertrages und die Wiederherstellung der Einheit und Unabhängigkeit Deutschlands beitragen, indem dieses positive Programm den aggressiven Plänen der USA, Englands, Frankreichs und der Bonner Regierung, die den Abschluß des Friedensvertrages mit Deutschland durch den sogenannten „Generalvertrag“ ersetzen wollen, entgegengesetzt wird.

Mit der Durchführung dieser Maßnahmen muß gezeigt werden, was das Aufzwingen des „Generalvertrages“ bedeutet:

a/ den faktischen Erhalt des Besatzungsregimes und demzufolge den Erhalt der Abhängigkeitssituation Westdeutschlands auf unbestimmte Zeit.

b/ die Verfestigung der Spaltung Deutschlands und den Verlust der Möglichkeit der Wiedererrichtung eines einheitlichen deutschen Staates für das deutsche Volk.

c/ die Ausnutzung Westdeutschlands für die aggressiven Ziele des angloamerikanischen Blocks, was nichts anderes darstellt als die Einbeziehung Westdeutschlands in die Vorbereitung eines neuen Weltkrieges, der für das deutsche Volk einen Bruderkrieg zwischen den Deutschen selbst bedeutet.

Bestätigen Sie den Empfang.

Telegrafieren Sie die Durchführung.

Hermann Graml

Eine wichtige Quelle – aber mißverstanden

Anmerkungen zu Wilfried Loth: „Die Entstehung der ‚Stalin-Note'. Dokumente aus Moskauer Archiven"

Den „quälenden Schatten der Erinnerungen an die Jahre 1952 und 1954", wie sie Paul Sethe am 6. Juni 1956 in der „Welt" beschworen hat, ist nicht zu entrinnen. Noch immer ist umstritten, wie Stalin die Note zum Deutschlandproblem, die er am 10. März 1952 an die Regierungen der drei anderen Besatzungsmächte, USA, Großbritannien und Frankreich, richtete, nun eigentlich gemeint hat: Als ernsthaften Versuch, die Integration der Bundesrepublik Deutschland in die wirtschaftlichen, politischen und militärischen Allianzen des Westens zu verhindern, mithin als seriöses Angebot an die Westmächte und an die Deutschen, die DDR unter Opferung der SED-Herrschaft aus dem Ostblock zu entlassen und ihrer Vereinigung mit der Bundesrepublik zuzustimmen, sofern nur das wiedervereinigte Deutschland zwischen den östlichen und westlichen Bündnissystemen neutralisiert werde? Oder lediglich als ein Manöver, das die westliche Integrationspolitik stören sollte? Oder gar als bloß propagandistische Aktion, dazu bestimmt, die Schuld an Fortdauer und Verfestigung der deutschen Teilung den Westmächten und der Regierung Adenauer – mit ihren kapitalistischen und faschistischen Hintermännern – zuzuschieben, um damit die Integration der Ostdeutschen in das sowjetische Imperium zu erleichtern? Diese Fragen haben sich, wie Hans-Peter Schwarz gesagt hat, tief in das „kollektive Unterbewußtsein einer ganzen Generation" eingegraben[1]. Um so wichtiger ist es, Klarheit zu schaffen, wann immer und soweit die Möglichkeit dazu besteht. Seit im letzten Jahrzehnt sowjetische Archive zeitweilig und partiell zugänglich geworden sind, darf sogar von einer Pflicht der deutschen Zeitgeschichtsforschung gesprochen werden, mit Hilfe Moskauer Primärquellen Sicherheit oder doch annähernde Sicherheit über die Absichten des Kreml zu gewinnen, litt die wissenschaftliche Diskussion bis zu den neunziger Jahren des vergangenen Jahrhunderts doch allzusehr darunter, daß sämtliche

[1] Hans-Peter Schwarz (Hrsg.), Die Legende von der verpaßten Gelegenheit. Die Stalin-Note vom 10. März 1952, Stuttgart 1982, S. 13.

Teilnehmer, zu welcher Interpretation der „Stalin-Note" sie auch gelangten, auf westliches Material und auf die Beobachtung des sowjetischen Verhaltens angewiesen, folglich zu letzten Endes unbefriedigender spekulativer Arbeit verurteilt waren – vergleichbar den Deutungsbemühungen der damaligen westlichen Politiker und Diplomaten. So ist es wahrlich zu begrüßen, daß Wilfried Loth in dem hier vorgelegten Band eine Reihe von Dokumenten aus dem ehemaligen sowjetischen Außenministerium ediert, die in der Tat Licht auf die Vorgeschichte der Note vom 10. März 1952 werfen.

Allerdings muß sich jeder Forscher bewußt sein, daß er, wenn er sich heutzutage den politischen Realitäten im Europa der Jahre 1951 bis 1954 zu nähern sucht, einer spezifischen neuen Gefährdung ausgesetzt ist. Bislang gab es für deutsche Historiker, die sich mit Entstehung und Entwicklung der Teilung Deutschlands beschäftigten, vor allem die Versuchung, sich von der vom Nationalgefühl inspirierten Sehnsucht nach der Einheit zur Entdeckung vertaner Vereinigungschancen verführen zu lassen, auch wenn solche Chancen bei nüchterner Betrachtung nicht bestanden. Es ist bezeichnend, daß die Stalin-Note, die in Deutschland seit den fünfziger Jahren so lebhaft und so kontrovers diskutiert wird, sowohl in den Memoiren damaliger britischer und amerikanischer Akteure, etwa Anthony Edens und Dean Achesons, wie auch in der nichtdeutschen wissenschaftlichen Literatur allenfalls eine beiläufige Behandlung erfahren hat. In unseren Tagen wirkt noch ein anderer und weit gefährlicherer Einfluß. Wir haben eine Umwälzung größter Dimension erlebt, die Europa den Zusammenbruch der kommunistischen Regimes in der Sowjetunion und in den von Moskau abhängigen Satellitenstaaten, von der Ostsee bis zum Schwarzen Meer, den dabei unvermeidlichen Verzicht des Kreml auf die Herrschaft über jenes Glacis aus Satellitenstaaten und schließlich die Auflösung der UdSSR selbst gebracht hat; im Ablauf und als Folge dieses Prozesses ist auch das SED-Regime gestürzt, ist die Vereinigung von Bundesrepublik und DDR möglich geworden. Eine derartige Erfahrung verändert Gegenwartsbild und Zukunftserwartung der Zeitgenossen, sie kann aber auch nur allzu leicht die Wahrnehmung der Vergangenheit verändern, und zwar so, daß sich die Wahrnehmung von der gewesenen Realität weiter und weiter entfernt, daß ahistorische Urteile gedeihen.

In unserem Zusammenhang heißt das: Bei der Edierung und Kommentierung sowjetischer Dokumente, die in den Jahren 1951 und 1952 entstanden sind, ist der Historiker gehalten, sich selbst und seinen Lesern so klar wie nur irgend möglich zu machen, daß damals eine gänzlich andere Situation gegeben war. Statt ideologischer Zweifel herrschte im Moskau der späten vierziger und der fünfziger Jahre ideologisch-politische Selbstgewißheit; statt Funktionäre, die der imperialen Machtausübung müde geworden waren, regierten im Kreml seinerzeit harte Bolschewiki, die nach dem Triumph über das Dritte Reich vor politischem und militärischem Selbstbewußtsein strotzten und ohne die geringsten Skrupel von dem Willen geleitet wurden und mit der Aufgabe beschäftigt waren, ein sowjetisches Imperium zu schaffen und zu behaupten. Es gibt gute Gründe für die Annahme, daß sich die damaligen sowjetischen Führer nicht mit der Unterwerfung des Baltikums, Polens, der Tschechoslowakei, Ungarns, Rumäniens, Bulgariens und eines nicht unbeträchtlichen Teils Deutschlands begnügt, sondern zumindest in Nord- und Mitteleuropa noch weiter gegriffen hätten, wäre da nicht britisch-amerikanische Entschlossenheit gewesen, jedenfalls nicht hinter die am Ende des Zweiten Weltkriegs gezogene Demarkationslinie zwischen Ost und West zurückzuweichen, wäre also nicht alsbald eine NATO genannte Allianz entstanden, in der anglo-amerikanischer und kontinentaleuropäischer Widerstandswille politisch-militärische Gestalt gewann.

Stalin und seine Gehilfen haben den Aufbau und die Existenz dieser Gegenmacht durchaus respektiert. Mit um so größerer Energie trachteten sie danach, jene Territorien in ihr Imperium zu integrieren und dort festzuhalten, deren Besitz ihnen von den Westmächten nicht mit militärischen Mitteln streitig gemacht wurde. Stalin hat den der Neigung zu Eigenständigkeit verdächtigen Chef der tschechoslowakischen KP, Rudolf Slansky, im November 1951 verhaften und nach einem Schauprozeß am 3. Dezember 1952 hinrichten lassen. Das war ein Vorgang, der für die imperiale sowjetische Politik jener Jahre charakteristisch ist. Sowjetische Panzer sind damals an irgendwelchen blockinternen Grenzen, hinter denen unterworfene Nationen ihre Freiheit forderten, nicht, wie später 1990 an den Grenzen zu baltischen Ländern, stehengeblieben, vielmehr haben sie im Juni 1953 einen Aufstand in der DDR niedergewalzt und im Herbst 1956 eine Revolution in Ungarn zusammengeschossen. Was die DDR betrifft, so gibt es Indizien dafür, daß Stalin zeitweilig zu kleineren Grenzkorrekturen bereit gewesen wäre, aber nur im Rahmen eines Tauschgeschäfts, nämlich gegen die Preisgabe Westberlins durch die Westmächte; das war Sinn und Zweck der im Juni 1948 inszenierten Blockade Berlins[2].

Gerade wer bei der Interpretation einer Aktion des Kreml zu dem Schluß kommt, sie falle aus dem Rahmen heraus, den jener brutale Herrschaftswille für die sowjetische Politik abgesteckt hatte, muß erst die Grundlinien Stalinscher Operationen zeigen und dann sehr genau erklären, aus welchem Grunde, in welcher Form und bis zu welchem Grade besagte Aktion als Abweichung zu sehen ist. Aber auch wer das sowjetische System und die sowjetische Politik milder beurteilt, als eben geschehen, sollte zunächst sein Bild von Stalinscher Block- und Außenpolitik präsentieren, damit seine Interpretation einer bestimmten einzelnen Handlung der sowjetischen Füh-

2 Dazu Hermann Graml, Die Alliierten und die Teilung Deutschlands. Konflikte und Entscheidungen 1941–1948, Frankfurt a.M. 1985, S. 195ff.

rung den rechten Zusammenhang erhält, gestützt wird und Plausibilität gewinnt. Wilfried Loth, der seit langem darauf besteht, Stalin müsse als eine Art Gorbatschow in rauherer Schale gesehen werden[3], hat darauf verzichtet, den Kommentar zu seiner Edition mit einer Skizze der politischen Gesamtlage der Jahre 1951 und 1952 zu beginnen, nicht einmal die für die Reaktion der Westmächte auf sowjetische Initiativen in der Deutschlandfrage so wichtigen west-östlichen Verhandlungen, die damals über das politische Geschick Österreichs und Koreas stattfanden, werden in den Blick genommen. So wird er denn auch prompt zum Opfer jener zweiten Gefährdung, die dem Historiker droht, der sich heute mit den Ereignissen von 1951/52 auseinandersetzt. Zunächst fällt auf, daß es ihm sein Versäumnis erlaubt, die von ihm edierten Dokumente schon im Detail zu sehr im Sinne seines mitgebrachten Urteils zu strapazieren, zu „pressen“, wie früher Diplomatiehistoriker zu sagen pflegten. Er nimmt fortwährend wahr, was wahrzunehmen ihm seine Quelle keineswegs gestattet. Das ließe sich mit zahlreichen Beispielen belegen, soll hier aber nur mit zweien dargetan werden.

Die Dokumente zeigen, wie viertrangige Funktionäre – Abteilungsleiter im sowjetischen Außenministerium, dazu etliche Professoren als Experten – an Texten arbeiten, die dann der sowjetischen Regierung zur öffentlichen oder diplomatischen Verwendung dienen sollen, in unserem Falle an Entwürfen für Grundsätze oder Grundlagen eines von Moskau den Westmächten vorzuschlagenden Friedensvertrags mit Deutschland; Michail G. Gribanow, Leiter der Dritten Europäischen Abteilung im Moskauer Außenministerium, zuständig für die deutschsprachigen Länder, hatte die Federführung in dieser „Formulierungskommission“, wie sie Gerhard Wettig mit Recht genannt hat, wofür ihn Wilfried Loth rügt, der die Beteiligten als „hochrangig“ oder gar „denkbar prominent“ einstufen zu dürfen glaubt[4]. Die Bemühungen des in wechselnder Besetzung tätigen Gribanow-Kreises sind gut zu erkennen. Wenn jedoch höhergestellte Funktionäre – Stellvertreter des Außenministers, Außenminister Andrej J. Wyschinskij selbst oder der im Politbüro für außenpolitische Dinge zuständige Wjatscheslaw M. Molotow – anweisend und redigierend eingreifen, ist schwer auszumachen, wer genau in welchem Sinne interveniert hat. Auf einem von Gribanow verfaßten Schriftstück findet sich ein Vermerk Wyschinskijs für Gribanow: „Ziehen Sie *[offenbar bei der weiteren Bearbeitung seines Entwurfs]* in Betracht die Besprechung mit den Stellvertretenden am 16.08.“ Aus den Dokumenten geht nicht hervor, was auf dieser Besprechung im August erörtert und welches Ergebnis erzielt worden war. Gleichwohl konstatiert Wilfried

[3] Wilfried Loth, Stalins ungeliebtes Kind. Warum Moskau die DDR nicht wollte, Berlin 1994.

[4] Gerhard Wettig, Die Deutschland-Note vom 10. März 1952 auf der Basis diplomatischer Akten des russischen Außenministeriums. Die Hypothese des Wiedervereinigungsangebots, in: Deutschland-Archiv 26 (1993), S. 786–805, hier: S. 797; bei Loth, Die Entstehung der ‚Stalin-Note‘, in diesem Band, S. 21, 33.

Loth, Gribanow habe den „Stellvertretenden“ einen Entwurf vorgelegt, sei aber mit seinem Entwurf nicht durchgedrungen und habe dann erst bei Molotow „Gehör“ gefunden, bei einem Molotow übrigens, dessen Billigung einer deutschlandpolitischen Aktion – zunächst der Volkskammer der DDR – bereits seit dem 24. Februar 1951 feststand (Dokument 2). Gribanow erscheint bei Wilfried Loth überhaupt als „die eigentlich treibende Kraft [...] hinter der Friedensvertrags-Initiative“, obwohl nicht in einem einzigen der Schriftstücke, die den Weg zur Stalin-Note dokumentieren, eine solche Rolle Gribanows sichtbar, hingegen das Drängen anderer Personen und Instanzen deutlich wird und obwohl Gribanow seit dem 27. August 1951 in Vollzug eines Beschlusses des Politbüros am Werke war[5]. Dokument 1, das allein eine eigenständige Aktion Gribanows belegt, steht mit der Entwicklung zur Stalin-Note nur in einem bestenfalls mittelbaren Zusammenhang.

Noch erheblich größer ist aber die Distanz zwischen Kommentar und Quelle, wenn sich Wilfried Loth zur Rolle Stalins in der Vorgeschichte der März-Note äußert. Die vorgelegten Dokumente sagen über Handlungen Stalins, etwa über Eingriffe in die Redaktionsarbeit in Gestalt von Weisungen an Molotow, Wyschinskij oder gar Gribanow, nichts aus, erst recht nichts über Absichten und Motive des sowjetischen Diktators. Stalin tritt in den Dokumenten des Moskauer Außenministeriums nicht einmal schemenhaft in Erscheinung. Wilfried Loth sieht dennoch einen Stalin, der vor irgend etwas „zurückschreckt“[6], der nach irgend etwas „hartnäckig Ausschau hält“[7], der von „Prestigedenken“ geleitet ist[8]. Vor allem sieht Wilfried Loth einen Stalin, der, in Prestigedenken gefangen, „zögert“, sich auf eine deutschlandpolitische Aktion einzulassen[9]. Nun ist Stalin gerade laut Wilfried Loth mit dem Notenprojekt erstmals am 27. August 1951 – auf einer Sitzung des Politbüros – befaßt gewesen. Zwar kennen wir keine Einzelheiten dieser Politbüro-Sitzung, wir wissen nicht, wer in der Debatte – wenn es denn eine gab – welchen Standpunkt vertreten hat. Jedoch steht fest, daß das Politbüro noch an jenem 27. August den Beschluß faßte, daß die Arbeiten des Außenministeriums beschleunigt fortzusetzen seien. Ein zögernder Stalin ist hier nicht zu erkennen. Gleichwohl spinnt Wilfried Loth den Faden noch weiter und sieht sogar eine „Auseinandersetzung“ zwischen dem – durch nichts bewiesenen – Zögern des aufs Prestige bedachten Stalin und dem Drängen des – so keineswegs aufgetretenen – Gribanow, eine Auseinandersetzung, die damit geendet habe, „daß in der ansonsten sehr differen-

[5] Ebenda, S. 27, 29.
[6] Ebenda, S. 30.
[7] Ebenda, S. 53.
[8] Ebenda, S. 32.
[9] Ebenda, S. 30.

ziert ausgearbeiteten Strategie eine Lücke entstand"[10]. Da die „Auseinandersetzung" eine Fiktion ist, ist naturgemäß auch die „Lücke" fiktiv, von der überdies unklar bleibt, was damit eigentlich gemeint sein könnte; noch weniger klar ist, worin wohl die ansonsten, also vor der behaupteten Auseinandersetzung diagnostizierte Differenziertheit der sowjetischen Strategie bestanden hat.

Wilfried Loth ist offenbar nicht frei von dem Gefühl, daß die von ihm präsentierte Quelle einen Stalin, wie er ihn agieren läßt, doch nicht so recht zeigt. So bemüht er den damals noch jungen sowjetischen Diplomaten Julij Kwizinskij, der in einem Nachwort zu Erinnerungen von Wladimir S. Semjonow, damals politischer Berater des sowjetischen Kontrollkommissars in der DDR, General Wassilij I. Tschujkow, mitteilt, Semjonow habe ihm einmal erzählt, er sei es gewesen, der Stalin eine deutschlandpolitische Aktion als „klugen politischen Schachzug" empfohlen habe[11]. Abgesehen davon, daß wir es hier mit einem Zeugnis aus zweiter Hand zu tun haben, auch abgesehen davon, daß sowohl Semjonow wie Kwizinskij nach 1990 ihren Anteil an der sowjetischen Deutschlandpolitik in apologetischer Absicht schildern, ist zu sagen, daß es in den Dokumenten nicht den kleinsten Hinweis gibt, daß damals überhaupt ein Gespräch zwischen Stalin und Semjonow stattgefunden hat. Jedoch geht Wilfried Loth noch einen Schritt weiter und beruft sich, was Stalins Absichten und Verhalten angeht, auch auf einen gewissen Daniil E. Melnikow, der Ende 1990 berichtet hatte, daß sein Entwurf für die Note vom März 1952 dem Denken Stalins am nächsten gekommen sei, dem Denken eines Stalin, dem in jenen Jahren „ein Weimarer Deutschland" vorgeschwebt habe[12]. Melnikow war zuvor Mitarbeiter des Sowjetischen Nachrichtenbüros in Berlin gewesen und wirkte 1951/52 als Professor an der Moskauer Universität. Wilfried Loth läßt unerklärt, wieso ein solcher Niemand in der sowjetischen Hierarchie ein Kenner von Stalins Innerstem gewesen sein soll. Zu den Arbeiten an den Noten-Entwürfen hätte er gewiß zugezogen sein können. In den Dokumenten aber, die Wilfried Loth ediert und in denen der Kreis der auf unterer Ebene Beteiligten genau vermerkt ist, kommt ein Daniil E. Melnikow nicht vor.

Nun doch noch einige weitere Beispiele. Den Dokumenten ist zu entnehmen, daß sich Semjonow und Georgij M. Puschkin, Leiter der diplomatischen Mission Moskaus bei der DDR-Regierung, zeitweilig in Moskau aufhielten, um Gribanow bei seiner Arbeit zu unterstützen. Genau das besagen die Dokumente, nicht weniger, aber auch nicht um ein Jota mehr. Bei Wilfried Loth wird daraus: „Beide sollten offensichtlich dafür sorgen, daß die Friedensvertrags-Initiative nicht nur der Situation in Deutschland Rech-

[10] Ebenda, S. 32.
[11] Ebenda, S. 29f.
[12] Daniil E. Melnikow, Illusionen oder eine verpaßte Chance? Zur sowjetischen Deutschlandpolitik 1945–1952, in: Osteuropa 40 (1991), S. 593–601, hier: S. 599–601.

nung trug, sondern auch, was die Bestimmungen des Vertrags betraf, zu inhaltlich vertretbaren Ergebnissen führte."[13] Ferner: Es versteht sich, daß der Gribanow-Kreis in die ausgearbeiteten Entwürfe für die „Grundlagen eines Friedensvertrags mit Deutschland" oder für den Vertrag selbst stets eine Reihe von Einzelheiten aufgenommen hat. Darin bestand ja, völlig unabhängig von der Zweckbestimmung der ganzen Aktion, seine Aufgabe; schließlich konnte man sich nicht darauf beschränken, den Westmächten – oder wem auch immer – einfach zu sagen: Wir schlagen einen Friedensvertrag vor, Amen. Wilfried Loth jedoch genügt schon dieser „Detailreichtum" zu der Feststellung, aus ihm gehe hervor, daß die Autoren der diversen Entwürfe kein Propagandamanöver beabsichtigten, sondern tatsächlich Verhandlungen wollten; daß die Autoren so oft vom Kampf gegen ein Wiederaufleben des Faschismus reden, sich also an die wohl gängigste Sprachregelung sowjetischer Deutschland-Propaganda halten, führt ihn zu der gleichen Folgerung[14].

Stalin selber war freilich über derlei antifaschistische Tiraden erhaben, wenn er andere Töne für richtig hielt. Wilfried Loth indes schreibt dem sowjetischen Diktator, der, wie gesagt, in den Dokumenten überhaupt nicht persönlich zu Wort kommt, eine Intervention in die Redaktionsarbeit des Außenministeriums zu, die von der Absicht bestimmt gewesen sei, zwar den Deutschen – gerade auch denen in der Bundesrepublik – „in erheblichem Umfang" entgegenzukommen, jedoch wenigstens an der „Verwirklichung des antifaschistischen Kerns der Potsdamer Beschlüsse" festzuhalten[15]. Was Stalin vom antifaschistischen Kern der Potsdamer Beschlüsse hielt, zeigte er schon am 31. Januar 1947, als er den Führern der SED vorschlug, den „ehemaligen Faschisten" in der SBZ die Gründung einer eigenen Partei zu erlauben[16]. Wer solch taktische Manöver für zulässig und für vereinbar mit der Treue zu etwas anders gearteten Grundsätzen hält, sollte sich aber doch daran erinnern, daß gerade die Note vom 10. März 1952 alle ehemaligen Offiziere der deutschen Wehrmacht und alle ehemaligen Nationalsozialisten zur Teilnahme am politischen Leben und zur Mitarbeit am Aufbau einer „demokratischen" Gesellschaft einlud. Paßten andere Elemente der Stalin-Note durchaus zum Geist und zum Buchstaben des Potsdamer Protokolls vom Sommer 1945, so sicherlich nicht diese Einladung an „Faschisten" und „Militaristen".

All das sind nur Kleinigkeiten, wenn sie auch angesichts ihrer Häufung erheblich dazu beitragen, den Lesern ein Bild der Vorgänge in den Jahren 1951 und 1952 zu vermitteln, das den damaligen Realitäten nicht entspricht.

13 Loth, Entstehung, S. 29.
14 Ebenda, S. 36.
15 Ebenda, S. 55.
16 Wladimir K. Wolkow, Die deutsche Frage aus Stalins Sicht (1947–1952), in: Zeitschrift für Geschichtswissenschaft 48 (2000), Heft 1, S. 20–49, hier: S. 28f.

Jedoch muß darüber hinaus gesagt werden, daß Wilfried Loth die Aussagen der Dokumente in toto falsch deutet. Er ist der Ansicht, die von ihm edierte Quelle beweise dreierlei: 1. Ein Beamter im Moskauer Außenministerium namens Gribanow habe in besagtem Ministerium die Arbeit an einer deutschlandpolitischen Aktion der sowjetischen Regierung angestoßen, nämlich die Ausarbeitung von Grundsätzen oder Grundlagen eines Friedensvertrags mit Deutschland, die dann in Form einer sowjetischen Note den Regierungen der drei anderen Besatzungsmächte und der westlichen Öffentlichkeit – namentlich in der Bundesrepublik und in Frankreich – präsentiert werden sollten, um diese für eine Deutschland-Konferenz auf der Basis jener Grundsätze zu gewinnen; Gribanow habe sich mit Hilfe Molotows durchgesetzt, und schließlich sei auch Stalin für eine Aktion gewonnen worden, die zur Wiedervereinigung Deutschlands und zum Abschluß eines Friedensvertrags führen sollte, in dem sich das wiedervereinigte Deutschland lediglich zur Neutralität zwischen Ost und West zu verpflichten hätte. 2. Gribanow und seine Mitarbeiter hätten sich mit großem Ernst bemüht, jene „Grundlagen" so zu formulieren, daß sie auf die westlichen Regierungen und auf die westliche Öffentlichkeit so attraktiv wie nur möglich wirkten. Sie hätten nämlich Viermächte-Konferenz, Wiedervereinigung und Friedensvertrag tatsächlich angestrebt. Gewiß hätten sie mit der Möglichkeit gerechnet, daß sich die Regierungen zunächst bockbeinig zeigten. Aber, so schreibt Wilfried Loth: „Politischer Druck in Frankreich wie in der Bundesrepublik, so die offensichtlich dahinter stehende Kalkulation, sollte die westlichen Regierungen zwingen, dem Abschluß eines Friedensvertrags, gegen den sie sich sperrten, doch noch zuzustimmen."[17] 3. Der Gribanow-Kreis habe zuversichtlich angenommen, seine so attraktiv und werbend gehaltenen „Grundlagen" für einen Friedensvertrag müßten vom Westen angenommen werden, entweder von Regierungen, die aus Einsicht handeln, oder von Regierungen, denen Massenbewegungen in Frankreich und in der Bundesrepublik die Annahme aufnötigen würden.

Was besagen jedoch die Dokumente wirklich? Zu Punkt 1 besagen sie etwas anderes und zu den Punkten 2 und 3 das genaue Gegenteil.

Zuerst Punkt 1: Die von Wilfried Loth vorgestellte Quelle beweist zweifelsfrei – und das ist eine in dieser Eindeutigkeit neue und wertvolle Erkenntnis –, daß die Initiative zu einer deutschlandpolitischen Aktion sowohl der politischen Instanzen in der DDR wie der sowjetischen Regierung von der SED-Führung ausging, die dabei die Unterstützung der sowjetischen Vertreter in der DDR fand. Die Initiative der Pieck, Grotewohl und Ulbricht wie auch das zustimmende Votum des Generals Tschuikow und seines politischen Beraters Semjonow hat in Moskau die Zustimmung Molotows erhalten. Dessen positive Reaktion war für die Weiterverfolgung der

[17] Loth, Entstehung, S. 26.

aus Ost-Berlin gekommenen Anregung von ausschlaggebender Bedeutung, nicht die Meinung des Genossen Gribanow, der im Außenministerium einen mittleren Rang innehatte und von dem nicht bekannt ist, daß er eine einflußreiche Stellung in der Führung der KPdSU bekleidet hätte. Für den Versuch, Gribanow eine Rolle zuzuschreiben, die an den Geheimrat v. Holstein im nachbismarckischen Auswärtigen Amt des deutschen Kaiserreichs erinnern könnte, bieten Wilfried Loths Dokumente nicht den geringsten Anhalt, vielmehr belegen sie, wie bereits ein Blick auf Dokument 2 klarmacht, einen anderen Gang der Dinge. Gleichwohl spricht Wilfried Loth davon, das Moskauer Außenministerium habe „unterdessen [...] die Sowjetische Kontrollkommission und die SED-Führung in die Vorbereitung der Friedensvertrags-Initiative eingeschaltet“[18], und an anderer Stelle schreibt er, die „Mobilisierung der SED-Führung erwies sich [...] als ein geschickter Schachzug bei der Durchsetzung der Friedensvertrags-Initiative“[19]; offenbar hatte der Schachzug zur Beruhigung von Stalins Prestigedenken beigetragen, doch ist hier Wilfried Loths Text nicht ganz klar. Man kann aber die Dokumente 1 bis 15 mehrmals lesen und wird immer noch keinen Schachspieler entdecken, der die SED-Führung zu irgendeinem Zug benutzt hätte. Pieck, Grotewohl und Ulbricht hatten sich – gefolgt dann von Tschujkow und Semjonow – aus eigenem Antrieb in Bewegung gesetzt und waren danach naturgemäß an der Verwirklichung ihrer Idee beteiligt.

Nun ist es für die Interpretation des ganzen Vorgangs nicht unwichtig, daß die Initiative aus der DDR kam. Schon allein diese Herkunft deutet darauf hin, daß die vorgeschlagenen deutschlandpolitischen Aktionen der DDR, ob Volkskammer oder Regierung, und die der sowjetischen Führung nicht hohe Politik waren, sondern Propagandazwecken dienen sollten. Hohe Politik zu machen, war weder Piecks noch Semjonows Aufgabe, hingegen standen sie im Propagandakrieg zwischen Ost und West an vorderster Front, weil die Beobachtung und Beeinflussung der Stimmung der DDR-Bevölkerung zu ihren vornehmsten Pflichten zählte. Auch verbietet sich die Annahme, die SED-Führung hätte sich eine Aktion einfallen lassen, die, sollte sie Erfolg haben und die Wiedervereinigung bringen, mit dem politischen Selbstmord der Pieck und Ulbricht enden mußte. Jedoch sind wir auf derart spekulative Schlußfolgerungen nicht angewiesen. Die ostdeutschen Initiatoren und ihre sowjetischen Bärenführer sagen deutlich genug, was sie zu ihrem Appell an Moskau bewog und was sie sich von einer positiven Reaktion des Kreml erhofften; Gribanow und seine Leute haben sich dem sofort angeschlossen, offensichtlich auch Molotow. Worum ging es?

Die SED-Führung durfte ihre Augen nicht davor verschließen, daß die Verhandlungen zwischen den Westmächten und der Bundesregierung über

[18] Ebenda, S. 26f.
[19] Ebenda, S. 31.

den Deutschland-Vertrag tatsächlich zu einer spürbaren Lockerung der Besatzungsherrschaft in Westdeutschland führen mußten (Dokument 3). Das konnte seinen Eindruck auf die Bevölkerung der DDR nicht verfehlen. Daher galt es, dieser Wirkung durch Propaganda zu begegnen. Vielleicht war es sogar geraten, der sowjetischen Besatzungsverwaltung durch eine kleine Reform eine etwas gefälligere Gestalt zu geben. Beruhigend schrieb Gribanow an seinen Vorgesetzten Andrej A. Gromyko (Dokument 3): „Ein solcher Umbau der SKK *[Sowjetische Kontrollkommission]* würde unsere Kontrolle in Deutschland im Grunde nicht mindern." Ferner war da die – dann wahrgemachte – Ankündigung der Westmächte, ihre Regierungen würden den Kriegszustand mit Deutschland ohne weitere Verhandlungen und Konferenzen für beendet erklären. Vor allem aber: „Mit demagogischer und heuchlerischer Zielsetzung könnten die Regierungen der USA, Großbritanniens und Frankreichs auch versuchen, neue heuchlerische Schritte auf dem Gebiet der Wiedervereinigung Deutschlands zu unternehmen; insbesondere könnten sie ihre alten Vorschläge zur Durchführung gesamtdeutscher Wahlen wiederholen." (Dokument 3)

Hier war die Position der Sowjetunion und der SED-Führung in der Tat am schwächsten. Hier namentlich kam es darauf an, „die Initiative in allen entscheidenden Fragen des deutschen Problems [...] in unseren Händen zu behalten" (Dokument 3). In einer somit fraglos höchst unbequem werdenden Lage wurde die Idee geboren, westliche Propaganda mit der Wahlfrage durch östliche Propaganda mit dem Entwurf eines Friedensvertrags zu parieren. Angehörige der amerikanischen Hochkommission in Bonn, Mitglieder der Bundesregierung und Vertreter der sozialdemokratischen Opposition wie Herbert Wehner haben die Situation auf östlicher Seite ganz richtig in diesem Sinne eingeschätzt und daher zwischen Februar und Frühjahr 1952 – zuletzt sozusagen stündlich – eine entsprechende propagandistische Anstrengung von UdSSR und DDR erwartet; ihrem Urteil hat sich später auch der eine oder andere Historiker angeschlossen[20], und es ist vielleicht verzeihlich, daß sie jetzt nicht unglücklich darüber sind, von der Lothschen Dokumentation bestätigt zu werden.

Freilich wäre es durchaus möglich gewesen, daß man die in der DDR entstandene Idee in Moskau von der propagandistischen Zweckbestimmung gelöst hätte, um der Aktion ein erheblich größeres politisches Ziel zu stekken. Das wird jedoch vom Gang der Dinge in Moskau, wie er sich in den von Wilfried Loth edierten Dokumenten spiegelt, eindeutig widerlegt. Damit also zu den Punkten 2 und 3.

Die Behauptung, Gribanow und seine Mitarbeiter hätten sich Mühe gege-

[20] Vgl. etwa Hermann Graml, Die Märznote von 1952. Legende und Wirklichkeit, St. Augustin-Melle 1988, S. 36f.; Hans Buchheim, Deutschlandpolitik 1949–1972. Der politisch-diplomatische Prozeß, Stuttgart 1984.

ben, die „Grundlagen“ für einen Friedensvertrag mit Deutschland so attraktiv zu fassen, daß sie die westlichen Regierungen gewinnen oder doch in Westdeutschland und Frankreich die Massen mobilisieren konnten, trifft nicht zu. Was kehrt in wechselnden Formulierungen immer wieder? Da ist zunächst die Forderung, das wiedervereinigte Deutschland müsse das Wirtschafts- und Gesellschaftssystem der DDR übernehmen. Anders sind Sätze nicht zu verstehen, wie sie zum Beispiel in Dokument 9 zu finden sind: „Die deutsche Regierung verpflichtet sich, die gemäß des Potsdamer Abkommens durchgeführten demokratischen Umgestaltungen in der Industrie, Landwirtschaft und anderen Wirtschaftszweigen (Übergabe des Eigentums der Kriegs- und Naziverbrecher in die Hände des deutschen Volkes, Bodenreform u.a.) zu festigen und fortzusetzen.“ Mit der nämlichen Beharrlichkeit wurde verlangt, daß das Ruhrgebiet nicht nur aus der Montanunion auszuscheiden habe, sondern überdies unter Viermächte-Kontrolle zu stellen sei. Alle interpretatorischen Mühen Wilfried Loths vermögen nichts daran zu ändern, daß die fromme Formulierung, das Ruhrgebiet müsse wieder in deutsche Hände übergehen, eben jenes Ausscheiden aus westlichen Verbünden meinte. In Dokument 9 heißt es indes klipp und klar: „Die bis zum Abschluß des vorliegenden Vertrages von ausländischen Mächten zur Kontrolle über die Ruhr gebildeten Körperschaften werden aufgelöst.“ Zwar wird dann gesagt, daß „alle Machtbefugnisse auf dem Gebiet der Industrieproduktion und Verteilung [...] an die deutsche Regierung übertragen“ werden sollen, doch setzten Gribanow und seine Kollegen hinzu, die deutsche Regierung habe „die im Ruhrgebiet vorhandenen Betriebe der aufgelösten Kartelle, Konzerne, Syndikate, Trusts und anderen monopolistischen Vereinigungen in Staatseigentum“ zu übernehmen; Rüstungswerke seien zu liquidieren und „die vollständige Umleitung der Ruhrwirtschaft in Friedensbahnen zu verwirklichen“. Die Realisierung dieser Bestimmungen werde von der UdSSR, den USA, Großbritannien und Frankreich zu kontrollieren sein, die dafür „ein Sonderorgan bilden“.

In Dokument 2 wird dem wiedervereinigten Deutschland sogar zugemutet, die gesamte Produktion von „Metallen, chemischen Erzeugnissen, des Maschinenbaus“ auf seinem ganzen Territorium unter alliierte Kontrolle stellen zu lassen, und in Dokument 8 erscheint ein Reparationsanspruch, der dann in Dokument 9 auf nicht weniger als rund 30 Milliarden Mark – damals eine wahrhaft gewaltige Summe – allein für die Sowjetunion und Polen beziffert wird. Im gleichen Dokument brachten seine Autoren die Verpflichtung Gesamtdeutschlands unter, „für diejenigen Deutschen, die auf Grund der Beschlüsse der Berliner *[das heißt Potsdamer]* Konferenz aus anderen Ländern nach Deutschland umgesiedelt wurden, normale Existenzbedingungen zu schaffen und sie ohne jede Diskriminierung als gleichberechtigte Bürger in das politische und ökonomische Leben einzubeziehen sowie jegliche revanchistische Propaganda unter diesen Personen zu untersagen“.

Mit anderen Worten: Deutschland sollte nicht nur die Oder-Neiße-Linie – wie das damals in der Bundesrepublik noch allgemein hieß – als permanente Grenze anerkennen, sondern auch alle Tendenzen der Vertriebenen zur Rückkehr von Staats wegen unterbinden und ihre Integration als einen vom Friedensvertrag diktierten Auftrag akzeptieren. Bei Verstößen seien nicht allein wirtschaftliche, sondern auch politische Sanktionen zu verhängen.

Im Jahre 1951 – wie ursprünglich in Ostberlin und im sowjetischen Außenministerium vorgesehen – hätte also der Entwurf eines Friedensvertrags, der solche Bestimmungen ankündigte, die Regierungen der Westmächte zu Verhandlungen bewegen oder doch die Massen in Westdeutschland gegen die Politik der Westintegration mobilisieren sollen! Das hätten jedenfalls Gribanow und seine Mitarbeiter, wie Wilfried Loth glaubt, gehofft und auch – so wiederum Loths Ansicht, wie sie sich aus seiner Behandlung der diversen Entwürfe ergibt – hoffen dürfen.

Letzteres ist offensichtlich unzutreffend. Es ist eigentlich überflüssig, des langen und breiten auszuführen, daß von den drei westlichen Besatzungsmächten 1951/52 keine einer Neutralisierung Deutschlands – die von den USA 1946 vorgeschlagen und damals von der Sowjetunion rundweg abgelehnt worden war – zugestimmt hätte, erst recht dann nicht, wenn diese „Neutralisierung" mit der Ausweitung des sowjetischen Einflusses bis zum Rhein identisch gewesen wäre; nichts anderes beabsichtigten oder bedeuteten ja die wirtschafts- und gesellschaftspolitischen Bedingungen, die der Gribanow-Kreis nannte, nichts anderes mußte die geforderte Beteiligung Moskaus an der Kontrolle des Ruhrgebiets bringen. Aber auch zur Einwirkung auf die Westdeutschen waren die Produkte des sowjetischen Außenministeriums gänzlich untauglich. Von den westdeutschen Kommunisten und einigen politischen Wirrköpfen abgesehen, hätte die gesamte übrige Bevölkerung schon auf eine schwache Möglichkeit, der Beglückung durch das Wirtschafts- und Gesellschaftssystem der DDR teilhaftig zu werden, mit Entsetzen und schroffer Ablehnung reagiert. Und das – wie es vielleicht einmal zu sagen gestattet ist – mit gutem Grund und mit Recht. Eine Regierung, die einen derartigen Weg eingeschlagen hätte, wäre – auch ohne Intervention der westlichen Besatzungsmächte – nicht weit gekommen. Jedoch ist von rechts bis links, von der Deutschen Partei bis zur SPD, ohnehin keine Partei zu entdecken, die für eine derartige Regierung Minister gestellt hätte. Es ist keine große Vorstellungskraft notwendig, um sich auszumalen, wie erst die Wirkung in der Bundesrepublik ausgefallen wäre, hätte Moskau ganz offiziell und fast ohne rhetorische Verkleidung die Forderung nach dem Anschluß Westdeutschlands an die DDR in den vorgeschlagenen Friedensvertrag aufgenommen sehen wollen.

Die Funktionäre wiederum, die im Moskauer Außenministerium an den Entwürfen für „Grundlagen" eines Friedensvertrags arbeiteten, waren gewiß keine Kenner westlicher Verhältnisse. Wie hätten sie denn das in den dreißiger Jahren, in Kriegs- und Nachkriegszeit werden sollen? Auch wurden sie nicht von Politikern geleitet, die, wie früher Iwan M. Maiskij oder Maxim M. Litwinow, den Westen aus eigener Anschauung und Erfahrung verstanden. Vielmehr existierten sie unter dem Einfluß und der Befehlsgewalt von Vorgesetzten, die, wie Wyschinskij, Molotow und an der Spitze Stalin, selber kein klareres Bild des politischen Klimas und der politischen Kräfte in den USA, in Großbritannien, in Frankreich und in der Bundesrepublik Deutschland besaßen. Aber so eng ihr Horizont auch sein mochte, ihnen die naive Überzeugung zuzuschreiben, sie würden mit den Erzeugnissen ihres Fleißes große Bewegungen im Westen auslösen, ist dennoch nicht angängig. Abermals ist es keineswegs erforderlich, sich auf kompliziertere oder spekulative Interpretationen zu verlassen, es müssen nur die von Wilfried Loth edierten Dokumente gelesen werden.

Wieder und wieder sagen die Verfasser der Grundlagen-Entwürfe, daß die vorgesehenen Schritte der sowjetischen Regierung wie die der Volkskammer und der Regierung Ostdeutschlands bei den Regierungen der Westmächte wie bei Bundestag und Regierung Westdeutschlands auf Ablehnung stoßen werden (etwa Dokumente 3 und 7). Der Gribanow-Kreis war denn auch mitnichten so ehrgeizig, wie Wilfried Loth annimmt. Nicht in einem einzigen Dokument, in dem die Rede von Absichten und Zwecken ist, wird ausgesprochen, daß die Friedensvertrags-Aktion auf einen grundlegenden Wandel westlicher Politik, ob Westmächte oder Bundesrepublik, ziele, auf einen politischen New Deal in Mitteleuropa, auf die Liquidierung der Grenze zwischen den beiden deutschen Staaten. Die Wiedervereinigung und all die teils mit edlen Worten getarnten teils nackt dargebotenen Details eines Friedensvertrags kommen in den Entwürfen vor, die Gribanow und seine Kollegen formulierten, nicht aber in den begleitenden Notizen der sowjetischen Funktionäre. In diesen Notizen heißt es bescheidener, mit der geplanten Aktion solle die Politik des Westens „entlarvt" werden (Dokumente 3 und 7) und solle den Westmächten – so in einer speziell an Frankreich zu richtenden Note – „einige Hindernisse gegen die Fortsetzung ihrer aggressiven Politik in den Weg" gelegt werden. In Dokument 12 wird von dem in Aussicht genommenen Schritt gesagt, er „hätte große Bedeutung für die Verstärkung des Kampfes der demokratischen Kreise in Deutschland gegen die Remilitarisierung Westdeutschlands und würde den Anhängern der Einheit Deutschlands und des Friedens [...] sehr helfen"; in Dokument 13 wird das wiederholt, nur daß „würde" durch ein noch zurückhaltenderes „könnte" ersetzt ist.

Es ist also klar zu erkennen, daß die Präsentation von Grundlagen eines Friedensvertrags mit Deutschland lediglich als Manöver im Propagandakrieg gedacht und daß selbst der propagandistische Zweck, was Westdeutschland und die Westmächte betraf, nur beschränkter Natur war. Es ging allein darum, im Propagandakrieg weitere Positionsverluste zu vermeiden beziehungsweise durch einen Positionsgewinn die eigene Front zu festigen. Um, wie schon zitiert, „die Initiative in allen entscheidenden Fragen des deutschen Problems nach wie vor in unseren Händen zu behalten" (Dokument 3), sollte ja zunächst die Aktion mit einer öffentlichen Erklärung der Regierung der DDR eingeleitet werden, in der man die Bonner Regierung zu sofortigen Verhandlungen über die „Durchführung freier, demokratischer, gesamtdeutscher Wahlen" auffordern wollte. Schon dazu hieß es (Dokument 3): „Wenn die Bonner Regierung diesen Vorschlag ablehnt, was höchstwahrscheinlich ist, so bleibt die DDR politisch im Gewinn und wird wie bisher in den Augen des deutschen Volkes Bannerträger des Kampfes um die Wiederherstellung des geeinten Deutschlands sein." Zu Sinn und Zweck der dann folgenden sowjetischen Note, deren Ablehnung ebenfalls zu erwarten sei, wird im nämlichen Dokument unmißverständlich festgestellt: „Die Versendung einer solchen Note fixiert noch einmal vor der Weltöffentlichkeit die offizielle Haltung der Sowjetunion gegen die Wiederaufrüstung Deutschlands." Sie – nämlich die „Versendung" der Note – helfe im übrigen „den Pazifisten im Kampf gegen die Vorbereitung eines neuen Krieges" und übe „zweifellos einen positiven Einfluß auf die Haltung der französischen Patrioten aus, die gegen den Wiederaufbau des deutschen Militarismus antreten".

Die Zusätze klingen nicht sehr hoffnungsvoll, und schon jetzt ist die Folgerung erlaubt, daß der propagandistische Effekt einer Aktion, wenn er denn im Westen, wie man sich sagen mußte, nur in bescheidenem Maße erreicht werden konnte, vornehmlich für den eigenen Machtbereich gesucht wurde. Jedoch liefern die Dokumente auch hier ein zusätzliches Indiz. Wollten Gribanow und seine Mitarbeiter tatsächlich mehr als Propaganda, nämlich eine politische Wende in Europa, oder trachteten sie nach propagandistischer Wirkung vor allem im Westen, so mußten sie eine sowjetische Note als ersten Schritt zu einer Viermächte-Konferenz über Deutschland verstehen beziehungsweise deklarieren. Hatten sie die Absicht, die Note auf einer Konferenz der vier Besatzungsmächte erörtern zu lassen? Taten sie wenigstens so? In Dokument 7 heißt es zu dieser Frage, nachdem gesagt worden war, es sei „zweckmäßig, im Namen der Sowjetregierung den Grundlagenentwurf des Friedensvertrages mit Deutschland zu veröffentlichen": „Dieser Entwurf könnte später auf einer Außenministerkonferenz der UdSSR, der Länder der Volksdemokratien und der DDR ... diskutiert und gebilligt werden."

Theoretisch schließt diese Formulierung allein noch nicht völlig aus, daß Moskau nach der Billigung des Grundlagenentwurfs durch die Regierungen der Satellitenstaaten den Westmächten ernsthaft vorschlagen wollte – wie es ja ohne Ernst tatsächlich geschehen ist –, den Entwurf auf einer Viermächte-Konferenz zu besprechen. Es ist auch zu bedenken, daß die redaktionellen Eingriffe der Wyschinskij, Molotow und Stalin in der Tat die abschreckendsten Punkte in den Entwürfen tilgten. So verschwand die Forderung, Westdeutschland habe das Wirtschafts- und Gesellschaftssystem der DDR zu übernehmen, es verschwand der Anspruch auf eine Viermächte-Kontrolle des Ruhrgebiets wie der auf eine erneute Auseinandersetzung über die Reparationsfrage. Dafür tauchte der Vorschlag auf, dem wiedervereinigten und neutralisierten Deutschland eine Nationalarmee und eine eigene Rüstungsproduktion zuzugestehen, was der Gribanow-Kreis anfänglich keineswegs im Sinn gehabt hatte.

Betrachtet man jedoch das Endergebnis der korrigierenden Intervention von oben – was Wilfried Loth nicht tut, der die Note vom 10. März 1952 und ihre Anlage weder in seine Dokumentation aufgenommen noch interpretierend behandelt hat –, so ergibt sich der unabweisbare Schluß, daß es Molotow und Stalin nicht um Arbeit an einer verwendbaren Basis für eine Viermächte-Konferenz zu tun war, sondern lediglich um ein Mehr an propagandistischer Brauchbarkeit. Das mußte versucht werden, schließlich waren die Produkte der Bemühungen im Außenministerium selbst unter propagandistischen Gesichtspunkten, ob man nun an die Wirkung im Westen dachte oder nur an die im Ostblock, der schiere Murks. Aber auch Gribanows Vorgesetzte beließen in der Endfassung der Note noch genügend Unannehmbares, und zwar Unannehmbares, von dem sie wußten, daß es teils für die Westmächte teils für die Westdeutschen nicht zu akzeptieren war. So stand fest, daß sechs beziehungsweise sieben Jahre nach dem Ende des Zweiten Weltkriegs weder mit Franzosen noch auch mit Briten über eine deutsche Nationalarmee verhandelt werden konnte, schon gar nicht über die Armee eines nicht in Allianzen eingebundenen neutralisierten Deutschland. Was die Bundesrepublik angeht, so konnte man im Kreml getrost annehmen, daß der Vorschlag, das wiedervereinigte und neutralisierte Deutschland wieder einer Art Potsdamer Kontrollsystem zu unterwerfen, nicht die geringste Resonanz finden werde, und für die verlangte Anerkennung der Oder-Neiße-Linie als permanente deutsch-polnische Grenze war zu dieser Zeit – anders als dreißig Jahre später – nur eine winzige und politisch einflußlose Minderheit zu haben. Der Kernpunkt der öffentlichen sowjetischen Offerte, die Neutralisierung Deutschlands, war weder den Westmächten noch einer Mehrheit der Westdeutschen zu verkaufen. Die entscheidende Forderung der Westdeutschen, die Abhaltung freier gesamtdeutscher Wahlen – und zwar nicht nach, sondern vor der Bildung einer gesamtdeutschen Regierung –, ist hingegen in der Note mit keiner Silbe erwähnt worden.

Im übrigen erlaubten Gribanows Vorgesetzte sowohl der sowjetischen Presse wie den Führern der SED eine Begleitmusik zur Präsentation der Note, in der die eliminierten Punkte alle wiederkehrten. In der Volkskammer sagte zum Beispiel Ministerpräsident Otto Grotewohl schon am 14. März, die Wirtschaft eines wiedervereinigten Deutschland werde sich natürlich nicht am Schuman-Plan beteiligen dürfen und sich ebenso natürlich nach den Grundsätzen des Fünfjahresplans der DDR organisieren müssen[21], und die Moskauer „Prawda" wandte sich am 12. März in scharfen Worten gegen die in der Note gerade zur politischen Mitarbeit Eingeladenen, nämlich gegen die „Generale der ehemaligen Hitlerarmee, die „wieder auf der Bildfläche" auftauchten und an der Restaurierung der „deutsch-faschistischen Kräfte" arbeiteten.

Wilfried Loth schenkt solchen Stimmen keine Beachtung. Er kann das auch gar nicht, weil er es überhaupt unterläßt, seine Interpretation der von ihm vorgelegten Dokumente im Lichte der Vorgänge nach dem 10. März 1952 zu überprüfen. Wir haben es ja nicht allein mit der März-Note zu tun, sondern mit einem Notenwechsel, zu dem vier sowjetische und vier westliche Noten gehören, und dieses Notengefecht, „the battle of the notes", wie Anthony Eden gesagt hat, darf nicht ignoriert werden, weil es über Sinn und Zweck der sowjetischen Aktion – ernsthaftes Wiedervereinigungsangebot oder Propagandamanöver – definitiv Klarheit schafft.

Da ist zunächst einmal das Problem freier Wahlen. Die Behandlung der Wahlfrage durch den Kreml ist nicht nur von Bedeutung, weil sie als der entscheidende Prüfstein für Stalins Bereitschaft zu gelten hat, die SED-Herrschaft zu opfern und ein zwar neutralisiertes, aber doch bürgerlich geprägtes Gesamtdeutschland zu akzeptieren, sie ist auch noch in einer anderen Hinsicht aufschlußreich. Wenn die Annahme richtig ist, daß die sowjetische Aktion in erster Linie die westliche Propaganda mit der Wahlparole durch östliche Propaganda mit dem Entwurf eines Friedensvertrags parieren sollte, dann muß das auch den Notenwechsel bestimmt, sich im Notenwechsel fortgesetzt haben. Und in der Tat ist das der Fall. In der ersten sowjetischen Note ist ausschließlich vom Friedensvertrag die Rede, über freie gesamtdeutsche Wahlen wird – wie schon erwähnt – gar nichts gesagt. Nachdem die Westmächte in ihrer Antwort (25. März) freie Wahlen zur conditio sine qua non für weitere Verhandlungen erklärt und für die Kontrolle der Wahlen eine zu diesem Zweck bereits gebildete Kommission der Vereinten Nationen vorgeschlagen hatten, stimmte Moskau in seiner zweiten Note (9. April) freien Wahlen zwar zu, lehnte aber die UN-Kommission ab und erklärte, das geeignete Überwachungsinstrument sei eine Kommission der vier Besatzungsmächte. Mit anderen Worten: Die sowjetische Regierung hatte die ausgesprochene Zustimmung zu freien Wahlen im selben Atemzug wieder unwirksam gemacht und im Rahmen eines Vorgeplänkels eine ausweichende Antwort gegeben. Hauptpunkt der zweiten sowjetischen Note blieb der Friedensvertrag.

Wenig später wurde die sowjetische Haltung noch deutlicher. In Westeuropa, in den USA und vor allem in der Bundesrepublik, wo nach der ersten

[21] Tägliche Rundschau, 15. 3. 1952.

Moskauer Note doch da und dort eine gewisse Hoffnung auf sowjetisches Entgegenkommen in Mitteleuropa aufgekeimt war, begegnete die westliche Aufforderung an die sowjetische Regierung, sich mit der UN-Kommission einverstanden zu erklären, scharfer Kritik. Die Aufforderung müsse, so hieß es oft, als Mißtrauensvotum gegen die Herrschaftspraxis der UdSSR und der SED in der DDR verstanden werden und deshalb Stalin die Zustimmung zu freien Wahlen nur unnötig erschweren. Die Westmächte nahmen auf die Kritik Rücksicht und bekundeten in ihrer zweiten Note (13. Mai) die Bereitschaft, auf die UN-Kommission zu verzichten und irgendeinen anderen neutralen Ausschuß zu akzeptieren; dafür könne auch ein von den vier Besatzungsmächten eingesetzter Ausschuß in Frage kommen, dem allerdings keine Personen „mit unmittelbarer Verantwortung in Deutschland" angehören dürften. Statt nun auf diese Anregung einzugehen, in welcher Form auch immer, oder wenigstens, um jene Hoffnung in der westlichen Öffentlichkeit am Leben zu halten, auf dem eigenen Vorschlag zu beharren, verhielt sich die sowjetische Regierung ganz anders. In ihrer dritten Note vom 24. Mai, die am Vorabend der Unterzeichnung des Vertrags über die Europäische Verteidigungsgemeinschaft (EVG) in den Hauptstädten der Westmächte eintraf und von Moskau als ein in letzter Minute unternommener Versuch zur Einwirkung auf die westlichen Kabinette oder doch die westliche Öffentlichkeit ausgegeben wurde, ausgerechnet in einer Note also, die besonderer Attraktivität bedurft hätte, äußerte sich die sowjetische Regierung zur fundamentalen Wahlfrage – abgesehen vom ersten Teil, der indes lediglich den bisherigen Notenwechsel referierte – mit keinem Wort.

Nachdem die Westmächte am 10. Juli abermals eine neutrale Kommission vorgeschlagen hatten, desavouierte die sowjetische Regierung in ihrer vierten Note (23. August) dann plötzlich ihre eigene Anregung einer Viermächte-Kontrolle und behauptete, daß jede internationale Wahlkontrolle für das mit einer langen parlamentarischen Tradition gesegnete deutsche Volk eine „Beleidigung" darstelle. Es müsse eine Kommission gebildet werden, die sich aus Vertretern der Volkskammer und des Bundestags zusammensetze. Die sowjetische Regierung hatte sich in der Wahlfrage mithin im Kreise bewegt und war jetzt wieder bei den von den Westmächten und der Bundesrepublik längst abgelehnten Propagandaparolen angelangt, die von der DDR 1951 aufgetischt worden waren. Es ist eine Legende, daß die Absichten, die Stalin 1952 verfolgt hat, damals nicht „ausgelotet" worden seien. Was die Wahlfrage angeht – aus westdeutscher Sicht und aus der Sicht der in der DDR lebenden Deutschen das Kernproblem und der entscheidende Indikator –, ist sehr wohl „ausgelotet" worden, und zwar mit eindeutigem Befund.

Nun konnte die sowjetische Führung nicht völlig ausschließen, daß die Westmächte die Moskauer Vorschläge einfach akzeptierten, zumal erkennbar wurde, daß erst das State Department und dann auch das Foreign Office und das Quai d'Orsay aus unterschiedlichen und überwiegend taktischen Gründen Geschmack am Konferenz-Gedanken zu finden begannen und in ihrer Note vom 10. Juli dann tatsächlich selber auf eine Deutschlandkonferenz der vier Besatzungsmächte drängten – was den Kreml zu seiner völlig negativen Replik vom 23. August nötigte. Für den unwahrscheinlichen Fall also, daß es doch zu einer Konferenz kam, traf die sowjetische Führung insofern ihre Vorkehrungen, als sie sorgsam darauf achtete, sich nicht selbst auf Tagesordnungspunkte festzulegen, die sie unter keinen Umständen zu diskutieren wünschte. Auch diese Vorsicht zwang sie dazu, mehr Klarheit zu schaffen, als ihr wohl lieb war.

Schon der Wortlaut der März-Note ließ keinen Zweifel daran, daß die Sowjetunion auf einer Deutschlandkonferenz darauf bestehen werde, erst über den Friedensvertrag zu verhandeln und dann eine gesamtdeutsche Regierung zur Annahme des Vertrags einzusetzen. In ihrer vierten Note erklärte die sowjetische Regierung dezidiert, daß die westliche „Weigerung", den Friedensvertrag vor der Bildung einer deutschen Regierung auszuarbeiten, „jeder Begründung entbehrt", da das Potsdamer Abkommen von 1945 die Besatzungsmächte dazu berechtige, einen Friedensvertrag zu fixieren, damit er „durch die für diesen Zweck geeignete Regierung Deutschlands angenommen werden kann, nachdem eine solche Regierung gebildet sein wird". Die geforderte Schrittfolge einer Konferenz war in der Note auch ausdrücklich genannt: a) Friedensvertrag, b) Schaffung einer gesamt-deutschen Regierung, c) Wahlfrage und Kommissionsproblem. Die Moskauer „Prawda" kommentierte am 25. August in einem Leitartikel, die sowjetische Regierung sei zwar bereit, auch die Wahlfrage zu erörtern, halte es aber für notwendig, „daß die Beratung der vier Großmächte in erster Linie so wichtige Fragen wie den Friedensvertrag und die Bildung einer gesamtdeutschen Regierung behandelt". Also: Hierin war abermals der Wille der sowjetischen Führung dokumentiert, auf einer etwaigen Deutschlandkonferenz wochen- und womöglich monatelang über den Friedensvertrag zu streiten, hingegen das unangenehme Problem der Wahlen in den Hintergrund zu schieben[22].

Am schlagendsten wird politischer Unernst und eine vor allem auf die eigene Machtsphäre – das heißt in erster Linie auf die DDR – gerichtete propagandistische Absicht der sowjetischen Notenkampagne jedoch durch zwei Szenen bewiesen, in denen nun endlich – also erst nach der Note vom 10. März 1952 – Stalin selber als Akteur sowjetischer Deutschlandpolitik auftritt. Nachdem die Westmächte am 25. März die erste sowjetische Note beantwortet hatten, reisten Pieck, Grotewohl und Ulbricht nach Moskau, um sich für ihr Verhalten in der entstandenen Lage Instruktionen abzuho-

[22] Die Texte der Noten bei Eberhard Jäckel (Hrsg.), Die deutsche Frage 1952–1956. Notenwechsel und Konferenzdokumente der vier Mächte, Frankfurt a.M./Berlin 1957.

len. Am 1. und am 7. April – zwei Tage vor der zweiten sowjetischen Note – kam es zu Unterredungen, in denen Stalin seiner Gäste Bitten um Anleitung entgegennahm und sich selber sehr deutlich äußerte. Wovon hätte die Rede sein müssen, wenn Wilfried Loths Interpretation seiner Dokumente zutreffend wäre? Das liegt auf der Hand. Das halbwegs Erwartete war eingetreten: Die Regierungen der Westmächte hatten die sowjetischen Vorschläge, so wie sie auf den Tisch gelegt worden waren, abgelehnt. Jetzt kam es also darauf an, durch eine weitere und vermehrte Anstrengung zumindest die Massen, namentlich in Frankreich und Westdeutschland, zu mobilisieren. Wie – es sei wiederholt – Wilfried Loth schreibt: „Politischer Druck in Frankreich wie in der Bundesrepublik […] sollte die westlichen Regierungen zwingen, dem Abschluß eines Friedensvertrags, gegen den sie sich sperrten, doch noch zuzustimmen."[23] Darüber hätte Stalin mit den SED-Führern sprechen und ihnen in diesem Sinne Weisungen geben müssen; vermutlich hätte er auch erwähnt, daß und warum die zwei Tage später den Westmächten zu präsentierende zweite Moskauer Note solchem Zwecke förderlich sei.

Was aber sagte Stalin in diesen Besprechungen, über die wir genau unterrichtet sind[24], wirklich? Er sprach weder von seiner eigenen Note noch von der westlichen Antwort; ebensowenig fand er die doch wohl gerade in der Schlußredaktion befindliche sowjetische Note vom 9. April einer Erwähnung wert. Die ganze Friedensvertrags-Aktion streifte er mit ein paar beiläufigen Worten. Jedoch setzte er den Besuchern am 7. April auseinander, „daß die Westmächte, welche Vorschläge zur deutschen Frage wir auch immer einbringen mögen, mit uns nicht einverstanden sein und auf jeden Fall nicht aus Westdeutschland herausgehen werden"; zu dieser Ansicht war er freilich nicht auf Grund der ersten westlichen Note, sondern schon 1946, spätestens jedoch 1948[25] gelangt. Stalin fuhr fort: „Die Amerikaner werden Westdeutschland in den Atlantik-Pakt hineinziehen. Sie werden westdeutsche Truppen schaffen […] Faktisch wird in Westdeutschland ein selbständiger Staat gebildet. Ihr müßt auch euren eigenen Staat organisieren. Die Demarkationslinie zwischen West- und Ostdeutschland muß als eine Grenze betrachtet werden, und zwar nicht als einfache, sondern als eine gefährliche *[wohl gemeint: gefährdete]* Grenze. Der Schutz dieser Grenze muß verstärkt werden."

Wilfried Loth erwähnt die Treffen zwischen Stalin und der SED-Abordnung; auch teilt er die eben zitierten Sätze Stalins bis zu „muß verstärkt werden" mit. Doch abgesehen davon, daß er die Besprechung nicht in den Gesamtzusammenhang der Vorgänge nach der ersten sowjetischen Note – auf

[23] Loth, Entstehung, S. 26.
[24] Wolkow, Stalins Sicht, S. 43–47.
[25] Vgl. z. B. Stalins Gespräch mit den Botschaften der drei Westmächte während der ersten Berlin-Krise. Foreign Relations of the United States 1948, Bd. II, Washington 1973, S. 999ff.

sowjetischer Seite – stellt, bietet er nur die halbe und damit eine über die ganze hinwegtäuschende Wahrheit. In seinem Kommentar ist nicht zu finden, daß Stalin sich bereits am 1. April lebhaft für die Aufstellung von Streitkräften in der DDR ausgesprochen hatte. Als Pieck ihn fragte, „ob es notwendig ist, Schritte zur Schaffung einer deutschen Armee in der Deutschen Demokratischen Republik zu unternehmen", erwiderte Stalin, „daß es nicht um Schritte geht, – eine Armee muß geschaffen werden. Weshalb nur Schritte?" Im weiteren Verlauf empfahl – das heißt befahl – Stalin die Einführung der allgemeinen Wehrpflicht und die Aufstellung „von 9 bis 10 Korps oder 30 Divisionen". Dennoch sieht Wilfried Loth in diesen Unterredungen einen Stalin, der „die Hoffnung auf einen einvernehmlichen Friedensvertrag der Siegermächte aber auch jetzt" noch nicht „so ganz" aufgeben wollte[26]. In Wahrheit hat Stalin mit seiner Haltung in jenen beiden Gesprächen zu erkennen gegeben, daß er dem Notenwechsel nicht die mindeste praktische Bedeutung für eine einvernehmliche Deutschlandpolitik der vier Besatzungsmächte beimaß. Die Note, die Moskau am 9. April an die Westmächte richtete, hat das in ihrer politischen Dürftigkeit vollauf bestätigt; Beamte im Quai d'Orsay haben die Note sogar als „rein destruktiv" bezeichnet[27].

Wenn die Noten aber keine Bedeutung für die Politik der vier Besatzungsmächte haben sollten, können sie nur einem propagandistischen Zweck gedient haben. Stalin hat das am 7. April 1952 insofern ganz offen ausgesprochen, als er sagte: „Man muß die Propagierung der Einheit Deutschlands die ganze Zeit fortsetzen. Das hat für die Erziehung des Volkes in Westdeutschland große Bedeutung. Jetzt habt ihr diese Waffe in den Händen, man muß sie die ganze Zeit in den Händen behalten. Wir werden auch weiterhin Vorschläge zu Fragen der Einheit Deutschlands machen, um die Amerikaner zu entlarven."[28] Daß er nicht allein die „Erziehung" der westdeutschen Bevölkerung im Sinne hatte, sondern vornehmlich auch die „Erziehung" der Deutschen in der DDR, ließ er erkennen, als er sich im Oktober 1952 bei Semjonow erkundigte, wie denn die Note vom 10. März in der Bevölkerung der DDR gewirkt habe[29].

Als Fazit läßt sich erstens sagen, daß die von Wilfried Loth edierten Dokumente einen recht interessanten Einblick in die Arbeitsweise des sowjetischen Außenministeriums gewähren; nicht zuletzt zeigen sie sehr deutlich, daß auch in den Institutionen des totalitären Systems der UdSSR oft nur ein langer und holpriger Weg vom Vorschlag eines – in der gegebenen Situation

[26] Loth, Entstehung, S. 59.

[27] Amerikanische Botschaft Paris an State Department, 11. 4. 1952, National Archives RG 84, Moscow Mission Files, box 1389.

[28] Wolkow, Stalins Sicht, S. 47.

[29] Wladimir S. Semjonow, Von Stalin bis Gorbatschow. Ein halbes Jahrhundert in diplomatischer Mission 1939–1991, Berlin 1995, S. 279.

durchaus verständlichen – taktischen Manövers bis zur Realisierung führte. Zweitens: Die Dokumente sind tatsächlich eine erfreuliche Bereicherung der Quellenlage zur Vorgeschichte der Stalin-Note. Wir wissen jetzt besser, von wem der Einfall zu der Aktion gekommen war, welche Gründe die Initiatoren bewegt hatten und welche Ziele erreicht werden sollten. Es ergibt sich ein klares Bild. Die von Wilfried Loth gefundene Quelle bestätigt nicht die These des Editors – und etwa Rolf Steiningers[30] –, im März 1952 habe Stalin, grundsätzlich an der Existenz eines Gesamtdeutschland interessiert, ein ernst gemeintes Angebot zur Vereinigung von DDR und Bundesrepublik gemacht. Vielmehr finden jene Historiker hier eindeutige Beweise, die durch die Analyse des Verhaltens von Sowjetunion und SED-Führung schon vor Jahren zu dem Schluß gekommen waren, daß die Note vom 10. März 1952 lediglich als ein begrenztes Unternehmen im Propagandakrieg zwischen Ost und West gedacht war. Den Dokumenten ist zu entnehmen, daß dies für alle Akteure auf östlicher Seite gilt, von Pieck, Grotewohl und Ulbricht über General Tschujkow und Semjonow bis zu Molotow und Stalin. Wie sagte Stalin im Sommer 1952 zum italienischen Sozialistenführer Pietro Nenni? Die Bewaffnung Westdeutschlands bringe keine Verschiebung des Gleichgewichts zwischen Ost und West, da das sozialistische Lager ja die DDR bewaffne[31]. Wilfried Loth hat seine Quelle mißverstanden.

[30] Vgl. etwa Rolf Steininger, Eine Chance zur Wiedervereinigung? Die Stalin-Note vom 10. März 1952, in: Archiv für Sozialgeschichte, Beiheft 12, Bonn 1985.

[31] Hermann-Josef Rupieper, Zu den sowjetischen Deutschlandnoten 1952. Das Gespräch Stalin – Nenni, in: Vierteljahrshefte für Zeitgeschichte 33 (1985), S. 547–557.

Gerhard Wettig

Die Note vom 10. März 1952 im Kontext von Stalins Deutschland-Politik seit dem Zweiten Weltkrieg

Fragestellung und Untersuchungsansatz

Seit dem Ende des Kalten Krieges hat die historische Forschung Einblick in interne Moskauer und Ost-Berliner Vorgänge gewonnen. Gleichwohl bestehen nach wie vor unterschiedliche oder sogar gegensätzliche Ansichten über die Absichten Stalins in Deutschland. Vor allem wird die Frage kontrovers diskutiert, ob bzw. inwieweit er von vornherein eine Sowjetisierung im Auge gehabt habe[1] oder aber bei Zugeständnissen wie insbesondere einer Neutralisierung des vereinigten Landes zumindest zeitweilig bereit gewesen wäre, demokratische Verhältnisse zu akzeptieren. Die erste Ansicht vertreten seit langem unter anderem Hermann Graml und Peter März[2]. Dagegen haben Rolf Steininger und Josef Foschepoth die Auffassung formuliert, es hätte Möglichkeiten des Kompromisses mit der UdSSR gegeben, wenn nur die westliche Seite daran interessiert gewesen wäre[3]. Das deckt sich mit Erwartungen Adenauers, Schumachers und der Hochkommissare im Frühjahr 1952, die als Zweck der März-Note vermuteten, Stalin wolle mit Verhandlungen über eine demokratische Wiedervereinigung locken, um die sich ab-

[1] Zur Definition des Begriffs siehe Michael Lemke, Einleitung, in: Michael Lemke (Hrsg.), Sowjetisierung und Eigenständigkeit in der SBZ/DDR (1945–1953), Köln 1999, S. 11–30.

[2] Hermann Graml, Nationalstaat oder westdeutscher Teilstaat?, in: Vierteljahrshefte für Zeitgeschichte 25 (1977), S. 821–864; Ders., Die Legende von der verpaßten Gelegenheit, in: Vierteljahrshefte für Zeitgeschichte 29 (1981), S. 307–341; Peter März, Die Bundesrepublik zwischen Westintegration und Stalin-Noten. Zur deutschlandpolitischen Diskussion 1952 in der Bundesrepublik vor dem Hintergrund der westlichen und sowjetischen Deutschlandpolitik, Frankfurt a.M. 1982, S. 127–170; Gerhard Wettig, Die sowjetische Deutschland-Note vom 10. März 1952, Wiedervereinigungsangebot oder Propagandaaktion? in: Deutschland Archiv 15 (1982), S. 130–148.

[3] Rolf Steininger, Eine Chance zur Wiedervereinigung? Darstellung und Dokumentation auf der Grundlage unveröffentlichter britischer und amerikanischer Akten. Archiv für Sozialgeschichte, Beiheft 12, Bonn 1985; Josef Foschepoth, Einleitung, in: Josef Foschepoth (Hrsg.), Kalter Krieg und deutsche Frage. Deutschland im Widerstreit der Mächte 1945–1952, Göttingen 1985, S. 11–31; Boris Meissner, Die Sowjetunion und die deutsche Frage, 1949–1955, in: Dietrich Geyer (Hrsg.), Osteuropa-Handbuch, Band Sowjetunion, Teil Außenpolitik I, Köln/Wien 1972, S. 473–501, hier: S. 482f.

zeichnende Einbeziehung der Bundesrepublik in das westliche Militärbündnis zu verhindern.

Nach 1991 kamen aufgrund neuer Dokumente aus östlichen Archiven Ruud van Dijk und – mit gewisser Vorsicht – John Lewis Gaddis zu dem Schluß, daß der Kreml kein demokratisches Deutschland zuzulassen bereit war[4]. Dieser Ansicht gab Hannes Adomeit einen besonderen Akzent durch die These, die Etablierung des Sowjetsystems in der SBZ/DDR und die deutsche Spaltung gingen zwar nicht auf vorbedachte Absicht zurück, seien aber das Ergebnis eines durchgängigen Geschehnisablaufs[5]. Westliche Primärquellen und Erinnerungen des – generell als Zeitzeugen unzuverlässigen – Falin ließen Hanns Jürgen Küsters zu der Ansicht gelangen, Stalin habe für Deutschland zwar eine Verpflichtung zur Neutralität, aber weder ein demokratisches System noch freie Wahlen im Sinne gehabt, aufgrund dieser unattraktiven Offerte aber trotzdem Verhandlungen mit den Westmächten gesucht[6]. Vojtech Mastny leitete aus der Prämisse, die sowjetische Politik sei von der Sorge um – nur militärisch verstandene – Sicherheit bestimmt gewesen, eine Bereitschaft des Kreml zum Kompromiß im Frühjahr 1952 ab[7].

Richard Smyser entnahm dem Wortlaut der Note, daß der Kreml den demokratischen Kräften in dem wiederzuvereinigenden Land freie Betätigung habe gewähren wollen. Als Problem sah er daher nur die geforderte Nicht-Beteiligung an einem „weiten Spektrum" internationaler Organisationen an[8]. In seiner Darstellung fallen freilich Inkonsistenzen ins Auge. Wieso sollte sich aufgrund des verlangten Teilnahmeverzichts die Integration

4 Ruud van Dijk, The 1952 Stalin Note Debate: Myth or Missed Opportunity for German Unification? Working Paper No. 14, Cold War International History Project, Woodrow Wilson Center, Washington, DC 20560, May 1996; Rutger van Dijk, East and West and the Division of Germany, 1944–1953: A Reassessment of the „Missed Opportunities" for Unification (PhD Thesis: Ohio University 1999); John Lewis Gaddis, We Now Know. Rethinking Cold War History, Oxford 1997, S. 113–151; Gerhard Wettig, Die Deutschland-Note vom 10. März 1952 nach sowjetischen Akten, in: Die Deutschlandfrage von der staatlichen Teilung Deutschlands bis zum Tode Stalins, Studien zur Deutschlandfrage, Bd. 13, Berlin 1994, S. 83–111; Ders., Bereitschaft zur Einheit in Freiheit? Die sowjetische Deutschland-Politik 1945–1955, München 1999.

5 Hannes Adomeit, Imperial Overstretch. Germany in Soviet Policy from Stalin to Gorbachev, Baden-Baden 1998, S. 51–92.

6 Hanns Jürgen Küsters, Der Integrationsfriede. Viermächte-Verhandlungen über die Friedensregelung mit Deutschland 1945–1990, München 2000, S. 592–620.

7 Vojtech Mastny, The Cold War and Soviet Insecurity. The Stalin Years, New York/Oxford 1996. Die in den Fußnoten zu S. 135–139 zur sowjetischen Deutschland-Note vom 10. 3. 1952 angeführten Archivalien aus dem Archiv des russischen Außenministeriums tragen das Urteil nicht. In einem persönlichen Gespräch mit – dem als bestätigende Quelle zitierten – Daniil E. Mel'nikov stellte ich fest, daß dieser keine konkreten Anhaltspunkte für seine Auffassung hatte. Sein im „Osteuropa"-Aufsatz erhobener Anspruch, Stalins Intimus und Ideengeber gewesen zu sein, läßt sich angesichts der bisher vorliegenden Dokumente nicht halten. Eine solche Rolle wäre für einen Dolmetscher im Außenministerium auch höchst ungewöhnlich gewesen.

8 W.R. Smyser, From Yalta to Berlin. The Cold War Struggle Over Germany, Houndmills/London 1999, S. 113–119.

Deutschlands in die (west)europäischen und atlantischen Institutionen bloß verlangsamen? Wieso hätten nach dem vorgesehenen Abzug aller Besatzungstruppen weiterhin sowjetische Streitkräfte „an der Elbe" gestanden? Wieso glaubt der Autor, der zu recht einen Alptraum für die europäischen Nachbarländer in den vorgeschlagenen „nationalen Streitkräften" sieht, diese seien als ein Angebot gedacht gewesen, das die Note für die deutsche Öffentlichkeit attraktiv machen sollte, wo doch auch dort gerade die – bislang von UdSSR und DDR propagierte – Ablehnung jeder Wiederbewaffnung äußerst populär gewesen war?

Noch nachdrücklicher stellte sich Wilfried Loth auf den Standpunkt, daß die sowjetische Führung willens gewesen sei, demokratische Verhältnisse zu akzeptieren. Demnach hat Stalin nie etwas anderes als ein einheitliches Deutschland mit demokratischer Ordnung gewollt. Nur das Unverständnis bzw. die Ablehnung aufseiten ausführender Funktionäre – vor allem das Zusammenspiel des Leiters der für das Parteiwesen zuständigen Besatzungsbehörde, Oberst Tjulpanow, mit Ulbricht – hätten zu einem anderen Resultat geführt[9]. Dem widersprach Bernd Bonwetsch entschieden: Er hält es für undenkbar, daß Stalin keine Kontrolle über das Vorgehen im besetzten Land gehabt haben soll und daß nachgeordnete Akteure ihm eine ungewollte Entwicklung aufgenötigt haben könnten[10]. Zusammen mit Aleksej Filitov meinte er darüber hinaus, in der Kontroverse über die Ziele der sowjetischen Deutschland-Politik bedürften grundlegende Probleme noch der Klärung[11].

Es ist kein Zufall, daß sich unabhängig von der Evidenz in den historischen Quellen hartnäckig die Ansicht hält, Stalin sei zu einem Kompromiß bereit gewesen, der – gegen Zahlung eines außenpolitischen Preises – allen Deutschen eine demokratische Existenz gestattet hätte. Eine derartige Erwartung entspricht nicht nur einem verbreiteten Wunschbild. Sie ist auch in hergebrachten Denkgewohnheiten verwurzelt. Danach gilt es als selbstverständlich, daß sich der sowjetische Führer von vornherein klar vor die Wahl zwischen einem demokratischen Gesamtdeutschland und einer auf die SBZ/DDR beschränkten kommunistischen Herrschaft gestellt sah. Da es zugleich als sicher gilt, daß er permanent die staatliche Einheit des besetzten

[9] Wilfried Loth, Stalins ungeliebtes Kind. Warum Moskau die DDR nicht wollte, Berlin 1994.

[10] Bernd Bonwetsch, Sowjetische Politik in der SBZ 1945–1949. Dokumente zur Tätigkeit der Propagandaverwaltung (Informationsverwaltung) der SMAD unter Sergej Tjul'panov, in: Bernd Bonwetsch/Gennadij Bordjugov/Norman Naimark (Hrsg.), Sowjetische Politik in der SBZ 1945–1949, Archiv für Sozialgeschichte, Beiheft 20, Bonn 1998, XIX–LV, hier: S. XXXV f.

[11] Bernd Bonwetsch/Alexej Filitov, Die sowjetische Politik und die SED-Diktatur – Handlungs- und Verantwortungsspielräume der KPD/SED/DDR 1945–1963, in: Materialien der Enquete-Kommission „Überwindung der Folgen der SED-Diktatur im Prozeß der deutschen Einheit" (13. Wahlperiode des Deutschen Bundestages), Bd. VIII/1: Das geteilte Deutschland im geteilten Europa, Baden-Baden/Frankfurt a.M. 1999, S. 847–872.

Landes wollte, ergibt sich als Konsequenz, vernünftigerweise habe er gar keine andere Option gehabt als die Bereitschaft zum Verzicht auf die Durchsetzung des sowjetischen Systems und die Einbeziehung deutscher Gebiete in seinen Herrschaftsbereich – sofern nur der Westen auf fundamentale Moskauer Bedürfnisse, vor allem das Interesse der UdSSR an Sicherheit vor Deutschland bzw. vor dessen Integration in das westliche Bündnis, eingegangen wäre. Daher werden oft von vornherein nur an dieser Vorstellung orientierte Quelleninterpretationen in Betracht gezogen. Als Bestätigung der darauf beruhenden Ansicht sowjetischer „Flexibilität" in der Systemfrage gilt dann, daß nicht nur in der Öffentlichkeit, sondern auch intern ein „demokratischer" gesamtdeutscher Staat als Ziel genannt wurde.

Die Argumentation beruht auf vier Prämissen. *Erstens* wird angenommen, daß die Führung der UdSSR zu allen Zeiten und unter allen Umständen ein einheitliches Deutschland anstrebte. *Zweitens* erscheint es gewiß, daß sich in der Sicht des Kreml die Ziele der deutschen Einheit und eines kommunistischen Regimes von vornherein wechselseitig ausschlossen. *Drittens* glaubt man, daß man in Moskau und Ost-Berlin unter „Demokratie" dasselbe verstand wie im Westen. *Viertens* schließlich wird vorausgesetzt, daß die Leiter der sowjetischen Politik dem defensiven Ziel militärischer Sicherheit vor westdeutscher Bewaffnung im NATO-Rahmen Vorrang einräumten vor dem Willen, Macht und System auf die SBZ/DDR auszudehnen bzw. dauerhaft daran festzuhalten.

Sofern die vier Prämissen nicht zuträfen, würde das Bekenntnis zur Einheit Deutschlands auf eine Politik hindeuten, die Macht und System auf das ganze Land zu erstrecken suchte und sich mit der Kontrolle über das eigene Besatzungsgebiet nur wegen des Scheiterns des darauf abzielenden Bemühens zufrieden gab. Dann wäre weiter zu klären, wieso die Akteure in Moskau meinten, sie könnten die Westzonen gegen den Widerstand der Okkupationsmächte und – wie sich nach Kriegsende bald zeigte – auch der großen Mehrheit der Bevölkerung ihrem Willen unterwerfen. Damit würden sich folgende Fragen stellen: Welche Vorteile glaubte Stalin in der Hand zu haben, um das Ziel gegen die enorm großen Widerstände erreichen zu können? Wie dachte er die Abwehr der Gegner zu überwinden? Mit welchen Trends der politischen Entwicklung rechnete er? Woher nahm er, ungeachtet ständiger Mißerfolge und negativer Lageberichte, die Zuversicht, daß er Deutschland zuletzt doch noch gewinnen werde?

Deutsche Einheit und Transformation des Systems in der sowjetischen Politik 1941–1945

Stalin reagierte auf den deutschen Überfall im Juni 1941 zunächst mit der Absicht, Deutschland nach dem Krieg durch territoriale Zerstückelung zu entmachten. Gleichzeitig formulierte er das Ziel, den sowjetischen Machtbereich nach Westen hin zu erweitern[12]. Nach der Kapitulation der feindlichen Armee in Stalingrad hatte die UdSSR erstmals zahlreiche Gefangene in ihrer Gewalt. Die Führung nutzte die Lage, um eine ausgewählte Gruppe, vor allem Personen mit hohem Rang und bekanntem Namen, zur Unterstützung von Aufrufen an ihre kämpfenden Kameraden zu bewegen, im Interesse ihres Landes die militärischen Operationen einzustellen und sich bis zur Reichsgrenze zurückzuziehen. Das – von Kadern der Exil-KPD beherrschte – Nationalkomitee Freies Deutschland und dessen konservatives Pendant, der Bund deutscher Offiziere, arbeiteten mit deutschnationalen Parolen; vom Ziel einer Systemänderung war keine Rede. Es muß offen bleiben, ob die sowjetische Seite im Erfolgsfalle tatsächlich willens gewesen wäre, den Deutschen territoriale Integrität und staatliche Einheit zuzugestehen. Die Offerte könnte auch ein taktisches Manöver gewesen sein, das darauf berechnet war, den angelsächsischen Kriegsverbündeten eine deutsche Option vorzuspiegeln, um ihnen für das Festhalten der UdSSR an der Anti-Hitler-Koalition einen Preis abverlangen zu können[13].

Der Appell an die Soldaten der Wehrmacht blieb ohne Erfolg. Dafür machten die USA und Großbritannien dem Kreml im Herbst 1943 erhebliche Zugeständnisse. Stalin einigte sich mit ihnen unter anderem darauf, daß Deutschland in mehrere Staaten aufgespalten werde[14]. Das sowjetische Außenministerium wurde demgemäß beauftragt, Entwürfe über Einzelheiten

[12] G.P. Kynin, Die Antihitlerkoalition und die Nachkriegsordnung in Deutschland. Die Haltung der UdSSR nach Dokumenten des Archivs für Außenpolitik Rußlands, in: Berliner Jahrbuch für osteuropäische Geschichte 2 (1995), S. 187–199. Vgl. Martin Schulze-Wessel, Rußlands Blick auf Preußen. Die polnische Frage in der Diplomatie und der politischen Öffentlichkeit des Zarenreichs und des Sowjetstaates 1697–1947, Stuttgart 1995, S. 329.

[13] In den bisher veröffentlichten Akten aus den Beständen des russischen Außenministeriums finden sich nur wenige Äußerungen. Diese erfolgten zudem gegenüber westlichen Gesprächspartnern und/oder im Rückblick, so daß die Herausstellung des propagandistischen Zwecks keinen Aufschluß gibt über – anfangs denkbarerweise weiterreichende – interne Absichten. Vgl. G.P. Kynin/Jochen Laufer (Bearb.), SSSR i germanskij vopros. Dokumenty iz Archiva vnešnej politiki Rossijskoj Federacii, 1941–1949gg., hrsg. vom Historisch-Dokumentarischen Departement des *[russischen]* Ministeriums für Auswärtige Angelegenheiten, Bd. 1 (1941–1945), Moskau 1996, S. 36, 227f., 286f., 624f., 664. Vgl. Schulze-Wessel, Rußlands Blick auf Preußen, S. 335f. Zur programmatischen Arbeit der Moskauer KPD-Führung 1941–1945: Peter Erler/Horst Laude/Manfred Wilke (Hrsg.), „Nach Hitler kommen wir". Dokumente zur Programmatik der Moskauer KPD-Führung 1944/45 für Nachkriegsdeutschland, Berlin 1994, S. 51–68; Bodo Scheurig, Freies Deutschland, München 1961, S. 23–123, hier: S. 33–70.

[14] Kynin, Antihitlerkoalition, S. 189–192; Sovetskij Sojuz na meždunarodnych konferencijach perioda Velikoj otečestvennoj vojny 1941–1945gg., Tom II: Tegeranskaja konferencija trech sojuznych deržav – SSSR, SŠA i Velikobritanii (28 nojabrja – 1 dekabrja 1943g.). Sbornik dokumentov, Moskau 1978, S. 166f.; Foreign Relations of the United States. Diplomatic Papers *[hinfort: FRUS]*. The Conferences of Cairo and Tehran 1943, Washington 1961, S. 602f., 845–847, 879f. Vgl. Martin Schulze-Wessel (Hrsg.), Hegemonie oder europäische Sicherheit. Zwei deutschlandpolitische Denkschriften des sowjetischen Historikers E.V. Tarle, in: Berliner Jahrbuch für osteuropäische Geschichte 1 (1995), S. 282–288.

zu erstellen[15]. Zugleich scheint man in Moskau Hoffnungen gehegt zu haben, der deutsche Gegner könne mit subversiven Methoden zum Ausstieg aus dem Krieg gegen die UdSSR bewogen werden: Die Untergrundtätigkeit kommunistischer Zellen in Deutschland wurde verstärkt mit dem erklärten Ziel, die „Werktätigen" zur Rebellion zu veranlassen. In sowjetischem Auftrag und angeleitet von Dimitroff, teilweise auch Stalin selbst, kamen zudem seit Ende des Winters 1944 die Spitzenfunktionäre der Exil-KPD in Moskau zu Beratungen zusammen[16]. Zu Anfang wurden unter anderem Überlegungen über Massenstreiks und Massendemonstrationen angestellt, die zu einer deutschen „Volkserhebung" gegen den Krieg führen und zum Ausgangspunkt einer prosowjetischen Orientierung werden sollten[17]. Umrißhaft entstand ein politisches Konzept, das im Laufe des Jahres genaue Konturen annahm. Zugleich reduzierten sich die Erwartungen im Kreml: Im Sommer und Herbst hofften nur noch die deutschen Kommunisten in der sowjetischen Hauptstadt auf den Umsturz in ihrer Heimat. Der sowjetische ZK-Apparat sorgte dafür, daß das Aktionsprogramm während der Beratungen unzweideutig auf die Nachkriegslage im besetzten Deutschland ausgerichtet wurde. Anders als der 1943/44 in den Verhandlungen mit den Briten und Amerikanern vertretene Standpunkt vermuten ließ, setzte es die Existenz eines einheitlichen, sogar zentralistisch strukturierten deutschen Staates voraus. Nur wenn es einen einzigen Ort gab, an dem alle Entscheidungen getroffen wurden und von dem aus dann die Entwicklung überall im Land bestimmt wurde, ließ sich die vorgesehene politische Strategie in die Praxis umsetzen[18].

Obwohl das sowjetische Deutschland-Konzept eine zentralistische

[15] M.M. Litvinov an I.V. Stalin und V.M. Molotov, 9. 9. 1943, in: Kynin/Laufer, SSSR i germanskij vopros, S. 240f.; M.M. Litvinov an V.M. Molotov, 9. 10. 1943, ebenda, S. 296–301; M.M. Litvinov an V.M. Molotov, 9. 3. 1944, ebenda, S. 441–449; Protokoll der Sitzung der Litvinov-Kommission vom 14. 3. 1944, ebenda, S. 450–454; I.M. Majskij an V.M. Molotov, 11. 1. 1944, ebenda, S. 336–338. Vgl. Aleksej M. Filitov, Problems of Post-War Confrontation in Soviet Foreign Policy during World War II, in: Francesca Gori/Silvio Pons (Hrsg.), The Soviet Union and Europe in the Cold War, 1943–1953, London 1996, S. 3-22, hier: S. 8, 16–18; Kynin, Antihitlerkoalition, S. 189–191; G.P. Kynin, Germanskij vopros vo vzaimootnošenijach SSSR, SŠA i Velikobritanii, 1944–1945gg., in: Novaja i novejšaja istorija 4/1995, S. 105–132, hier: 115f.; Silvio Pons, The Impact of World War II on Soviet Security Policy, in: Silvio Pons/Andrea Romano (Hrsg.), Russia in the Age of Wars 1914–1945, Mailand 2000, S. 277–307, hier: S. 279–289, 299–304.

[16] R.C. Raack, Stalin Plans his Post-War Germany, in: Journal of Contemporary History 28 (1993), S. 53–73, hier: S. 55f., 64f., 69f.; Einführung, in: Gerhard Keiderling (Hrsg.), „Gruppe Ulbricht" in Berlin April bis Juni 1945. Von den Vorbereitungen im Sommer 1944 bis zur Wiedergründung der KPD im Juni 1945. Eine Dokumentation, Berlin 1993, S. 25f.; Zur programmatischen Arbeit, ebenda, S. 68–83.

[17] Diese Orientierung trat besonders deutlich hervor in den grundlegenden – und daher keinesfalls ohne sowjetische Instruktionen formulierten – Entwürfen und Referaten von Wilhelm Florin, wiedergegeben ebenda, S. 125–130, 135–158, 184–188.

[18] Vgl. ebenda, S. 125–310; Zur programmatischen Arbeit, ebenda, S. 83–123 und Einführung, ebenda, S. 25–30.

Staatseinheit voraussetzte, forderte Stalin noch auf der Konferenz von Jalta Anfang Februar 1945 einen sofortigen Aufteilungsbeschluß und bestand auf detaillierter Festlegung. Zweifelte er zu diesem Zeitpunkt noch daran, daß seine Truppen Berlin erobern würden, das ihm als Basis für eine landesweite Einflußnahme dienen konnte? Wie auch immer – Churchill, der so wie Roosevelt inzwischen die Zerstückelungsidee fallengelassen hatte, widersetzte sich dem Verlangen. Eine so rasche Entscheidung sei wegen der Komplexität des Problems ausgeschlossen. Daraufhin kamen die drei Politiker überein, die Frage durch eine Kommission klären zu lassen. Auf Stalins Drängen wurde gleichzeitig die Zerstückelungsabsicht in den Kapitulationsbedingungen für Deutschland ausdrücklich erwähnt[19]. Am 24. März 1945 jedoch erhielt der Vertreter der UdSSR in der Kommission überraschend die Weisung, er solle sich nicht weiter um eine Teilungsregelung bemühen[20]. Am 9. Mai 1945 erklärte der Generalissimus öffentlich, daß „die Sowjetunion den Sieg feiert, wenn sie sich auch nicht anschickt, Deutschland zu zerstückeln oder zu vernichten"[21]. Keine der drei Mächte war mehr an einer staatlichen Spaltung des Feindstaates interessiert.

Die Entscheidung Stalins für den Erhalt der deutschen Einheit konnte, ungeachtet seines vorangegangenen Eintretens für eine Zerstückelung des Landes, kaum überraschen. Wie es scheint, hatte der Kreml zwar verschie-

[19] Gesprächswiedergaben von Bohlen und Matthews über die zweite Plenarsitzung am 5. 2. 1945 um 16 Uhr, in: FRUS. The Conferences at Malta and Yalta 1945, Washington 1955, S. 611–616, 624–628; Gesprächswiedergabe von Page über die Zusammenkunft der Außenminister am 6. 2. 1945 um 12 Uhr, ebenda, S. 656; Gesprächswiedergabe von Page über die Zusammenkunft der Außenminister am 7. 2. 1945 um 12 Uhr, ebenda, S. 700; Gesprächswiedergabe von Bohlen über die vierte Plenarsitzung am 7. 2. 1945 um 16 Uhr, ebenda, S. 709; Arbeitsentwurf der Außenminister vom 11. 2. 1945 für ein Ergebnisprotokoll der Konferenz, ebenda, S. 936; Zusammenstellung der Konferenzergebnisse durch die amerikanische Delegation o.D. *[vermutlich 11. 3. 1943]*, ebenda, S. 947 f. Die in der sowjetischen Sammlung wiedergegebenen Dokumente sind offensichtlich verstümmelt; gemäß der seinerzeit häufig geübten Praxis der nicht markierten Auslassung einzelner Sätze und sogar Satzteile ist es für den Benutzer nicht möglich, sich ein zutreffendes Bild von den Konferenzvorgängen zu machen: Sovetskij Sojuz na meždunarodnych konferencijach, Tom IV: Krymskaja konferencija, S. 59–64, 77–80, 225, 232. Als vorbereitendes Dokument vgl. A.Ja. Vyšinskij an V.M. Molotov, 17. 1. 1945, in: Kynin/Laufer, SSSR i germanskij vopros, S. 597–600; Kynin, Antihitlerkoalition, S. 195 f.; Kynin, Germanskij vopros vo vzaimootnošenijach SSSR, S. 119–123 *[einschließlich entsprechender Äußerungen Stalins gegenüber westlichen Staatsmännern im Herbst 1944]*.

[20] V.M. Molotov an F.T. Gusev, 24. 3. 1945, in: Kynin/Laufer, SSSR i germanskij vopros, S. 626; Kynin, Antihitlerkoalition, S. 197 f.

[21] Erklärung Stalins während der Siegesparade am 9. 5. 1945, in: J.W. Stalin, Werke, hrsg. auf Beschluß des ZK der KPD/ML, Bd. 15 (Mai 1945 – Oktober 1952), Dortmund 1976, S. 4; Die Sowjetunion auf internationalen Konferenzen während des großen Vaterländischen Krieges 1941 bis 1945, hrsg. vom Ministerium für Auswärtige Angelegenheiten der UdSSR, Bd. 6: Die Potsdamer (Berliner) Konferenz der höchsten Repräsentanten der drei alliierten Mächte – UdSSR, USA und Großbritannien (17. Juli – 2. August 1945). Dokumentensammlung, Moskau – *[Ost-]*Berlin 1986, S. 354 (Anm. 6). Als interne Aussage vgl. Notiz W. Piecks über eine Unterredung in Moskau, 4. 6. 1945, in: Rolf Badstübner/Wilfried Loth (Hrsg.), Wilhelm Pieck – Aufzeichnungen zur Deutschlandpolitik 1945–1953, Berlin 1994, S. 50.

dene Optionen erwogen, aber der Einheit stets Priorität eingeräumt. Der Generalissimus hatte 1944 an der Ausarbeitung des Aktionsprogramms durch die Moskauer KPD-Führer persönlichen Anteil genommen, das ein einheitliches Deutschland voraussetzte. Dagegen bedachte kein sowjetischer Spitzenfunktionär die Arbeit der Aufteilungsplaner im Außenministerium mit Aufmerksamkeit. Aufgrund dieses Tatbestandes läßt sich vermuten, daß Stalin stets die Möglichkeit im Auge behalten hatte, an der deutschen Einheit festzuhalten, wenn ein hinreichender Einfluß auf die künftige Entwicklung des Landes gewährleistet schiene, und daß er im ausgehenden Winter 1945 zu dem Schluß gekommen war, dies sei nunmehr der Fall und daher sei es nicht länger nötig, das deutsche Potential durch Aufspaltung zu paralysieren. Er dürfte nunmehr statt dessen daran gedacht haben, Deutschland für seine Zwecke zu nutzen, d.h. seinen dortigen Einfluß auf der Basis des Aktionsprogramms von 1944 zur Geltung zu bringen. Dazu bedurfte es einer Wahrung nicht nur der Staatseinheit, sondern auch der zentralistischen Strukturen, die das nationalsozialistische Regime geschaffen hatte.

Es dürfte kein Zufall sein, daß der Kurswechsel im März 1945 vollzogen wurde. Stalin war während der Konferenz von Jalta in der Hoffnung bestärkt worden, künftig einen beherrschenden Einfluß auf das besiegte Land ausüben zu können: Präsident Roosevelt hatte ihm auf Befragen erklärt, die USA würden ihre Truppen rasch aus Europa abziehen[22]. Wenig später gab es einen weiteren Grund zur Zuversicht. Im September 1944 hatte der sowjetische Führer den Finnen einen Abbruch der Kampfhandlungen gewährt und dabei den Verzicht auf die Besetzung ihres Landes in Kauf genommen, um seine Streitkräfte auf den Stoß gegen Berlin konzentrieren zu können. Im März 1945 konnte er befriedigt feststellen, daß sich der Einsatz gelohnt hatte: Die deutsche Hauptstadt war in die unmittelbare Reichweite der Roten Armee gerückt. Die westlichen Truppen dagegen waren noch weit entfernt, so daß er mit Gewißheit damit rechnen konnte, diese politisch wichtige Position in die Hand zu bekommen[23].

Einschätzung des Kräfteverhältnisses und der Handlungsmöglichkeiten bei Kriegsende

Obwohl die Rote Armee 1944/45 weite Teile Ost- und Mitteleuropas in ihre Gewalt brachte, erschien die Gesamtlage aus Moskauer Sicht nicht allzu rosig. Der deutsche Überfall im Juni 1941 hatte die Sowjetunion tödlich

[22] FRUS, The Conferences at Malta and Yalta 1945, S. 701 f.; Sovetskij Sojuz na meždunarodnych konferencijach, Tom IV: Krymskaja konferencija, S. 66.

[23] Alexander Fischer, Die sowjetische Deutschlandpolitik 1941–1945, Stuttgart 1975, S. 136; Norman Nejmark *[Naimark]*, Predislovie, in: Bernd Bonveč *[Bonwetsch]*/Gennadij Bordjugov/Norman Nejmark (Hrsg.), SVAG. Upravlenie propagandy (informacii) i S.I. Tjul'panov 1945–1949. Sbornik dokumentov, Moskau 1994, S. 6.

bedroht. Trotzdem war Stalin, wie es scheint, schon am Jahresende zu dem Schluß gekommen, gute Aussichten auf die schließliche Überwindung des deutschen Feindes zu haben: Nach dem Kriegseintritt der USA besaß die Anti-Hitler-Koalition ein übermächtiges Potential, das die Lage früher oder später zugunsten der eigenen Seite wenden würde. Damit schienen die Gefahren aber noch nicht überwunden. Die Verbündeten waren „imperialistische" Länder. Sie waren der UdSSR weit überlegen. Denn diese erschöpfte ihre Kräfte immer mehr durch die enormen Opfer, die das – weithin auf ihrem Territorium ausgetragene – ausgedehnte und erbitterte militärische Ringen forderte. Dagegen schien Großbritannien vergleichsweise wenig geschwächt. Vor allem aber war die Macht der – weit von den Kriegsschauplätzen entfernten – USA mit ihren enormen Ressourcen in einem Aufstieg begriffen, demgegenüber die Sowjetunion kümmerlich dastand. Das Kräfteverhältnis zwischen der UdSSR und den „Imperialisten" war also höchst ungünstig. Zudem sah sich der Kreml darauf angewiesen, daß die Amerikaner seinem ausgepowerten Land nach dem Krieg weiter großzügig Hilfe gewähren würden – eine Hoffnung, die sich dann als trügerisch erwies.

Das Gefühl sowjetischer Unterlegenheit wurde durch die Erwartung gemildert, die amerikanischen Truppen würden bald in ihre Heimat zurückkehren[24]. Demnach schienen die USA so wie nach dem Ersten Weltkrieg an Europa wenig Interesse zu haben und erneut eine Isolationspolitik betreiben zu wollen. Diese Annahme war sicherlich ein wesentlicher Grund für die Geringschätzung, die Stalin vielen Wünschen und Forderungen seiner Besatzungspartner in Deutschland entgegenbrachte: Wenn die entscheidende Macht im Westen am Schicksal des besiegten Landes und damit zugleich Europas keinen dauernden Anteil nahm, dann hatte die UdSSR nicht mit ernstlicher Gegensteuerung zu rechnen. Es genügte, wenn die sowjetische Seite sich als eine Macht präsentierte, die ein grundsätzliches Bekenntnis zu den Prinzipien der Kooperation und der Demokratie ablegte; Rücksichten auf konkret und detailliert dargelegte westliche Standpunkte erschienen überflüssig. Mit der Ankündigung des Marshall-Plans, der ein langfristiges Europa-Engagement zum Inhalt hatte, entzogen die USA dieser Zuversicht die Basis. Dessen ungeachtet, sah sich der Kremlführer nicht zur Korrektur, sondern zur Radikalisierung seiner antiwestlichen Haltung veranlaßt. Dabei mögen Beharrung und Trotz eine Rolle gespielt haben. Entscheidend aber dürfte die Überzeugung gewesen sein, daß er, ungeachtet

[24] Die Auskunft Präsident Roosevelts auf der Konferenz von Jalta gewann zusätzliche Plausibilität durch die Tatsache, daß die USA sofort nach Kriegsende ihre Soldaten bis auf kleine, für administrative Aufgaben verwendete Restkontingente nach Hause schafften. Stalin war zudem weithin davon überzeugt, daß sich die Politik der westlichen Länder wie nach dem Ersten Weltkrieg entwickeln werde, und daher gerne bereit zu glauben, daß sich der amerikanische Isolationismus von 1919 wiederholen werde.

aktueller sowjetischer Unterlegenheit, auf längere Sicht wichtige Trümpfe in der Hand halte.

Stalin war insbesondere davon überzeugt, daß deren politisches System dem des Westens weit überlegen sei. Es sei nicht nur gegen innere Krisen wie die der westlichen Länder in den frühen dreißiger Jahre gefeit, sondern auch in jeder – insbesondere auch in wirtschaftlicher – Hinsicht viel leistungsfähiger. Daher werde das materielle Übergewicht der angelsächsischen Mächte, vor allem der USA, nicht von Dauer sein: Ihr Potential werde gegenüber dem sowjetischen laufend abnehmen. Daraus würde sich ein erheblicher Wandel des internationalen Kräfteverhältnisses ergeben[25]. Weiter schöpfte der Kreml Zuversicht aus dem Glauben, daß die UdSSR einem „sterbenden Kapitalismus" gegenüberstehe, der aufgrund von unüberwindlichen inneren „Widersprüchen" zwischen „Arbeit und Kapital" (in den einzelnen Ländern) sowie zwischen den „Finanzgruppen und Mächten" (im zwischenstaatlichen Bereich) dem Untergang geweiht sei. Insbesondere steuere die „imperialistische" Außenwelt unaufhaltsam der Katastrophe wechselseitiger Selbstvernichtung zu. Lenin hatte den Ersten Weltkrieg auf die selbstzerstörerische Dynamik des – als System verstandenen – „Imperialismus" zurückgeführt, deren notwendiges Ergebnis die Auflösung der alten Ordnung und der Ausbruch der sozialistischen Revolution gewesen sei. Dieser Umsturz sollte sich nach seiner Erwartung auf alle Länder, vor allem aber auf Deutschland und Kontinentaleuropa, ausbreiten.

Nachdem in den zwanziger Jahren die Hoffnung auf eine „Weltrevolution" immer wieder enttäuscht worden war und es zuletzt keine Anzeichen mehr für eine solche Entwicklung gab, sprach Stalin von einer „revolutionären Ebbe", die man überstehen müsse, bis die Flut wieder einsetze. Vorerst habe man mit dem „Sozialismus *[nur]* in einem Lande" zu rechnen. Dabei baute er darauf, daß die von Lenin diagnostizierte Selbstzerstörungsdynamik des „imperialistischen" Systems zwar nach wie vor wirksam sei, aber erst nach einer längeren Latenzphase wieder akut werde. Der Vorgang des Ersten Weltkriegs sollte sich demnach wiederholen, indem sich die Staaten des „Imperialismus" nochmals in einen wechselseitigen bewaffneten Großkonflikt verwickeln und damit das alte System vollends dem hausgemachten Untergang preisgeben würden. Dabei ging er von der Leninschen Prämisse aus, daß die „zwischenimperialistischen Widersprüche" aufgrund historischer Gesetzmäßigkeit fortlaufend anwachsen und schließlich zu einer tödlichen Auseinandersetzung zwischen den Mächten führen müßten, die an der alten Ordnung festhielten. Seine Erwartung ging dahin, daß dieser Krieg so wie in den Jahren ab 1914 in lange, schwere Kämpfe münden werde, der die „imperialistischen" Staaten erschöpfen, ihre politisch-sozialen Struktu-

[25] Rede Stalins in seinem Moskauer Wahlkreis, 9. 2. 1946, in: Pravda, 10. 2. 1946; Imperializm, in: Bol'šaja Sovetskaja Ėnciklopedija, Bd. 17, Moskau 1952, S. 568, 581–584.

ren erschüttern und revolutionäre Erhebungen auslösen werde. Der UdSSR würde dann die Aufgabe zufallen, die Beseitigung der alten Ordnung zu vollenden und dem Sozialismus endgültig zum Sieg zu verhelfen[26]. Diese hoffnungsvolle Perspektive erlaubte es den sowjetischen Politikern, trotz massiver Unterlegenheit an der Haltung prinzipieller Feindschaft zur Außenwelt festzuhalten.

Es schien die angenommene Gesetzmäßigkeit zu bestätigen, daß das Deutsche Reich nach der nationalsozialistischen Machtergreifung auf Konfrontationskurs zum Westen ging. Durch den Nichtangriffspakt vom August 1939 bot Stalin Hitler die Gelegenheit, einen Krieg zu beginnen, ohne auf Dauer einen Gegner im Osten befürchten zu müssen[27]. Die raschen Erfolge der Wehrmacht 1939 und 1940 riefen in Moskau die Sorge hervor, statt eines langdauernden Abnutzungskrieges stehe ein Sieg des nationalsozialistischen Reiches bevor mit der mißlichen Folge seiner Hegemonie in Europa. Ungeachtet des deutschen Angriffs auf die UdSSR 1941, der nicht in das vorgefaßte Bild paßte, hielt der sowjetische Führer auch danach an seiner Auffassung fest. In seiner Sicht beschränkte sich die Abweichung von der Voraussage darauf, daß die Sowjetunion früher als erwartet in das militärische Ringen hineingezogen worden war. An der Tatsache des selbstmörderischen Kampfes zwischen den „imperialistischen" Mächten hatte sich ja nichts geändert. Allerdings mußte der Kreml erkennen, daß er mit dem Ende des Zweiten Weltkriegs zwar seine Macht ausdehnen konnte, aber noch längst nicht am Ziel seiner Wünsche angekommen war. Die Verheißung, der bewaffnete Großkonflikt werde das alte System beseitigen und den Sozialismus weltweit zum Sieg führen, hatte sich nur zu einem geringen Teil erfüllt.

Stalin zog daraus den Schluß, daß nach den beiden bisher geführten Weltkriegen eine weitere, dritte Etappe der „allgemeinen Krise des Kapitalismus" und des aus ihr erwachsenden Streits zwischen den „imperialistischen" Mächten zu erwarten sei, der zur wechselseitigen Vernichtung der Außenwelt – mit den Folgeerscheinungen einer Erhebung der „Arbeiterklasse" im Westen und eines abschließenden militärischen Eingreifens der UdSSR – führen müsse. In dieser erneuten Krise werde der „Imperialismus" endgültig die Fähigkeit einbüßen, dem Druck der „unterdrückten Massen" und der sowjetischen Truppen standzuhalten[28]. Solange diese Entwicklung noch keine konkreten Formen annahm, galt es nach Ansicht des Kremlfüh-

[26] Stalin, Werke, Bd. 6 (1924), S. 83f., ebenda, Bd. 10 (August – Dezember 1927), S. 41–44, ebenda, Bd. 12 (April 1929 – Juli 1930), S. 223f.

[27] Hierzu Pons, The Impact, S. 277–279, 291, 296f. Die Darstellung von Pons beruht auf publizierten sowjetischen Aktenstücken und auf Tagebucheintragungen von Georgij Dimitrov.

[28] Rede Stalins in seinem Moskauer Wahlkreis, 9. 2. 1946, in: Pravda, 10. 2. 1946; Imperializm, in: Bol'šaja Sovetskaja Ėnciklopedija, Bd. 17, Moskau 1952, S. 568, 581–584; Kapitalizm, ebenda, Bd. 20, Moskau 1953, S. 61.

rers, die Bevölkerung seines Landes vor Sorglosigkeit gegenüber dem Westen zu warnen. Er betonte daher schon in den Jahren der Vier-Mächte-Kooperation den „faschistischen" Charakter der „bürgerlichen Demokratien" und leitete daraus die Gefahr ab, daß sie einen Krieg gegen die Sowjetunion vom Zaun brechen könnten[29]. Nach dem offenen Bruch von 1947 befestigte sich die Überzeugung weiter, daß man in den westlichen Staaten, vor allem in den USA, den Feind zu sehen habe und daß die sich gesetzmäßig zwischen ihnen entwickelnden Konflikte dem Sozialismus schließlich zum Sieg verhelfen würden. Als sich Anfang der fünfziger Jahre eine Entwicklung abzeichnete, welche die Bundesrepublik zum politischen und militärischen Faktor im westlichen Lager werden ließ, sah Stalin darin den Ausgangspunkt für einen künftigen Krieg zwischen den Westmächten, besonders den Vereinigten Staaten, und den, wie er meinte, in eine benachteiligte Position gezwungenen Westdeutschen[30].

Leitvorstellungen der sowjetischen Europa-Politik

Angesichts der sowjetischen Erschöpfung und Unterlegenheit Mitte der vierziger Jahre sah sich Stalin genötigt, beim Verfolgen außenpolitischer Ziele stärker Rücksicht auf westliche Erwartungen und Empfindlichkeiten zu nehmen. Daher kamen kommunistische Machtergreifungsversuche in Ländern mit britischer und amerikanischer Truppenpräsenz von vornherein nicht in Betracht. Die kommunistischen Parteien Frankreichs und Italiens, die sich dabei gute Chancen ausrechneten, wurden angewiesen, Putschversuche zu unterlassen und mit den demokratischen Kräften zusammenzuarbeiten[31]. Allem Anschein nach hielt der Kremlführer bis auf weiteres eine Politik der Interessensphären für angebracht: Wo westliche Soldaten standen, hatten die Westmächte das Sagen; die dem Machtbereich der UdSSR zugehörigen Territorien dagegen konnten und sollten, was immer im einzelnen an taktischen Winkelzügen zweckmäßig sein mochte, unmerklich auf den sowjetischen Entwicklungsweg gebracht werden[32]. Im Osten wie Westen des Kontinents bestand der Kreml gleichermaßen auf Befolgung seines Willens durch die kommunistischen Parteien, auch wenn deren Interessen

[29] Rede Stalins in seinem Moskauer Wahlkreis, 9. 2. 1946, in: Pravda, 10. 2. 1946; Gerhard Duda, Jenö Varga und die Geschichte des Instituts für Weltwirtschaft und Weltpolitik in Moskau 1921–1970, Berlin 1994, S. 175–279.

[30] Stenogramma peregovorov I.V. Stalina s Čžou Ėn'laem v avguste – sentjabre 1952g., in: Novaja i novejšaja istorija 2/1997, S. 69–86, hier: S. 84; Rechenschaftsbericht Stalins vor dem XIX. KPdSU-Parteitag, 2. 10. 1952, in: Pravda, 3. 10. 1952.

[31] Zapis' besedy I.V. Stalina s tov. Torezom, 19. 11. 1944, in: Vestnik, 4/1995, S. 152–158. Pons, The Impact, S. 289f. Wie im Falle Italiens belegt ist, verfolgte Stalin diese Linie, obwohl einige seiner Mitarbeiter andere Vorstellungen hegten.

[32] Ebenda, S. 305f., 280; Mastny, The Cold War and Soviet Insecurity, S. 20; V.K. Volkov, U istokov koncepcii „socialističeskogo lagerja", in: V.K. Volkov, Uzlovye problemy novejšej istorii stran Central'noj i Jugo-Vostočnoj Evropy, Moskau 2000, S. 59–81, hier: S. 74.

vor Ort in andere Richtung gingen. Diese Unterordnung wurde freilich nach außen hin sorgsam verborgen[33].

Stalin sah sich jedoch auch innerhalb des Gebiets, das seine Truppen eroberten, zu Rücksichten bewogen. Er wollte die UdSSR den angelsächsischen Kriegsverbündeten als eine normale Macht präsentieren, gegenüber der kein Mißtrauen wegen revolutionärer Ambitionen angebracht sei. Dieses Bemühen ließ ihn zunächst einmal von der bisherigen Praxis Abschied nehmen, alle in den Bannkreis seiner Macht geratenen Gebiete dem Sowjetstaat als der politischen Heimat der „Werktätigen" aller Völker unmittelbar einzuverleiben. Das schien um so mehr geboten, als London und Washington territoriale Erweiterungen grundsätzlich ablehnten, die sich nicht mit Gründen der nationalen Integrität und/oder Sicherheit rechtfertigen ließen. Stalin forderte daher Annexionen nur so weit, wie er ein traditionell-staatliches Interesse geltend machen konnte. Zu den Erwerbungen aufgrund des Paktes mit Hitler, die als Teile des früheren Russischen Reiches „zurückgewonnen" wurden, kam nur noch die Karpato-Ukraine, die mit ihrer Titularnation vereinigt wurde. Im Blick auf die eroberten Länder, die außerhalb der UdSSR blieben, berief sich der Kremlführer auf die Zusage der angelsächsischen Verbündeten, daß er dort ein Recht auf „freundliche Regierungen" habe, um sein Land vor einer möglichen neuen deutschen Aggression zu sichern. Zusammen mit dem Besitz der militärischen Macht bot dies einen Ansatzpunkt für weitgehende Forderungen, hinter denen sich nicht zuletzt auch innenpolitische Ziele verbargen.

Um den nunmehr verbündeten Angelsachsen den Eindruck eines normalen Staates ohne revolutionäre Ambitionen zu vermitteln, der nur seine Sicherheit gewährleisten wolle, erschien es vor allem auch notwendig, die sowjetische Politik von dem Ruch umstürzlerischer Bestrebungen zu befreien, den ihr die Tätigkeit der Komintern verschafft hatte. Daher ließ Stalin diese Organisation im ausgehenden Frühjahr 1943 in aller Form auflösen. Deren Büros setzten freilich als Teile des sowjetischen ZK-Apparats ihre bisherigen Aktivitäten fort[34]. Ihre leitenden Funktionäre formulierten zusammen mit der Politischen Hauptverwaltung der Streitkräfte Prinzipien für die

[33] V. Mar'ina, VKP(b) i KPČ: ot doverija k podozritel'nosti, 1945–1948gg., in: Ė.G. Zadorožnjuk/V. Mar'ina (Hrsg.), Fevral' 1948. Moskva i Praga. Vzgljad čerez polveka. Materialy vtorogo zasedanija Komissii istorikov i archivistov Rossii i Čechii, Moskva, 26–30 aprelja 1997g., Moskau 1998, S. 17–43, hier: S. 19f., 23ff.

[34] M.M. Narinskij, Sovetskaja vnešnjaja politika i proischoždenie cholodnoj vojny. Sovetskaja vnešnjaja politika v retrospektive, 1917–1991, Moskau 1993, S. 122; N. Lebedeva/M. Narinskij, Rospusk Kominterna v 1943 godu, in: Meždunarodnaja žizn' 5/1994, S. 80–88; Grant M. Adibekov, Ot ispolkoma Kominterna do otdela meždunarodnoj informacii, in: Bulgarian Historical Review 2–3/25 (1997), S. 156–179; Bernhard H. Bayerlein (Hrsg.), Georgi Dimitroff. Tagebücher 1933–1943. Aus dem Russischen und Bulgarischen von Wladislaw Hedeler und Birgit Schliewenz, Berlin 2000, S. 694–696, 701f., 708; Volkov, U istokov koncepcii, in: Volkov, Uzlovye problemy novejšej istorii stran Central'noj i Jugo-Vostočnoj Evropy, Moskau 2000, S. 60–63, 67–72.

politische Transformation der Gebiete, welche die Rote Armee erobern werde[35]. Um Regime und System der UdSSR auf diese Länder zu übertragen, kümmerten sie sich nach Anweisungen des obersten sowjetischen Führers in großem Maßstab um die Ausbildung kommunistischer Kader und die Ausarbeitung von Aktionsprogrammen für deren Tätigkeit[36].

Um die angelsächsischen Verbündeten über den Charakter seiner Politik in den eroberten Gebieten zu täuschen, entwarf Stalin das Konzept eines „neuen Typus von Demokratie". Wie es offiziell hieß, sollte in diesen Ländern keine Transformation nach dem Muster der UdSSR stattfinden. Es ging demnach angeblich nur um eine „bürgerlich-demokratische Ordnung", die einige Besonderheiten aufweisen würde, um sozialen Ausgleich und nationalen Konsens zu gewährleisten. Intern erläuterte der Kremlführer, der Unterschied zum sowjetischen Modell liege darin, daß man hier keiner „Diktatur des Proletariats" bedürfe, sondern „ohne blutigen Kampf" auskomme, denn die Machtfrage stehe nicht mehr auf der Tagesordnung; sie sei durch die Rote Armee bereits entschieden. Das erlaubte es, den nötigen „Klassenkampf" auf wenig aufsehenerregende, parlamentarische Weise voranzutreiben. In der offiziellen Terminologie war von einer „volksdemokratischen" Ordnung und von „nationalen *[weil von der UdSSR abweichenden]* Wegen zum Sozialismus" die Rede. Der Gebrauch des Zielbegriffes „Sozialismus" (der ausschließlich zur Bezeichnung des Sowjetsystems diente) gab den eingeweihten Kadern zu verstehen, daß der Unterschied zur Ordnung der UdSSR allein die Methode betraf, wie das angestrebte identische Ergebnis erreicht werden sollte. Als Weg, der genauso wie in der Sowjetunion die Erreichung des Endziels gewährleisten sollte, wurde eine wirtschaftlich-soziale Transformation zur Ausschaltung der „Klasse der Großkapitalisten" in Stadt und Land ins Auge gefaßt. Damit würde, wie der Kreml kalkulierte, langfristig die Grundlage für den Sieg der „Arbeiterklasse" und der „Werktätigen" insgesamt gelegt werden[37].

Die Strategie für diesen „parlamentarischen Weg zum Sozialismus" war die Bildung einer „Nationalen Front". Die Besatzungsmacht verschaffte den Kommunisten, die in den besetzten Ländern des europäischen Ostens fast durchweg sehr schwach waren, dadurch entscheidendes Gewicht, daß sie alle anderen zugelassenen politischen Kräfte zu einem Zusammenschluß

[35] Fischer, Die sowjetische Deutschlandpolitik, S. 103; Manfred Koch, Zum Tode Sergej Tjulpanovs, in: Deutschland Archiv 17 (1984), S. 341–343.

[36] Vgl. u. a. V.K. Volkov, Uzlovye problemy, S. 72–78.

[37] Zapis' besedy I.V. Stalina s B. Berutom i Ė. Osubka-Moravskim po voprosam ėkonomičeskogo i političeskogo stroitel'stva dvuch stran, 24. 5. 1946, in: Vostočnaja Evropa v dokumentach rossijskich archivov, Bd. I: 1944–1948gg., hrsg. vom Institut slavjanovedenija i balkanistiki Rossijskoj Akademii Nauk/RCChIDNI/GARF, Moskau/Novosibirsk 1997, S. 443–463; Zapis' besedy I.V. Stalina s liderami PPS o roli PPS v političeskom razvitii Pol'ši, 19. 8. 1946, ebenda, S. 505–513; T.V. Volokitina/G.P. Muraško/A.F. Noskova, Narodnaja demokratija: Mif ili real'nost'?, Moskau 1993, S. 236–239, 242–254, 306–312.

nötigte, der ihnen die Formulierung eigener Positionen verbot. Die von der UdSSR mit den Schlüsselpositionen betrauten kommunistischen Kader wachten darüber, daß dieser namens der nationalen Einheit aufgestellte Grundsatz nicht verletzt wurde, und gaben zugleich als Vertrauensleute der Militärbehörden die Linie vor, die angesichts der sowjetischen Haltung allein in Betracht kam. Auf diese Weise wuchs ihnen unter den Parteien des jeweiligen Landes die „führende Rolle" zu, die ihnen nach marxistisch-leninistischer Lehre zustand. Der Kreml befand zudem darüber, welche Kräfte nicht als „antifaschistisch-demokratisch" gelten durften und daher vom politischen Leben auszuschließen waren. Eine früher oder später durchgeführte Maßnahme war die – weithin erzwungene – Bildung einer „vereinigten Arbeiterpartei", die der anfänglichen Selbständigkeit der Sozialdemokraten ein Ende machte und deren Mitglieder kommunistischer Kontrolle und Disziplin unterstellte.

Die kommunistischen Kader wurden von der Sowjetmacht in die Schlüsselpositionen von Staat und Gesellschaft plaziert und erhielten durch das Zusammenspiel mit ihr die Möglichkeit, die Bevölkerung durch Vorspiegeln einer allgemeinen, scheinbar von niemandem in Frage gestellten Übereinstimmung politisch zu mobilisieren. Außerdem sah das für sie in Moskau vorbereitete Aktionsprogramm vor, daß sie ihr Initiativmonopol zur Schaffung von Streitfragen nutzten, um nacheinander die jeweils als „Hauptgegner" ins Auge gefaßten nicht-kommunistischen Gruppierungen entlang vorausgeplanter Trennlinien zu spalten, außerhalb des „antifaschistisch-demokratischen" Konsenses zu stellen, als „Reaktionäre" bzw. „Volksfeinde" zu entlarven und auf diese Weise zu isolieren und auszuschalten. Das Mehrparteiensystem, das mit Rücksicht auf die besondere Lage am Ende des Zweiten Weltkrieges zunächst erforderlich schien, war bewußt darauf abgestellt, sich allmählich selbst zu zerstören und durch das Machtmonopol einer kommunistischen Partei ersetzt zu werden, deren dauernde Abhängigkeit vom Kreml die Einheit des „sozialistischen Lagers" gewährleisten sollte[38].

Leitvorstellungen der sowjetischen Deutschland-Politik

Die Leitlinien für das Vorgehen in den eroberten Ländern galten grundsätzlich auch für das besiegte Deutschland, doch machte die dortige westliche Präsenz besondere Vor- und Umsicht erforderlich[39]. Der Strategie der „Nationalen Front" kam noch größere Bedeutung zu. Sie hatte hier die zusätzliche Funktion, einer Übertragung der politischen Verhältnisse im sowjeti-

[38] Eduard Mark, Revolution By Degrees: Stalin's National-Front Strategy for Europe, 1941–1947, Working Paper No. 31, Cold War International History Project, Woodrow Wilson International Center for Scholars, Washington/DC, February 2001; Volkov, U istokov koncepcii, in Volkov, Uzlovye problemy, S. 72–78.

[39] V.V. Mar'ina, Dnevnik G. Dimitrova, in: Voprosy istorii 7/2000, S. 32–55, hier: S. 47.

schen Okkupationsgebiet auf die Westzonen Vorschub zu leisten. Wo die Besatzungsbehörden nicht der UdSSR, sondern der Westmächte das Sagen hatten, kam nur ein Parteiensystem in Betracht, das einen westlich-demokratischen Eindruck machte und damit vom „bürgerlichen" Standpunkt her legitimiert schien. Aber selbst wenn es gelang, in Westdeutschland sowohl die zuständigen westlichen Stellen als auch die „bürgerlich" dominierten einheimischen Eliten für die Bildung einer „antifaschistisch-demokratischen" Front nach sowjetischer Vorstellung zu gewinnen, war das damit verbundene Aktionsprogramm problematisch. Seine Verwirklichung hing weitgehend vom Zusammenspiel zwischen den kommunistischen Führern und der sowjetischen Besatzungsmacht ab, das den anderen Parteien keinen Widerspruch gestattete[40]. Genau diese Voraussetzung fehlte jedoch in den Westzonen.

Deutschland ließ sich nicht dem Interessen- und Einflußbereich der einen oder anderen Seite zuordnen. Das Land war weder von westlichen noch sowjetischen Truppen allein besetzt. Zwar gab es separate Besatzungsgebiete, doch sollte die „oberste Gewalt" nach den getroffenen Übereinkünften gemeinschaftlich durch den Kontrollrat ausgeübt werden[41]. Auch wenn die betreffenden Beschlüsse ziemlich allgemein gehalten waren, sah sich der Kreml dadurch Beschränkungen seiner Handlungsfreiheit ausgesetzt, die er kaum völlig ignorieren konnte, wenn er auf gesamtdeutschen Einfluß Wert legte. Daran war er aber, wie er schon in einem frühen Stadium der Kriegsbeteiligung deutlich gemacht hatte, durchaus interessiert[42]. Den deutschen Kadern wurde daher eingeschärft, sie hätten „das Bündnis der drei Großmächte weiter zu unterstützen und nichts zu unternehmen, was der Reaktion in den Vereinigten Staaten und England erlauben könnte, dieses Bündnis zu Bruch zu treiben". Zugleich jedoch erhielten sie den Auftrag, „die Pläne der reaktionären Kräfte hinsichtlich Deutschlands zu durchkreuzen" und dessen innere „Umgestaltung" so weit voranzutreiben, wie es „die internationale Lage und die Kräfteverhältnisse in Deutschland selbst erlaub*[t]*en"[43].

Das lief auf eine politische Gratwanderung hinaus. Die allgemeine Orientierung war schon 1944 umrissen worden. Die UdSSR stehe zwar den deutschen „Werktätigen" zur Seite, aber zugleich nehme die Stärke der angelsächsischen Mächte zu, die Deutschland in der „kapitalistischen Welt" zu halten suchten. Durch eine „sozialistische Revolution" lasse sich wohl eine Einmischung dieser Staaten verhindern, doch würden sich dann unter den

40 Vgl. die Anwendung des Modells im Falle der ČSR: V. Mar'ina, VKP(b) i KPČ.
41 Erklärung der vier Mächte vom 4. 6. 1945, wiedergegeben in: Documents on Germany 1944–1985, Washington o. D., S. 33–38.
42 Pons, The Impact, S. 279 f.
43 Referat von Florin, 6. 3. 1944, in: Erler/Laude/Wilke, „Nach Hitler kommen wir", S. 135–160, hier: S. 143.

„bürgerlichen" Kräften aller Richtungen „viele Verräter finden", die sich dem Kampf der westlichen Besatzer gegen die neue Ordnung anschließen würden. Die so von innen und außen zugleich in Bedrängnis gebrachte „deutsche Arbeiterklasse" wäre in diesem Fall von einer Niederlage bedroht, die fatale Folgen für Sozialismus und „Weltarbeiterklasse" zeitigen könnte. Daher erschien es notwendig, keinen „direkten Kurs auf die sozialistische Revolution" zu nehmen. Die deutschen Kommunisten sollten darum zunächst auf die „ungeteilte Macht" verzichten und im Zusammenwirken mit sozialdemokratischen und bürgerlichen „Kompromißlerparteien und Strömungen" ein „demokratisches Regime" bürgerlichen Zuschnitts anstreben, um sich innen- wie außenpolitisch abzusichern. Dabei durfte freilich das Sowjetsystem als langfristiges Ziel nicht aus dem Auge verloren werden[44].

Wie diese Vorschrift in praktische Politik umzusetzen war, erklärte die sowjetische Führung den deutschen Kommunisten im einzelnen, als sie Anfang Juni 1945 Instruktionen zum Gründungsaufruf der KPD erteilte. Darin wurde jeder Hinweis auf kommunistische Ziele peinlich vermieden. Als Ziel wurde genannt, „die Sache der bürgerlich-demokratischen Umbildung, die 1848 begonnen wurde, zu Ende" zu führen. Erläuternd hieß es, „daß der Weg, Deutschland das Sowjetsystem aufzuzwingen, falsch wäre, denn dieser Weg entspricht nicht den gegenwärtigen Entwicklungsbedingungen in Deutschland"[45]. Auch Ackermanns Proklamation eines „deutschen Wegs zum Sozialismus" Anfang 1946 anläßlich der in Gang gesetzten Vereinigung von KPD und SPD[46] sollte das Publikum davon überzeugen, daß die Partei auf Distanz zur sowjetischen Ordnung gegangen sei. Nur wer die Feinheiten der Kreml-Sprache kannte, verstand, was wirklich gemeint war: Für einen Sowjetisierungsprozeß fehlten vorerst noch geeignete Voraussetzungen; der Weg, nicht aber das Ziel sollte deutschen Umständen bzw. Vorstellungen angepaßt werden. Gründungsaufruf und Ackermann-These entsprachen genau der Terminologie im Osten Europas.

Mit der verbalen Bekundung „bürgerlich-demokratischer" Absichten gingen Maßnahmen einher, die den Grundstein für eine sozialistische Systemtransformation legte. Dazu gehörte ein Mehrparteiensystem volksdemokratischen Musters sowie die Entmachtung der ländlichen Führungsschichten durch eine Bodenreform und der städtischen Eliten durch Beschlagnahme vor allem der größeren Industriebetriebe[47]. Die Besatzungs-

44 Grundsatzpapier von Florin, o.D. *[zwischen Februar und April 1944]*, ebenda, S. 125–130.

45 Text: Erler/Laude/Wilke, „Nach Hitler kommen wir", S. 390–397. Zur Vorgeschichte ebenda, S. 120–123; Badstübner/Loth, Wilhelm Pieck, S. 50–53.

46 Anton Ackermann, Gibt es einen besonderen deutschen Weg zum Sozialismus?, in: Einheit. Organ zur Vorbereitung der Vereinigung der Arbeiterparteien, 9. 2. 1946, S. 22–32.

47 Jochen Laufer, Die UdSSR und die Einleitung der Bodenreform in der Sowjetischen Besatzungszone, in: Arnd Bauernkämper (Hrsg.), „Junkerland in Bauernhand"?, Durchführung, Auswirkungen und Stellenwert der Bodenreform in der Sowjetischen Besatzungszone, Bei-

macht betraute zuverlässige Kader mit Schlüsselpositionen – eine Praxis, die sich nach Eingliederung der Sozialdemokraten in die SED weiter verstärkte[48]. Die mehr zur Schau getragene denn reale Zurückhaltung sollte unter anderem verhindern, daß sich die Westzonen dem Westen zuwandten, und dazu beitragen, daß sie die Neigung zu einer dauerhaften Bindung an Moskau entwickelten. Zentrale Bedeutung wurde dabei auf die Durchkreuzung aller „reaktionären Pläne" – also des Bemühens um den Aufbau einer politischen Ordnung nach westlichem Vorbild – gelegt. Zugleich ging es darum, von Anfang an Voraussetzungen für fortschreitende sozialistische Umgestaltung zu schaffen.

Terminologische Kunstgriffe

Der Erfolg der Transformationsstrategie hing nicht zuletzt davon ab, daß die UdSSR und ihre kommunistischen Gefolgsleute in den anderen Ländern ihrer Politik verbale Attraktivität verliehen. Es galt insbesondere, problematische Sachverhalte in positiver Eingängigkeit zu präsentieren, wirkungsvoll werbende Parolen zu formulieren, dem Widersacher Positivbegriffe aus der Hand zu winden und seine Ziele mit Negativwertungen zu belegen. Vor allem in Fällen, in denen den beiden letztgenannten Anforderungen entsprochen wurde, kommt es nicht selten zu Mißverständnissen bei außenstehenden Betrachtern, denn schließlich dienten die verwendeten Termini genau diesem Zweck: Das uneingeweihte Publikum sollte die gemeinte Sache mit positiven bzw. negativen Vorstellungen assoziieren, die ihm vertraut waren, sich aber oft in Wirklichkeit auf andere Inhalte bezogen. Das fing mit dem Gebrauch des Wortes „Sozialismus" an, das bei Kriegsende auch im westlichen Europa einen ganz überwiegend positiven Klang besaß und

heft 20 zu den Historischen Mitteilungen der Ranke-Gesellschaft, Stuttgart 1996, S. 21–35, hier: S. 22f.; Monika Kaiser, Sowjetischer Einfluß auf die ostdeutsche Politik und Verwaltung 1945–1970, in: Konrad Jarausch/Hannes Siegrist (Hrsg.), Amerikanisierung und Sowjetisierung in Deutschland 1945–1970, Frankfurt a.M./New York 1997, S. 111–133, hier: S. 116f.; V.M. Molotov/A.Ja. Vyšinskij an I.V. Stalin, 20. 8. 1945, in: Kynin/Laufer, SSSR i germanskij vopros, Bd. 2, Moskau 2000, S. 218–220; G.K. Žukov an V.M. Molotov (mit Anlage), 31. 8. 1945, ebenda, S. 229–232; V. Semenov, Spravka. O chode zemel'noj reformy v Sovetskoj zone okkupacii v Germanii, ebenda, S. 238–245; Fritz Schenk, Mit Geheimbefehl Nr. 01 wurden 1945 die Tresore ausgeplündert, in: FAZ, 2. 6. 1998; M.I. Semirjaga, Kak my upravljali Germaniej, Moskau 1995, S. 102–109.

[48] Tjul'panov vor der ZK-Überprüfungskommission (Auszug), 16. 9. 1946 in: B. Bonwetsch/G. Bordjugov/N. Naimark, Sowjetische Politik in der SBZ 1945–1949, S. 158; Bericht Tjul'panovs (Auszug), 25. 2. 1946, ebenda, S. 41–43; SMAD-Propaganda-Abteilung an L. Baranov, 14. 3. 1946, ebenda, S. 43–46; Pieck-Notizen über ein Gespräch mit Marschall Bokov und S. Tjul'panov, 22. 12. 1945 in: Badstübner/Loth, Wilhelm Pieck, S. 62; Pieck-Notizen über ein Gespräch mit Marschall Bokov, 21. 1. 1946, ebenda, S. 63–64; Pieck-Notizen über ein Gespräch mit Stalin am 6. 2. 1946, ebenda, S. 68; Einführung in: Gert Gruner/Manfred Wilke (Hrsg.), Sozialdemokraten im Kampf um die Freiheit. Die Auseinandersetzungen zwischen SPD und KPD in Berlin 1945/46. Stenographische Niederschrift der Sechziger-Konferenz am 20./21. Dezember 1945, München 1981, S. 9–58, hier: S. 41.

üblicherweise andere Vorstellungen zum Inhalt hatte als die – weithin wegen seines repressiven Charakters abgelehnte und generell als „Kommunismus“ bezeichnete – sowjetische Herrschafts- und Gesellschaftsordnung. Die Kennzeichnung „sozialistisch“ bezog sich in der Moskauer Terminologie stets allein auf das Sowjetsystem, während dessen Verfechter – vor allem die Partei, deren Kader und Mitglieder – „kommunistisch“ genannt wurden. Zwecks Gleichklang mit den Formulierungen in den östlichen Quellen werden diese Definitionen in der vorliegenden Studie übernommen.

In der gesamten Nachkriegszeit appellierte der Kreml mit dem Begriff des „Antifaschismus“ an das moralische Empfinden, daß man Hitler und sein Regime wegen seiner ungeheuerlichen Verbrechen mit aller Entschiedenheit ablehnen müsse. Dahinter stand freilich die – meist unausgesprochene – Vorstellung, daß nur die Kommunisten und ihre Helfer ernstlich gegen das NS-Regime Stellung genommen hätten und daß folglich nur die ihnen folgenden Personen und Gruppen ein Anrecht auf dieses Gütesiegel hätten. In der politischen Auseinandersetzung ging es entweder darum, durch die Behauptung einer politischen Gemeinsamkeit aller Hitler-Gegner den Gegensatz zwischen Demokraten und Kommunisten zu verschleiern, oder aber darum, Verweigerungen der unbedingten Gefolgschaft gegenüber der kommunistischen Parteilinie mit dem Entzug moralischer Legitimität zu bestrafen. Letzteres galt nicht nur gegenüber Deutschen. Auch die Westmächte wurden mit dem „antifaschistischen“ Gütesiegel belohnt, solange sie den sowjetischen Erwartungen entsprachen, etwa indem sie während der frühen Nachkriegsjahre am Kurs unerbittlicher Feindschaft gegenüber dem besiegten Deutschland festhielten und aufgrund dieser Motivation keine Infragestellung der Gemeinsamkeit mit der UdSSR zuließen. Die Deutschen sollten vor allem davon überzeugt werden, daß Ordnung und Politik der Sowjetunion die einzige Alternative zur Wiederkehr des NS-Regimes seien. Wer immer Hitler und seine Verbrechen ablehnte, sollte sich veranlaßt sehen, die Sache Moskaus vorbehaltlos zu unterstützen. Das allgemeine Ziel war, auf „antifaschistischer“ Grundlage eine „Massenbewegung“ unterschiedlicher politischer Kräfte und Tendenzen ins Leben zu rufen, als deren „Seele“ die „Arbeiterklasse und ihre Avantgarde, die kommunistischen und Arbeiterparteien“, zu gelten hatten[49].

Mit dieser Sprachregelung verband sich der durchgängige Gebrauch von Positivbegriffen nicht-kommunistischen Ursprungs für sowjetische Prinzipien und Standpunkte. Anfänglich hatte Lenin sein Herrschafts- und Gesellschaftssystem immer „Diktatur des Proletariats“ genannt und seine Feindschaft zur demokratischen Ordnung offen zu erkennen gegeben. Dann aber stellte er fest, daß der Terminus „Diktatur“ vielfach Ablehnung

49 Antifašistskoe dviženie, in: Bol'šaja Sovetskaja Ėnciklopedija, Bd. 2, Moskau 1950, S. 517–520, hier: S. 517.

hervorrief und daß seine Widersacher mit ihrem Plädoyer für die Demokratie propagandistisch im Vorteil waren. Daraufhin entschloß er sich, seine Systemziele mit der Wertmarke „demokratisch" zu versehen. Demnach trat er für eine „materiale Demokratie" ein, die dem Interesse – und damit dem objektiven Willen – des Volkes inhaltlich entprach. Die Begründung lautete, daß er und seine Anhänger ihr Handeln am Interesse des Proletariats (als des arbeitenden und somit eigentlichen Volkes) in Gestalt der marxistisch-leninistischen Doktrin ausrichteten und damit im Gegensatz zu allen anderen Parteien und Gruppen die Herrschaft des Volkes wahrhaft verwirklichten. Demnach waren „wahre" Demokratie und proletarische „Klassenherrschaft" der KP identisch. Die westliche Demokratie, die dem Willen des Volkes mittels Verfahrensregeln Geltung zu verschaffen sucht, wurde als bloß „formale Demokratie" abqualifiziert, hinter der sich auf der Grundlage des „kapitalistischen Eigentums an Produktionsmitteln" die „bürgerliche Klassenherrschaft" verberge[50].

Lenins Demokratiebegriff diente der sowjetischen Führung auch dazu, das NS-Regime zum Produkt der bürgerlichen Demokratie zu erklären. Diese habe aufgrund ihres „ausbeuterischen Wesens" und „volksfeindlichen Charakters" nach dem Ersten Weltkrieg dem Faschismus den Weg bereitet. Nur die „Sowjetdemokratie" könne als „Demokratie neuen, höheren Typs", als „Diktatur des Proletariats" die Menschheit vom „Unterdrükkungsregime (gnët) des Kapitals" und vom „Betrug (fal'š') der bürgerlichen Demokratie" befreien und die „Freiheiten und demokratischen Rechte für die Arbeiter, die werktätigen Bauern und die arbeitende Intelligenz" verwirklichen[51]. Auf die bürgerlich-kapitalistische Ordnung wurden auch internationale Übel wie Militarismus und Aggressionslust zurückgeführt. Im Umkehrschluß galt, daß in den sozialistischen Ländern von derartigen Erscheinungen niemals die Rede sein konnte, weil ja dort keine kapitalistischen Verhältnisse mehr bestanden[52]. Daher dienten auch alle Kräfte, die sich im „sozialistischen Lager" sammelten, stets unter allen Umständen dem Frieden. Politik und System der DDR wurden daher ständig mit dem Adjektiv „friedliebend" - zuweilen auch: „friedlich" - ausgezeichnet. Die sowjetische Seite bemühte sich schon bald nach Kriegsende, ihre systemisch definierten Vorstellungen von „Militarismus" und „Frieden" den Kadern in der SBZ einzuimpfen. Demnach folgte das Verdikt „Militarismus" nicht aus Tatbeständen wie Rüstungsumfang oder Angriffswillen, sondern allein aus

[50] Zitiert nach: Demokratija, in: Bol'šaja Sovetskaja Ėnciklopedija, Bd. 13, Moskau 1952, S. 658–660, hier: S. 658.
[51] Ebenda, S. 659f.
[52] Militarizm, in: Bol'šaja Sovetskaja Ėnciklopedija, Bd. 27, Moskau 1954, S. 481–483.

der Zuordnung zum System des Westens. Als Gegenbegriffe hatten vor allem „Sozialismus" und „Frieden" zu gelten[53].

Die Übel der NS-Vergangenheit einschließlich militärischer Aggressivität ließen sich nach amtlicher These nur dadurch an der „Wurzel" bekämpfen, daß man ihre kapitalistische Grundlage beseitigte[54]. Daraus folgerte man immer wieder (ohne diesen Zusammenhang normalerweise zu explizieren), die westlich-demokratische Ordnung (welcher der Qualitätsbegriff „Demokratie" verweigert wurde) sei nichts anderes als eine Brutstätte des „Hitlerfaschismus". Auf der Behauptung, daß nur ein politischer Wandel in sowjetischem Sinne Abhilfe schaffen könne, beruhte der seit 1946 beharrlich vertretene sowjetische Standpunkt, das Potsdamer Abkommen verpflichte die Westmächte zusammen mit der UdSSR dazu, Deutschland nach dem Modell der SBZ/DDR politisch, wirtschaftlich und gesellschaftlich umzugestalten. Gegenüber den Westdeutschen wurde geltend gemacht, daß sie im Unterschied zu ihren Landsleuten im Osten dieser Auflage noch nachzukommen hätten. Die Forderung wurde mit dem Hinweis auf die vier d's – *denazification*, *demilitarization*, *decartellization* und *democratization* – begründet. Die Interpretation beruhte auf der These, mit der geforderten Ausschaltung des Nazismus, des Militarismus und der Monopole seien die grundlegenden Bestandteile des kapitalistischen Systems für unzulässig erklärt. Im übrigen diene allein eine Ordnung östlicher Prägung den „wahren" Interessen des Volkes.

Die dargelegten Argumentationszusammenhänge waren meist nur geschulten kommunistischen Funktionären bewußt. Das hatte die – vom Kreml sicherlich einkalkulierte – Konsequenz, daß sich die breite Öffentlichkeit nicht darüber im klaren war, daß die UdSSR und ihre Parteigänger etwas grundsätzlich anderes meinten, wenn sie von Demokratie redeten. Sie erkannte im allgemeinen auch nicht, was die östliche Propaganda unter dem Frieden verstand, den sie Ende der vierziger und Anfang der fünfziger Jahre besonders nachdrücklich forderte. Es ging nicht um Frieden an sich, sondern um einen „demokratischen Frieden", der im Unterschied zum „imperialistischen Frieden" auf allmählichen Systemwechsel zum Sozialismus angelegt war. Die Rechtfertigung dieser Asymmetrie lag in der These, daß das – gerne als „Imperialismus" bezeichnete – westliche System mit innerer Notwendigkeit Kriege hervorbringe. Daher war dessen Abschaffung unerläßlich, wenn der Friede dauerhaft gewährleistet werden sollte[55]. Die unablässig erhobene Forderung nach einem einheitlichen Deutschland auf „demokratischer und friedliebender" Grundlage bedeutete daher, daß die zu treffenden Regelungen mit den systemischen und sonstigen Vorstellungen

[53] Fred Oelßner, Unser Kampf gegen den Militarismus, in: Neues Deutschland, 18. 7. 1946. Ein Artikel von solch grundsätzlicher Bedeutung war ohne sowjetische Anregung unvorstellbar.
[54] Vgl. Militarizm, Bol'šaja Sovetskaja Ėnciklopedija, S. 481.
[55] Imperializm, in: Bol'šaja Sovetskaja Ėnciklopedija, Bd. 17, Moskau 1952, S. 568–587.

des Kreml übereinstimmen sollten. Zugleich wurde in der Öffentlichkeit der Eindruck geschaffen, als sei die UdSSR bereit, auf das Verlangen nach demokratischen Verhältnissen einzugehen.

Berlin als Angelpunkt der sowjetischen Deutschland-Politik 1945–1947

Wie Stalin erwartet hatte, brachte ihm die starke Position in der deutschen Hauptstadt große politische Vorteile. Zwar erschien es ihm angebracht, den Westmächten die – in der Europäischen Beratungskommission 1944 vereinbarten – Sektoren in Berlin einzuräumen, denn nur so konnte er Thüringen, die Altmark, das westliche und mittlere Sachsen sowie das westliche Mecklenburg erlangen, ohne die seine Zone keine ausreichende territoriale Basis westlich von Oder und Neiße besaß. Er zögerte jedoch die Übergabe des Westteils der deutschen Hauptstadt an die Verbündeten zwei Monate lang hinaus, um vorher so weit wie möglich vollendete Tatsachen zu schaffen. Auch danach blieb die UdSSR in der Vorhand. Das Regierungsviertel (als Ort von Institutionen mit gesamtdeutscher Kompetenz) und das Umland (als beeinflussende Außenwelt und als Transitgebiet zu den Westzonen) blieben sowjetischer Herrschaft unterworfen. Die Macht am Sitz des Alliierten Kontrollrats, dem die „oberste Gewalt“ in Deutschland zugesprochen wurde, war damit von vornherein asymmetrisch verteilt.

Stalin nutzte die anfängliche Alleinverfügung über Berlin, um am 10. Juni 1945 einseitig und entgegen interalliierter Vereinbarung die Lizenzierung landesweiter Parteien zu verfügen und damit zu versuchen, den Okkupationspartnern die Mitentscheidung über das entstehende Parteiwesen zu nehmen[56]. Das gab den – von Kadern des Moskauer Exils geführten – Kommunisten einen zeitlichen Vorsprung vor ihren politischen Mitbewerbern. Schon am folgenden Tag trat die KPD mit einem Gründungsaufruf an die Öffentlichkeit, der kurz zuvor in Moskau formuliert worden war[57]. Als die anderen Parteien die Genehmigung beantragten, wurden sie zur Zusammenarbeit in einem Block verpflichtet, in dem der KPD insgeheim von vornherein die „führende Rolle“ zugewiesen war. Das diente dem doppelten Zweck, Sozialdemokraten und Bürgerliche unter kommunistischem Einfluß auf sowjetische Vorgaben festzulegen, ohne daß die Herkunft der Einwirkung zutage trat, und ihnen die Herausbildung von Positionen zu verwehren, die der Bevölkerung bei künftigen Wahlen Alternativen bieten würden[58]. Das Konzept, nur eine einzige Option zuzulassen, fand im gesell-

[56] Näheres bei Aleksej Filitov, The Soviet Administrators and Their German „Friends“, in: Norman Naimark/Leonid Gibianskii (Hrsg.), The Establishment of Communist Regimes in Eastern Europe, 1944–1949, Boulder/CO 1997, S. 111–122, hier: S. 111 f.

[57] Text: Erler/Laude/Wilke, „Nach Hitler kommen wir“, S. 390–397. Zur Vorgeschichte: Zur programmatischen Arbeit, ebenda, S. 120–123; Badstübner/Loth, Wilhelm Pieck, S. 50–53.

[58] Beides ließ sich mit dem sowjetischen Demokratieverständnis rechtfertigen: In Entgegenset-

schaftlichen Bereich seinen Ausdruck in einem Netzwerk sektoraler Einheitsorganisationen, die als überparteilich galten und sich in der Hand zuverlässiger Kader befanden[59]. Diese Strukturen waren als Modell mit gesamtdeutscher Reichweite gedacht[60]. Nicht nur der Zentralapparat der KPD, sondern auch die „Reichsleitungen" der anderen Parteien hatten ihren Sitz im Ostsektor zu nehmen. Dem allem lag die Vorstellung zugrunde, man müsse die „Einheit Deutschlands sichern durch *[eine]* einh*[eitliche]* KPD*[, ein]* einh*[eitliches]* ZK *[und eine]* einh*[eitliche]* Partei der Werktätigen". Damit verband sich im Kreml die Erwartung, es werde „trotz aller Einheit der Kriegsverbündeten" künftig „2 Deutschlands geben". Gemeint war offenbar, daß sich in dem besetzten Land zwei konträre politische Lager herausbilden würden[61].

Auch nach Inbesitznahme der Westsektoren durch die Verbündeten suchte der Kreml seine privilegierte Position in Berlin zu nutzen, um seinen Einfluß landesweit geltend zu machen. Die „Deutschen Zentralverwaltungen", für die er auf der Potsdamer Konferenz Zustimmung fand, waren kurz zuvor ohne Wissen der Besatzungspartner im Ostsektor einseitig eingerichtet worden[62]. Dort schuf die sowjetische Seite auch ein Medienzentrum mit gesamtdeutscher Reichweite[63]. Zugleich war die UdSSR bemüht, sich der Bevölkerung des besiegten Landes als einziger Verfechter der nationalen Einheit zu präsentieren. Mit zunehmender Deutlichkeit wurden neben

zung zur „bloß formalen" Demokratie des Westens wurde seit Lenin eine „materiale Demokratie" propagiert, deren Imperativ die Befolgung „demokratischer Grundsätze" durch diesen verpflichtete „demokratische Kräfte" war. Da von vornherein feststand, daß die marxistisch-leninistische Doktrin die Interessen des Volkes bzw. der Arbeiterklasse als dessen Kerngruppe definierte und daß allein die UdSSR auf dieser Grundlage politisch handelte, war demokratische Haltung mit der Unterordnung unter den sowjetischen Willen gleichbedeutend. Demnach hatte „Demokratie" nichts mit einer Selbstbestimmung des Volkes zu tun, sondern lief auf Gehorsam gegenüber sowjetischen Anweisungen hinaus. Folglich sahen die Besatzungsbehörden in jedem Anzeichen von Insubordination einen Erweis mangelnder „demokratischer" Gesinnung.

59 Eine Ausnahme bildeten die – von der sowjetischen Seite zunächst im Blick vor allem auf die Westmächte als unangreifbar betrachteten – beiden Großkirchen, die freilich wegen ihrer organisatorischen Unabhängigkeit insgeheim mit größtem Mißtrauen beobachtet wurden.

60 A.Ja. Vyšinskij an V.M. Molotov, 5. 7. 1945, in: Kynin/Laufer, SSSR i germanskij vopros, Bd. 2, S. 175–178.

61 Notiz Piecks über ein Gespräch in Moskau, 4. 6. 1945, in: Badstübner/Loth, Wilhelm Pieck, S. 50. Vgl. dazu die einschlägigen Dokumente in: Erler/Laude/Wilke, „Nach Hitler kommen wir"; Keiderling, „Gruppe Ulbricht".

62 Frank Zschaler, Die Entwicklung einer zentralen Finanzverwaltung in der SBZ/DDR 1945-1949/50, in: Hartmut Mehringer (Hrsg.), Von der SBZ zur DDR. Studien zum Herrschaftssystem in der Sowjetischen Besatzungszone und in der Deutschen Demokratischen Republik. Sondernummer Schriftenreihe der Vierteljahrshefte für Zeitgeschichte, München 1995, S. 97–138, hier: S. 102; Jochen Laufer, Konfrontation oder Kooperation? Zur sowjetischen Politik in Deutschland und im Alliierten Kontrollrat, in: Alexander Fischer (Hrsg.), Studien zur Geschichte der SBZ/DDR, Berlin 1993, S. 57–80, hier: S. 68; Kynin/Laufer, SSSR i germanskij vopros, Bd. 2, Vvedenie, S. 11–88, hier: S. 61.

63 Heinrich Maetzke, Der Union Jack in Berlin: Das britische Foreign Office, die SBZ und die Formulierung britischer Deutschland-Politik 1954/47, Konstanz 1996, S. 39f.

Frankreich, das sein Veto gegen alle auf Bewahrung des deutschen Zusammenhalts gerichteten Arrangements einlegte, auch die angelsächsischen Staaten der Spaltungsabsicht bezichtigt. Jedes Abweichen von der Idee eines zentralistischen Staates – wie etwa die föderalistischen Überlegungen in Washington – wurde als Ausdruck des Zerstückelungswillens diffamiert. Die Losung der Einheit war für Stalin eine Waffe im Kampf um Deutschland, welche die Bevölkerung gegen den Westen mobilisieren sollte. Die SED-Führer bestärkten ihn in der Ansicht, daß eine Volksabstimmung mit Parolen zentralistischer Staatseinheit haushoch zu gewinnen sei. Hinterher sollte das Votum als Zustimmung zum politischen System der SBZ ausgelegt werden[64].

Der Kreml identifizierte sich jedoch nur in politischer Hinsicht mit der deutschen Einheit. Im wirtschaftlichen Bereich erhob er Forderungen, die spaltend wirkten. Auf der Potsdamer Konferenz setzte Stalin durch, daß die SBZ ohne Rücksicht auf zonenübergreifende Erfordernisse allein den ökonomischen Entscheidungen der UdSSR – insbesondere deren uneingeschränkten Reparations- und Entnahmewünschen – unterlag. Um die sowjetische Seite von Versorgungspflichten zu entlasten, mußten sogar die Berliner Westsektoren von den weit entfernten Westzonen aus mit Lebensgütern beliefert – also von der umgebenden SBZ getrennt – werden[65]. Durch die Ausgabe deutscher Banknoten, über welche die Besatzungspartner nicht einmal informiert wurden, verschaffte sich die östliche Macht in größtem Umfang Geldmittel. Diese Emissionen trugen zur weiteren Entwertung der Reichsmark – und damit zur Unterminierung des wirtschaftlichen Geschehens im ganzen Land – wesentlich bei. Das Bemühen der angelsächsischen Mächte um eine allzonale Währungsreform scheiterte am sowjetischen Widerstand[66].

Auf diese Weise konstituierten sich faktisch von Anfang an zwei Wirt-

[64] Stalins Gespräch mit Pieck, Ulbricht und Grotewohl, 31. 1. 1947 (Zapis' besedy I.V. Stalina s rukovoditeljami SEPG *[sowjetisches Protokoll]*, in: Istoričeskij archiv 4/1994, S. 35–41). Für das ins Auge gefaßte Referendum bereitete die SED-Führung anschließend einen Entwurf vor (Dokumente der Sozialistischen Einheitspartei Deutschlands. Beschlüsse und Erklärungen des Parteivorstandes, des Zentralsekretariats und des Politischen Büros, Bd. 2, *[Ost-]* Berlin 1951, S. 162–167), der dann freilich angesichts wachsender Ost-West-Spannungen nicht auf der vorgesehenen gesamtdeutschen Ebene ausgeführt wurde.

[65] Siehe die Nachweise in der vorangegangenen Anmerkung sowie die Unterlagen in: Dokumente zur Deutschlandpolitik, hrsg. vom BMI, bearb. von Gisela Biewer *[hinfort: Dokumente zur Deutschlandpolitik]*, II. Reihe, Bd. 1: Die Konferenz von Potsdam, Kriftel 1992, S. 339f., 342, 343 *[Ausgangspositionen der USA und Großbritanniens]*, 1493, 1544f., 1750–1754, 1759–1762, 1769–1763, 1769–1773, 1778–1783, 1880–1886, 1895–1901, 1916–1918, 1941–1944, 1959f., 1965–1968, 1980–1987; 2039f., 2048, 2056f., 2112–2114 *[englischer Text des Kommuniqués]*, 2137–2140 *[russischer Text]*. Der in Aussicht gestellte Beschluß des Kontrollrats kam nie zustande.

[66] Jochen Laufer, Die UdSSR und die deutsche Währungsfrage 1944–1948, in: Vierteljahrshefte für Zeitgeschichte 46 (1998), S. 455–485, hier: S. 461–476; M.M. Narinskij, Berlinskij krizis 1948–1949gg. Novye dokumenty iz rossijskich archivov, in: Novaja i novejšaja istorija 2/1995, S. 19.

schaftsgebiete. Gleichwohl suchte man im Kontrollrat zu einer gesamtdeutschen Regelung zu gelangen. Es kam jedoch zu keinem Einvernehmen: Die Vertreter der UdSSR bestanden auf der Fixierung eines extrem niedrigen Industrieniveaus, während Briten und Amerikaner höhere Quoten für nötig hielten, um Exporte zu ermöglichen, mit denen die Deutschen den Import von Lebensmitteln bezahlen könnten. Der sowjetische Widerstand gegen einen größeren industriellen Output in ihren Besatzungsgebieten führte dazu, daß sie selbst die Importe finanziell tragen mußten. Daneben forderte Moskau, das industrielle Herzstück der Westzonen, das Ruhrgebiet, müsse einer Vier-Mächte-Kontrolle unterstellt werden[67]. In den Hauptstädten der zwei angelsächsischen Mächte entstand wachsender Unmut darüber, daß die UdSSR zwar jede Mitsprache im eigenen Machtbereich ausschloß, aber ihrerseits uneingeschränkt an den Entscheidungen über die Westzonen teilnahm und durch ihren Einspruch die wirtschaftlich notwendigen Maßnahmen verhinderte.

Der Kreml zeigte sich vom westlichen Mißmut unbeeindruckt. Vor allem die Empörung der beiden westlichen Regierungen darüber, daß sie wegen des sowjetischen Vetos ihren Steuerzahlern finanzielle Lasten zur Ernährung Westdeutschlands auferlegen mußten, stieß auf völliges Unverständnis in Moskau: Die Antenne für das zugrunde liegende Gefühl humanitärer Verpflichtung fehlte[68]. Stalin sah die von den Briten und Amerikanern beschlossene Vereinigung ihrer Zonen als eine „bloße Vereinigung der Okkupanten" an, die überdies – anders als die auf staatliche Einheit zielende Politik der UdSSR – nur die Wirtschaft berühre und daher keine Grundlage für eine Vereinigung biete[69]. Er glaubte, die Bevölkerung des besetzten Landes mittels eines Referendums gewinnen zu können. Die Kommunisten sollten mit zentralistischen Parolen werben, um die Parteien der Westzonen, vor allem die CDU, als Widersacher der Einheit zu entlarven. Die in der Volksabstimmung zu fordernde deutsche Zentralregierung sollte durch den Aufbau eines Staatsapparats in der SBZ praktisch vorbereitet werden. Das sollte für den Fall, daß die Aktion scheiterte, die Schaffung eines zunächst auf den Ostteil des Landes beschränkten Staates ermöglichen[70].

67 Vgl. die Stellungnahmen Molotovs auf der Moskauer Konferenz vom Frühjahr 1947, als die beiden angelsächsischen Mächte einen letzten Verständigungsversuch unternahmen: Molotow, Fragen der Außenpolitik, S. 375–468. Als Erläuterungen der sowjetischen Position vgl. D.D. Monin, Germanskaja problema. Stenogramma publičnoj lekcii 30-go janvarja 1947g., Moskau 1947; L.Ja. Ziman, Rurskij vopros. Stenogramma publičnoj lekcii 8-go aprelja 1947g., Moskau 1947; D.D. Monin, Federacija ili edinoe gosudarstvo. Stenogramma publičnoj lekcii 17-go aprelja 1947g., Moskau 1947.

68 Vgl. Ivanov/Gribanov an V.M. Molotov, 20. 6. 1947, Archiv vnešnej politiki Rossijskoj Federacii *[hinfort: AVPRF]*, f. 06, op. 9, p. 43, d. 632, ll. 16f.

69 Stalin im Gespräch mit den SED-Führern, 31. 1. 1947, in: Zapis' besedy I.V. Stalina s rukovoditeljami SEPG, in: Istoričeskij archiv 4/1994, S. 36, 40, 37; Dokumenty poslannye Stalinu rukovodstvom SEPG 31 janvarja 1947 g., AVPRF, f. 06, op. 9, p. 44, d. 660, ll. 9–18.

70 Stalin im Gespräch mit den SED-Führern, 31. 1. 1947, in: Zapis' besedy I.V. Stalina s ruko-

Offener Bruch mit den Westmächten und seine Folgen für die Politik der deutschen Einheit

Das sowjetische Vorgehen verfehlte trotz mancher Einzelerfolge sein Ziel. Das 1945 in Berlin konstituierte Parteiensystem blieb auf den Machtbereich der UdSSR beschränkt. Nur dort wurde die vom Kreml ins Auge gefaßte wirtschaftlich-soziale Transformation in Gang gebracht; nur dort setzte sich der „antifaschistisch-demokratische Block“ mit dem auferlegten Zwang zum Konsens mit den Kommunisten durch; nur dort wurde der Geltungsanspruch der von der SMAD beaufsichtigten Berliner „Reichsleitungen“ der nicht-kommunistischen Parteien akzeptiert; die Zuständigkeit der sowjetischerseits etablierten „Deutschen Zentralverwaltungen“ blieb wegen des französischen Vetos auf die SBZ begrenzt. Die Ausstrahlung der Ost-Berliner Medien ließ sich nicht dauernd aufrechterhalten. Die erzwungene Vereinigung der KPD und SPD zur SED am 20./21. April 1946 wurde nur wirksam, wohin der Arm des Kreml reichte, und geriet zum ersten allgemein wahrgenommenen Signal dafür, daß sich der deutsche Osten politisch von den Westzonen entfernte. Im ausgehenden Frühjahr und beginnenden Sommer des gleichen Jahres führten die Auseinandersetzungen auf der Pariser Vier-Mächte-Konferenz über den amerikanischen Vorschlag eines Vertrages über die langfristige Entmilitarisierung Deutschlands zu dem sowjetischen Vorwurf, die Westmächte ignorierten ihre Pflichten aus dem Potsdamer Abkommen, weil sie die im Osten durchgeführten Maßnahmen der politischen, wirtschaftlichen und sozialen Transformation unterließen[71]. Damit wurde der Systemkonflikt erstmals offen beim Namen genannt.

Nach der Moskauer Konferenz vom Frühjahr 1947 entschlossen sich die Regierungen der USA und Großbritanniens, die Obstruktion des östlichen Besatzungspartners bei der für notwendig erachteten Wirtschaftspolitik nicht länger hinzunehmen. Washington formulierte ein Europäisches Wiederaufbauprogramm, das umfangreiche Hilfen in Aussicht stellte und die Westzonen einschloß. Damit engagierten sich die Amerikaner dauerhaft in und für Westeuropa und zeigten, daß sie Einsprüche der UdSSR gegen Ent-

voditeljami SEPG, in: Istoričeskij archiv 4/1994, S. 35–41. Hinweis darauf auch bei V.K. Volkov, Germanskij vopros glazami Stalina (1947–1952), in: V.K. Volkov, Uzlovye problemy novejšej istorii stran Central'noj i Jugo-Vostočnoj Evropy, Moskau 2000, S. 118–151, hier: S. 127. Der aufgrund des Stalin-Gesprächs formulierte Aufruf der SED zu einem Volksentscheid über Friedensvertrag und Staatseinheit, 1. 3. 1947, ist wiedergegeben in: Dokumente der Sozialistischen Einheitspartei Deutschlands. Beschlüsse und Erklärungen des Parteivorstands, des Zentralsekretariats und des Politischen Büros, Bd. 2, *[Ost-]*Berlin 1951, S. 162–167.

71 Obsuždenie v SSSR amerikanskogo predloženija o zaključenii dogovora o razoruženii i demilitarizacii Germanii (1945–1947gg.), in: Meždunarodnaja žizn' 8/1996, S. 69–76; TASS-Kommentar in: Izvestija, 4. 5. 1946; TASS-Kommentar vom 16. 6. 1946, in: Izvestija, 18. 6. 1946; Erklärungen Molotovs vom 26.5., 9. und 10. 7. 1946, übersetzt wiedergegeben in: W.M. Molotow, Fragen der Außenpolitik, S. 39–74. Zum Verlauf der Auseinandersetzung vgl. Küsters, Der Integrationsfriede, S. 314–363.

scheidungen im westlichen Machtbereich künftig nicht mehr beachten würden. Stalin reagierte darauf mit äußerster Feindseligkeit und brach fast alle Kontakte ab. Die westlichen Botschaften in Moskau wurden von der Außenwelt isoliert; die sowjetische Politik schaltete auf totale Konfrontation zum Westen um; die Gefolgsleute in den westeuropäischen Ländern wurden zu bedingungslosem Kampf gegen ihre Regierungen aufgerufen[72]. Die Westmächte schränkten ihrerseits die Duldung kommunistischer Tätigkeiten ein. In den Westzonen waren die Besatzungsbehörden nicht mehr bereit, Aktionen der KPD zu genehmigen. Die Einflußmöglichkeiten des Kreml verringerten sich dadurch erheblich.

Der Kurswechsel hatte unmittelbare Folgen für das sowjetische Vorgehen in Deutschland. Der offene Bruch mit den Westmächten machte die bisherigen Rücksichten auf die Verbündeten gegenstandslos. Verbunden mit verstärkter politischer Repression, wurde in der SBZ eine „Verschärfung des Klassenkampfes" proklamiert. Zugleich kam ein beschleunigter Ausbau des Landes zu einer Bastion von Macht und System der UdSSR in Gang. Im Herbst 1947 begann – zunächst noch nicht unter dieser Bezeichnung – eine systematische Umstrukturierung der SED zur „Partei neuen *[d.h. sowjetischen]* Typus". Die bürgerlichen Parteien im „antifaschistisch-demokratischen Block" verloren jeden Rest von Selbständigkeit und wurden umfassend gleichgeschaltet. Zugleich veranlaßte die SMAD die Neugründung der „bürgerlichen" Parteien National-Demokratische Partei Deutschlands (NDPD) und Demokratische Bauernpartei Deutschlands (DBP), die, von kommunistischen Kadern organisiert und geleitet, den Auftrag hatten, die soziale Basis der CDU und Liberal-Demokratischen Partei Deutschlands (LDP) zu schwächen und der SED bürgerliche Hilfstruppen zuzuführen. Der Verwaltungsapparat wurde stärker als bisher an sowjetischen Vorbildern ausgerichtet. Auch ließ der Kreml den Vorbehalt fallen, daß der SBZ eigene Streitkräfte und ein eigener Staatssicherheitsdienst vorerst versagt bleiben müßten. Im Blick auf künftige innerdeutsche Auseinandersetzungen ließ Stalin schon 1947 militärische Einheiten vorbereiten. Die ersten „Bereitschaften" entstanden im Sommer 1948 unter direkter sowjetischer Kontrolle. Mit dem Aufbau einer Staatssicherheitsorganisation hatte es der Kreml nicht so eilig. Zunächst wurden nur die Kompetenzen der – unmittelbar als Instrumente der Besatzungsmacht operierenden – Vorläuferbehörden ausgeweitet. Erst im Mai 1949 autorisierte Stalin Vorbereitungen für

[72] Georges Catroux, J'ai vu tomber le rideau de fer à Moscou 1945–1948, Paris 1952, S. 247–260; M.M. Narinskij, SSSR i plan Maršalla, in: Novaja i novejšaja istorija 2/1993, S. 11–17; Natal'ja I. Egorova, Stalin's Foreign Policy and the Cominform, 1947–1953, in: Francesca Gori/Silvio Pons (Hrsg.), The Soviet Union and Europe in the Cold War, London 1996, S. 197–207, hier: S. 197f.; Giuliano Procacci (Hrsg.), The Cominform. Minutes of the Three Conferences 1947/1948/1949 *[Dokumente im russischen Original und in englischer Übersetzung]*, Mailand 1994, S. 3-461.

einen ostdeutschen Staatssicherheitsdienst. Der folgende Aufbau wurde von Kadern aus Moskau durchgeführt[73].

Ungeachtet dieser Maßnahmen, die den politischen Abstand zu den Westzonen vergrößerten, hielt der Kremlführer weiter am Ziel der deutschen Einheit fest und suchte dafür Unterstützung bei der westdeutschen Bevölkerung zu finden. Dabei war er sich der Schwierigkeit bewußt, daß die Vorstellung, Gesamtdeutschland müsse nach dem Modell der SBZ gestaltet werden, dort überwiegend auf Ablehnung stieß. Er vertraute aber darauf, daß die Parole der nationalen Vereinigung eine überwältigend starke Attraktivität besitze, und suchte der negativen Wirkung der sozialistischen Transformationsmaßnahmen im Ostteil des Landes mit politischer Kosmetik zu begegnen. Daher sollten die SED-Führer weder die Verschärfung des internationalen Klassenkampfs herausstellen noch vom Ziel der Volksdemokratie reden (die mittlerweile im Westen zum Negativbegriff geworden war). Auch sollte es vorerst vermieden werden, die noch in der SBZ verbliebenen „kapitalistischen Elemente" auf offene Weise materiell zu bedrängen; nur wenn sich unverdächtige Gründe fänden, dürfe man ihnen Daumenschrauben ansetzen. Die „komplizierte Lage" in Deutschland nötige dazu, „nicht direkt zum Sozialismus *[zu]* gehen, sondern im Zick-Zack". Die schwierigen Bedingungen diktierten „Umgehungsmanöver" und eine „vorsichtigere Politik", insbesondere ein vorläufiges Festhalten an der Koalition aller demokratischen Kräfte und an Programmforderungen, die von breiten Schichten bejaht werden könnten. Nur so lasse sich das ganze Land miteinander verbinden; nur so könne man den Einfluß von Schumachers Sozialdemokraten abwehren. In diesem Sinne empfahl Stalin den SED-Führern eine „‚opportunistische' Politik"[74].

Trotz reduzierter Einwirkungsmöglichkeiten in den Westzonen blieb die Führung der UdSSR zuversichtlich, die deutsche Einheit und das kommunistische Regime zugleich durchzusetzen, wenn sie nur genügend Beharr-

[73] Zur sowjetischen Veranlassung: Gerhard Wettig, All-German Unity and East German Separation in Soviet Policy, 1947–1949, in: Jahrbuch für Historische Kommunismusforschung 2 (1994), S. 122–139, hier: S. 124–133; Ders., Der Konflikt der Ost-CDU mit der Besatzungsmacht 1945–1948 im Spiegel sowjetischer Akten, in: Historisch-Politische Mitteilungen, Archiv für Christlich-Demokratische Politik 6 (1999), S. 109–137, hier: S. 125–137; Ders., Neue Erkenntnisse aus sowjetischen Geheimdokumenten über den militärischen Aufbau in der SBZ/DDR 1947–1952, in: Militärgeschichtliche Mitteilungen 53 (1994), S. 399–419, hier: S. 402–404, 412f.; Jens Gieseke, Das Ministerium für Staatssicherheit (1950–1990), in: Torsten Diedrich/Hans Ehlert/Rüdiger Wenzke (Hrsg.), Im Dienste der Partei. Handbuch der bewaffneten Organe der DDR, Berlin 1998, S. 371–344, hier: 373ff.; Monika Tantzscher, Vorläufer des Staatssicherheitsdienstes, in: Jahrbuch für Historische Kommunismusforschung 6 (1998), S. 125–156. Daß Stalin vor dem Bruch mit den Westmächten den SED-Führern grundsätzlich kein Militär und keinen Staatsssicherheitsdienst zuzugestehen bereit war, ergibt sich aus einer Äußerung diesen gegenüber am 31. 1. 1947: Zapis' besedy I.V. Stalina s rukovoditeljami SEPG, in: Istoričeskij archiv 4/1994, S. 40.

[74] Stalin im Gespräch mit den SED-Führern, 18. 12. 1948, in: Volkov, Germanskij vopros glazami Stalina, in: Volkov, Uzlovye problemy, S. 134f.

lichkeit und Geduld aufbringe. Sie glaubte, die deutschen „Massen" mit nationalen Vereinigungsparolen gegen die Westmächte mobilisieren zu können. Den Propaganda-Kadern in den Westzonen wurde eingeschärft, daß sie den „Kampf für die *[staatliche]* Einheit" als eine „Form des Klassenkampfes" voranzutreiben hätten. Das hieß mit anderen Worten: Es ging nicht darum, das einheitliche Deutschland zu gewinnen, sondern allein darum, die nationale Forderung als Köder zu verwenden, um die – dem Sowjetsystem weithin ablehnend gegenüberstehende – Bevölkerung in das Lager der UdSSR hinüberzuziehen und zur ungewollten Unterstützung der Sowjetisierungsbestrebungen zu veranlassen. Den Fehlschlag dieser Bemühungen führte die sowjetische Seite unweigerlich darauf zurück, daß die auf dem westdeutschen Schauplatz eingesetzten Funktionäre diese Richtschnur mißachtet hätten. Kommunistisches „Sektierertum" habe verhindert, daß man auf die zu gewinnenden Zielgruppen zugegangen sei und durch Übernahme ihrer Losungen in die Kampffront gegen den Westen eingereiht habe. Die KPD mußte sich heftige Anklagen dieser Art gefallen lassen[75].

Im Herbst 1947 versuchte der Kreml, zunächst durch einen angeblich überparteilichen, in Wirklichkeit aber SED-beherrschten „Volkskongreß für Einheit und gerechten Frieden" Einfluß auf die westdeutsche Bevölkerung zu nehmen[76]. Das Bemühen der westdeutschen Kader, unter dieser Parole ein organisatorisches Netzwerk zur Mobilisierung der „Massen" in den Westzonen aufzubauen, blieb in den Anfängen stecken. Zur Jahreswende 1947/48 ließen die westlichen Regierungen die Absicht erkennen, dem wirtschaftlichen Aufbau Westdeutschlands durch die Bildung eines Staates eine feste Basis zu geben. Damit war eine institutionelle Verfestigung des Ausschlusses der UdSSR von der Mitsprache in den Westzonen ins Auge gefaßt. Das wollte der Kreml unbedingt verhindern. Als geeignetes Mittel dazu sah Stalin die Ausübung von Druck auf die Westmächte in Berlin an: Im März 1948 beschloß er ein Aktionsprogramm, das eine allmählich sich steigernde Blockade gegen die Westsektoren bis hin zur totalen Sperrung aller Verkehrswege vorsah (wovon später auf amerikanische Warnung hin die Luftkorridore ausgenommen wurden). Die Westmächte sollten vor die Wahl gestellt sein, entweder ihre Position in der deutschen Hauptstadt aufzugeben oder auf den „Weststaat" zu verzichten. In beiden Fällen würde den Deut-

75 Vgl. u.a. S. Tjul'panov an V. Semenov, 28. 3. 1948, AVPRF, f. 0457a, op. 2, p. 28, d. 7, ll. 43; S. Tjul'panov an V. Semenov, 12. 5. 1949, AVPRF, f. 0457a, op. 7, p. 39, d. 10, ll. 1–10; S. Tjul'panov an V. Semenov, 24. 5. 1949, AVPRF, f. 0457a, op. 7, p. 39, d. 10, ll. 28–46; S. Tjul'panov an V. Semenov, 29. 7. 1949, AVPRF, f. 0457a, op. 7, p. 39, d. 10, ll. 72–81.

76 Zum sowjetischen Ursprung der Initiative siehe Berichtsniederschrift von S. Tjul'panov für das ZK der VKP(b) (M. Suslov), 9. 12. 1947, Rossijskij gosudarstvennyj archiv social'no-političeskoj istorii *[RGASPI]*, f. 17, op.128, d. 331, ll. 95; L. Baranov an M. Suslov, 30. 1. 1948, RGASPI, f. 17, op. 128, d. 1166, ll. 68; Berichtsniederschrift von S. Tjul'panov für das ZK der VKP(b) (L. Baranov), 24. 3. 1948, RGASPI, f. 17, op. 128, d. 568, ll. 22–24; Obzor Kynina, AVPRF, AOB, 11ž, 71, 20, ll. 606–612.

schen demonstriert werden, daß sie keinen Rückhalt an den westlichen Staaten zu erhoffen hatten, weil die ausschlaggebende Macht nicht bei ihnen, sondern bei der UdSSR lag[77].

Den westlichen Bemühungen um einen Teilstaat standen analoge Anstrengungen in der SBZ gegenüber. Seit spätestens Anfang 1947 – also noch vor dem Ende der formellen Ost-West-Zusammenarbeit – hatte die dortige Besatzungsmacht in Widerspruch zu den getroffenen interalliierten Vereinbarungen den Aufbau einer zentralisierten Zonenadministration in Gang gebracht. Mit dem ausdrücklichen Auftrag, die Umgestaltung nach sowjetischen Vorstellungen voranzutreiben, entstanden als Hilfsorgane der SMAD die Deutsche Verwaltung für Inneres, welche die polizeilichen Kompetenzen auf sich vereinigte, und die Deutsche Wirtschaftskommission, die ein System administrativer ökonomischer Planung aufbaute[78]. Zusammen mit der SED-Führung sah Stalin den Zweck dieser zentralistischen Strukturen von vornherein auch darin, den Kern eines künftigen gesamtdeutschen Staatsapparates zu bilden[79]. Anfang 1948 faßte er endgültig den Entschluß, die SBZ zu einem Staat auszubauen. Er wollte jedoch den Eindruck erwekken, als ob die UdSSR unerschütterlich an der Einheit mit den anderen Zonen festhalte. Deshalb wollte er die Begründung des Weststaates abwarten, ehe die Republik im Osten proklamiert wurde. Für diesen Schritt ließ er langfristig angelegte Vorbereitungen treffen. Zur Schaffung staatlicher Strukturen kamen die Ausarbeitung einer Verfassung und anderer Gründungsdokumente, die deklaratorisch als gesamtdeutsche Bemühung mit gesamtdeutschem Ziel figurierten. Deshalb veranlaßte Stalin die Einberufung eines zweiten Volkskongresses, der einen permanenten „Deutschen Volksrat" und Ausschüsse bildete mit dem Auftrag, diese Texte – vorgeblich als Ergebnisse einer auf einen gesamtdeutschen Staat gerichteten gesamtdeutschen Willensbildung – zu formulieren. Tatsächlich handelte es sich um SED-Gremien, deren Formulierungen auf Moskauer Instruktionen zurückgingen. Der vorgesehene Staat sollte nach internen Aussagen zunächst auf

[77] Jochen Laufer, Die UdSSR und die Ursprünge der Berliner Blockade, in: Deutschland Archiv 38 (1998), S. 564–579, hier: S. 569–575; Narinskij, Berlinskij krizis, S. 20f.

[78] Vgl. hierzu u. a. Vremennoe položenie o nemeckom upravlenii Vnutrennich del v Sovetskoj zone okkupacii Germanii *[Vorläufige Verordnung über die Deutsche Verwaltung des Innern in der Sowjetzone Deutschlands]*, erlassen vom Stellv. SMAD-Befehlshaber, Generaloberst I.S. Serov, 13. 1. 1947, AVPRF, f. 0457a, op. 4, p. 19, d. 48, ll. 40–47; Verordnung über die DVdI, Mai 1947, bestätigt durch Generaloberst Kuročkin, Bundesarchiv Berlin *[BArchB]*, MdI 7/1, Bl. 19–28; Jochen Laufer, Die Ursprünge des Überwachungsstaates in Ostdeutschland, in: Bernd Florath/Stefan Wolle (Hrsg.), Die Ohnmacht der Allmächtigen, Berlin 1992, S. 150–161.

[79] Gespräch Stalins mit den SED-Führern am 31. 1. 1947 lt. Zapis' besedy I.V. Stalina s rukovoditeljami SEPG, Istoričeskij archiv 4/1994,S. 36f.; Dokumenty poslannye Stalinu rukovodstvom SEPG 31 janvarja 1947g., AVPRF, f. 06, op. 9, p. 44, d. 660, ll. 9–18.

dem Boden der SBZ entstehen, dann aber auf das übrige Deutschland ausgedehnt werden[80].

Gründung und Vereinigungsauftrag der DDR

Ende 1948 erklärte Stalin den SED-Führern, die Berliner Blockade werde die Westmächte nicht von der geplanten Schaffung des Weststaates abhalten, und erteilte ihnen den Auftrag, ihrerseits die Proklamierung eines Staates konkret vorzubereiten[81]. Die Gründungsdokumente der ins Auge gefaßten Deutschen Demokratischen Republik lagen damals bereits vor; kurz danach wurde der Aufbau der Verwaltungs- und Sicherheitsapparate abgeschlossen. Nachdem im folgenden Jahr die Bundesrepublik konstituiert, die Wahl zum Bundestag abgehalten und die erste Regierung gebildet worden war, erklärte sich der 2. Deutsche Volksrat am 5. Oktober zur „Provisorischen Volkskammer". Diese faßte aufgrund vorheriger sowjetischer Weisungen Beschlüsse über die Zusammensetzung ihres Präsidiums und anderer Leitungsorgane und über erste Gesetze. Zwei Tage später setzte sie die im Vorjahr ausgearbeitete Verfassung in Kraft und proklamierte die DDR. Die folgenden personellen Entscheidungen über den Präsidenten, den Ministerrrat und die Spitzenpositionen in den einzelnen Ressorts waren im sowjetischen Außenministerium aufgrund von SED-Vorschlägen formuliert und in letzter Instanz von Stalin selbst getroffen worden[82]. Die Vorstellungen der Besatzungsmacht waren auch für die Geschäftsordnung der Regierung maßgebend[83].

Die ostdeutsche Führung sicherte dem Kreml verbindlich zu, an der von

[80] Berichtsniederschrift von S. Tjul'panov für das ZK der VKP(b) (L. Baranov), 24. 3. 1948, RGASPI, f. 17, op. 128, d. 568, ll. 22–24; Obzor Kynina, AOB, 11ž, 71, 20, ll. 608–610, 620; G.N. Goroškova, Dviženie nemeckogo narodnogo kongressa za edinstvo i mirnyj dogovor, Moskau 1959, S. 75–80; V. Molotov an I. Stalin, 21. 10. 1948, AVPRF, f. 06, op. 10, p. 36, d. 488, ll. 73–80; M. Gribanov an A. Smirnov, 25. 1. 1949, AVPRF, f. 082, op. 36, p. 187, d. 40, ll. 1–12; M. Gribanov an Außenminister Vyšinskij, o.D. *[August 1949]*, ebenda, ll. 82f.; Stalin im Gespräch mit den SED-Führern, 26. 3. 1948, in: Volkov, Germanskij vopros glazami Stalina, in: Volkov, Uzlovye problemy, S. 130f.; Rechenschaftslegung der SED-Führung, wiedergegeben in: Badstübner/Loth, Wilhelm Pieck, S. 247–253; Laufer, Die UdSSR und die deutsche Währungsfrage, S. 476–480; Laufer, Die UdSSR und die Ursprünge der Berliner Blockade, S. 570–573; Narinskij, Berlinskij krizis, S. 19f.

[81] Antworten *[der SED-Führung]* auf die Fragen Stalins, in: Badstübner/Loth, Wilhelm Pieck, S. 247–249; Notizen Piecks über das Gespräch mit Stalin am 18. 12. 1948, ebenda, S. 261; Bericht Piecks vor dem Zentralsekretariat der SED, 27. 12. 1948, ebenda, S. 269; Aufzeichnung über Gespräch Stalins mit den SED-Führern, 18. 12. 1948, Volkov, Germanskij vopros glazami Stalina, in: Volkov, Uzlovye problemy, S. 132–136.

[82] A. Gromyko an I.V. Stalin, 6. 10. 1949, AVRPF, f. 07, op. 22a, p. 10, d. 138, ll. 4–9; A. Gromyko an I.V. Stalin, Okt. 1949 *[8., evt. 9. 10.1949]*, AVRPF, f. 07, op. 22a, p. 10, d. 138, ll. 1–3; J. Dieckmann an I.V. Stalin, 6. 10. 1949, AVRPF, f. 07, op. 22a, p. 10, d. 138, ll. 4–9; J. Dieckmann an I.V. Čujkov, AVRPF, f. 082, op. 36, p. 183, d. 12, ll. 4f.; I. Il'ičev an M.G. Gribanov (mit Anlagen), 18. 10. 1949, AVRPF, f. 082, op. 36, p. 183, d. 12, ll. 14–24.

[83] A. Gromyko an I.V. Stalin, 20. 10. 1949, AVRPF, f. 07, op. 22a, p. 10, d. 138, ll. 10–12.

ihm initiierten Systemtransformation dauerhaft festzuhalten, und glaubte, dieser werde daraufhin seine Kontrolle auf Aufsichts- und Überwachungsfunktionen beschränken[84]. Das erwies sich jedoch als Illusion. Der DDR wurden nur administrative Zuständigkeiten, d.h. exekutive Befugnisse, zugebilligt. Dazu wurde sie peinlicher Rechenschaftslegung unterworfen. Die Besatzungsmacht beanspruchte das Recht zu unbegrenzter Anleitung, Nachprüfung und Intervention[85]. Nach östlicher Darstellung repräsentierte der Deutsche Volksrat das gesamte Volk in Ost und West. Demnach war die DDR der Staat aller Deutschen, der freilich seine Rechte wegen der Präsenz der „imperialistischen" Mächte nur in den östlichen Landesteilen wahrnehmen konnte. Der konstitutive Willensakt des deutschen Volkes war demzufolge mit der Staatsgründung vom 7.Oktober 1949 unwiderruflich erfolgt; es kam nur noch darauf an, die Durchsetzung dieses Anspruchs zu erkämpfen. Die Potsdamer Drei-Mächte-Beschlüsse über Entnazifizierung, Demokratisierung, Entmilitarisierung und (industrielle) Entflechtung galten als Grundlage der Nation, die freilich im Westen erst noch geschaffen werden müsse[86]. Nur so könne die staatliche Einheit wiederhergestellt werden.[87]

Wie Stalin öffentlich erklärte, bedeutete die „Bildung der Deutschen Demokratischen Republik" die „Existenz eines friedliebenden demokratischen Deutschlands neben dem Bestehen der friedliebenden Sowjetunion". Das war ein „Wendepunkt in der Geschichte Europas": Fortan waren Kriege auf dem Kontinent zur „Knechtung europäischer Völker durch die Weltimperialisten" nicht mehr möglich. Die Gründung der DDR legte den Grund-

84 Disposition für Regierungserklärung, 8. 9. 1949, wiedergegeben bei Siegfried Suckut, Zur Vorgeschichte der DDR-Gründung, in: Die Deutschlandfrage von Jalta bis Potsdam bis zur staatlichen Teilung Deutschlands, Berlin 1993, S. 117–186, hier: S. 183–186; Ausführungen von W. Pieck auf der 22. (36.) Tagung des PV der SED, 4. 10. 1949, wiedergegeben in: Siegfried Suckut, Die Entscheidung zur Gründung der DDR, in: Vierteljahrshefte für Zeitgeschichte 39 (1991), S. 125–167, hier: S. 157f.

85 Erklärung von I.V. Čujkov, 10. 10. 1949, in: Dokumente zur Deutschlandpolitik der Sowjetunion, Bd. 1, *[Ost-]*Berlin 1957, S. 236–238; Erklärung von I.V. Čujkov, 11. 10. 1949, ebenda, S. 240f.; Notiz Piecks über Gespräch zwischen Ulbricht/Pieck/Grotewohl und Čujkov/Il'ičev am 11. 11. 1949, in: Badstübner/Loth, Wilhelm Pieck, S. 315–317; Entscheidung von O.V. Čujkov, 9. 2. 1950, in: Dokumente zur Deutschlandpolitik, hrsg. vom BMI, bearb. von Hanns Jürgen Küsters und Carsten Tessmer, Reihe II, Bd. 3/2, München 1997, S. 590–594. Zur Reaktion der SED-Führung vgl. Grotewohl auf der 23. (37.) Tagung des PV der SED, 9. 10. 1949, wiedergegeben in: Wilfried Loth (Hrsg.), Die deutsche Frage in der Nachkriegszeit, Berlin 1994, S. 139.

86 Diese Interpretation machte die sowjetische Seite erstmals auf der Pariser Sitzung des Außenministerrates bei den Auseinandersetzungen über den amerikanischen Entwurf eines Entmilitarisierungsvertrags für Deutschland geltend, vgl. Obsuždenie v SSSR amerikanskogo predloženija o zaključenii dogovora o razoruženii i demilitarizacii Germanii (1945–1947gg.), in: Meždunarodnaja žizn' 8/1996, S. 69–76; Molotow, Fragen der Außenpolitik, S. 39–74.

87 Erklärung von I.V. Čujkov, 10. 10. 1949, in: Dokumente zur Deutschlandpolitik der Sowjetunion, S. 236–238. Der Erklärung lag ein Entwurf von Čujkov und Semenov zu Grunde, dessen abschließende Redaktion bei Stalin selbst gelegen hatte: A. Gromyko an I.V. Stalin (mit beigefügtem Text des Entwurfs), 6. 10. 1949, AVRPF, f. 07, op. 22a, p. 10, d. 138, ll. 5–9.

stein für ein „einheitliches, demokratisches und friedliebendes Deutschland“[88]. Molotow fügte hinzu, die Schaffung der DDR eröffne „einen neuen Abschnitt nicht nur in der Geschichte Deutschlands, sondern auch in der Geschichte Europas“. Danach hingen die Wiederherstellung der deutschen Einheit und die Überwindung der europäischen Zwistigkeiten davon ab, daß die vom östlichen Landesteil betriebene Politik auch im Westen übernommen wurde: „Je schneller das deutsche Volk die wahre historische Bedeutung der Gründung der Deutschen Demokratischen Republik erkennt, um so schneller wird es seine nationale Vereinigung erreichen, und um so sicherer wird die Sache eines dauerhaften Friedens in Europa gewährleistet.“[89] Demnach war die DDR der deutsche Kernstaat, dem die Aufgabe zufiel, das ganze Volk für den „Kampf um die nationale Einheit“ zu mobilisieren[90]. Gleichzeitig ließ der Kreml nicht zu, daß die DDR für sich das Recht beanspruchte, für die Westdeutschen zu sprechen und zu handeln[91]. Sie sollte aber den „volksdemokratischen“ Kräften der Nation die Oberhand verschaffen, deren Widersacher entmachten und die „grundlegenden demokratischen Umgestaltungen“ im Osten auf das Landesganze übertragen[92]. Den „gestrigen Inspiratoren des Hitlerregimes“ (als welche die westlichen Demokraten zu gelten hatten) dürfe nicht „auch nur ein Teil Deutschlands“ verbleiben[93].

Die sowjetische Führung hielt eine unauflösliche Verbindung von politisch-gesellschaftlicher Umgestaltung und deutscher Staatseinheit für unabdingbar. Soweit sie daran zweifelte, daß sich beides zusammen durchsetzen lasse, gab sie der Wahrung und dem Ausbau des SED-Regimes den Vorzug vor der Einheit. Das war beispielsweise beim Scheitern der Berliner Blokkade der Fall. Damals meinten die Moskauer Politiker freilich noch, in kurzer Frist wieder in die politische Offensive übergehen zu können. Diese Hoffnung hegten sie Anfang 1952 nicht mehr: Sie erwarteten die rasche Integration der Bundesrepublik in die westliche Allianz und dementsprechend eine lange Dauer der deutschen Spaltung. Demnach schien keine

88 Grußtelegramm Stalins, 13. 10. 1949, in: Dokumente zur Deutschlandpolitik der Sowjetunion, S. 238f.

89 Rede Molotovs in Moskau (Auszug), 10. 3. 1950, in: Molotow, Fragen der Außenpolitik, S. 242.

90 Zu den folgenden Bemühungen u.a. Michael Lemke, Die infiltrierte Sammlung. Ziele, Methoden und Instrumente der SED in der Bundesrepublik 1949–1957, in: Tilman Mayer (Hrsg.), „Macht das Tor auf“. Jakob-Kaiser-Studien, Berlin 1996, S. 171–234, hier: S. 176–201; Heike Amos, Die Westpolitik der SED 1948/49–1961, Berlin 1999.

91 Hierzu Manfred Overesch, Die Gründung der DDR 1949 als nationales Kerngebiet und der gesamtdeutsche Anspruch von KPD und SED, in: Materialien der Enquete-Kommission „Aufarbeitung von Geschichte und Folgen der SED-Diktatur in Deutschland“ (12. Wahlperiode des Deutschen Bundestages), hrsg. vom Deutschen Bundestag, Bd. V/2, Baden-Baden 1995, S. 1927–1966.

92 Rede Malenkovs am 6. 11. 1949, in: Pravda, 7. 11. 1949.

93 Erklärung von I.V. Čujkov, 10. 10. 1949, in: Dokumente zur Deutschlandpolitik der Sowjetunion, S. 240f.

Aussicht mehr zu bestehen, die Westdeutschen durch Einheitsappelle in absehbarer Zeit zur Parteinahme für die UdSSR und gegen die Westmächte zu bewegen[94]. Wenig später erhielt die SED-Führung die Erlaubnis, sich öffentlich zum sowjetischen System zu bekennen und die sozialistische Entwicklung mit allen Konsequenzen voranzutreiben[95].

Kontroversen über die Wiedervereinigung

Der Kreml hatte den offenen Bruch mit dem Westen noch im Jahre 1947 mit der Forderung beantwortet, sofort eine gesamtdeutsche Regierung zu bilden und rasch einen Friedensvertrag mit dieser abzuschließen. Das wurde Rahmen der sowjetischen Deutschland-Politik bis 1953. Von vornherein war auch aus Moskauer Sicht klar, daß die Westmächte dazu aus freien Stükken nicht bereit sein würden, verbarg sich doch dahinter das Verlangen der UdSSR nach Wiederherstellung des Mitte 1947 verlorenen Vetos in den westdeutschen Angelegenheiten. Denn die Erfüllung der Forderung lief auf die Anbahnung von Verhandlungen hinaus, in denen die sowjetische Seite die gesamtdeutsche Sache, über die man sich angesichts der selbst in den Zeiten der Vier-Kooperation immer strittig gebliebenen Standpunkte nicht geeinigt hattte, zur politischen Waffe gegen das Vorgehen der Westmächte in ihren Zonen machen und damit ihre dortige maßnahmenverhindernde Mitsprache erneuern konnte. Im Juni 1948 fügte der Kreml seiner Position in der Vereinigungsfrage ein zweites Element hinzu, das ebenfalls während der gesamten Stalin-Zeit Bestand haben sollte: Vertreter der deutschen Repräsentationen in beiden Teilgebieten sollten über die Modalitäten der staatlichen Einheit beraten und entscheiden[96]. Das lief nicht nur darauf hinaus, dem SED-Regime als Vertretung der ostdeutschen Seite in allen Fragen der künftigen inneren Ordnung und Machtstruktur ein uneingeschränktes Veto zu geben. Ebenso sollte damit die UdSSR an den Regelungen für Gesamtdeutschland maßgeblich beteiligt werden, während die Westmächte davon ausgeschlossen sein würden. Die SED-Spitze war an sowjetische Instruktio-

94 Vgl. u.a. Gespräche Stalins mit den SED-Führern, 1. und 7. 4. 1952, Volkov, Germanskij vopros glazami Stalina, in: Volkov, Uzlovye problemy, S. 143–147.

95 Die SED-Führer waren von Stalin noch am 7. 4. 1952 instruiert worden, sie brauchten „auch jetzt noch nicht den Sozialismus herauszuschreien“ (ebenda, S. 146), doch anschließend hatte der Kreml die Proklamierung des „Aufbaus des Sozialismus“ auf der II. SED-Parteikonferenz und einen darauf fußenden Kurs offen forcierter Sowjetisierung und Militarisierung genehmigt (Semenov an Čujkov/Kaverznev/Petrov/Maširin/Il'ičev/Orlov, 4. 7. 1952, AVPRF, f. 0457a, op. 13, p. 68, d. 13, ll. 16–20; A. Maširin an V.S. Semenov, 5. 7. 1952, AVPRF, f. 0457a, op. 13, p. 68, d. 14, ll. 46–51).

96 Die erste Stellungnahme, die diesen von da an in wechselnden Varianten unterbreiteten Vorschlag enthielt, war die Warschauer Erklärung der Außenminister der UdSSR, Albaniens, Bulgariens, der Tschechoslowakei, Jugoslawiens, Polens, Rumäniens und Ungarns vom 24. 6. 1948, wiedergegeben in: Vnešnjaja politika Sovetskogo Sojuza. Dokumenty i materialy. 1948 god. Čast' pervaja: Janvar' – ijun' 1948 goda, Moskau 1950, S. 238–248.

nen gebunden[97] und war daher faktisch ein ausführendes Organ des Kreml, wohingegen sich die Regierungsinstitutionen im Westteil des Landes nicht in einer weisungsgesicherten Übereinstimmung mit den Besatzungsmächten befanden. Gespräche mit der SED über die nationale Einheit hätten sie zudem höchstwahrscheinlich von vornherein in einen Gegensatz zu den drei westlichen Staaten gebracht.

Die UdSSR forderte seit November 1947 immer wieder den Abschluß eines Friedensvertrags mit der Begründung, daß dieser die deutsche Vereinigung herbeiführen werde. Als auf ihr Betreiben hin die Westmächte 1949 Verhandlungen über Deutschland akzeptierten, lehnte sie ein auch nur minimales Eingehen auf westliche Wünsche ab[98]. Von da an galten Gespräche dieser Art im Westen als sinnlos. Gleichwohl waren die drei westlichen Regierungen auf sowjetisches Drängen im beginnenden Frühjahr 1951 bereit, nochmals einen Versuch zu machen. Um jedoch die Erwartungen der Öffentlichkeit zu begrenzen, solange noch keinerlei Erfolgsaussichten zu erkennen waren, bestanden sie darauf, daß zunächst einmal die Tagesordnung auf der Ebene der stellvertretenden Außenminister erörtert werden müsse. Als bei den vierseitigen Beratungen hierüber in Paris eine Einigung darüber in greifbare Nähe rückte, zog die Moskauer Führung die Notbremse: Sie veranlaßte ihre Konferenzdelegation zu der unabdingbar erhobenen Forderung, zuerst müßten die sie interessierenden Fragen erörtert und entschieden werden; erst danach könne man die Wünsche des Westens besprechen. Wie der Kreml wußte, war es natürlich für die westliche Seite unannehmbar, zunächst alle verlangten Konzessionen zu machen und dann darauf zu warten, ob die UdSSR danach vielleicht auch noch zu irgendeinem Entgegenkommen bereit sein würde. Daher scheiterten die Gespräche[99]. In Washington, London und Paris zog man den Schluß, daß Moskau an einem Einver-

[97] Hierzu näher Bernd Bonwetsch, Die sowjetische Politik in der SBZ 1945–1949, S. XXXV–XLIX; Gerhard Wettig, Treue Dienste für den Kreml. Zur Rolle der KPD/SED in der sowjetischen Deutschland-Politik, in: Deutschland Archiv 33 (2000), S. 399–416; Ders., Die sowjetische Besatzungsmacht und der politische Handlungsspielraum in der SBZ (1945–1949), in: Ulrich Pfeil (Hrsg.), Die DDR und der Westen. Transnationale Beziehungen 1949–1989, Berlin 2001, S. 39–61.

[98] Vgl. die einschlägigen sowjetischen Stellungnahmen in: Vnešnjaja politika Sovetskogo Sojuza. Dokumenty i materialy. 1948 god. Čast' pervaja: Janvar' – ijun' 1948 goda, Moskau 1950, S. 1950; sowie die Darstellung bei Gerhard Wettig, Entmilitarisierung und Wiederbewaffnung in Deutschland 1943–1955. Internationale Auseinandersetzungen um die Rolle der Deutschen in Europa, München 1967, S. 255–259.

[99] Aleksej M. Filitov, Sovetskij Sojuz i germanskij vopros v period pozdnego stalinizma (k voprosu o genezise „stalinskoj noty" 10 marta 1952 goda), in: A.O. Čubar'jan (glavn. red.), Stalin i cholodnaja vojna, Moskau 1998, S. 315–349, hier: S. 320f.; N.I. Egorova, Evropejskaja bezopasnost' i „ugroza" NATO v ocenkach stalinskogo rukovodstva, in: Institut vseobšej istorii RAN (Hrsg.), Stalinskoe desjatiletie cholodnoj vojny. Fakty i gipotezy, Moskau 1999, S. 56–78, hier: S. 70f. Zu den – wesentlich durch Rücksichten auf interne Verhältnisse bestimmten – taktischen Überlegungen, welche die Westmächte zum Entgegenkommen veranlaßten, vgl. Küsters, Der Integrationsfriede, S. 538–553.

nehmen über die deutsche Frage nicht interessiert sei. Dessen ungeachtet, bemühte sich Churchill, als er im Herbst die Leitung der britischen Politik übernahm, erneut um eine Regelung dieses Problems. Im Winter 1951/52 ließ er sondieren, ob die sowjetische Führung bereit sei, gegen das westliche Zugeständnis einer militärischen Neutralität Deutschlands einer Vereinigung auf demokratischer Grundlage zuzustimmen. Das Ergebnis war negativ[100].

Zum zweiten Programmpunkt der sowjetischen Deutschland-Politik, zum Verlangen nach innerdeutschen Verhandlungen, formulierte die Bundesrepublik Anfang 1950 eine Gegenposition, die von den Westmächten unterstützt wurde: Eine „Wiedervereinigung durch freie Wahlen" sollte den demokratischen Charakter des künftigen gesamtdeutschen Staates gewährleisten. Damit wären System und Regime der DDR zugunsten einer Selbstbestimmung des Volkes über seine inneren Verhältnisse beseitigt worden. Die UdSSR war aber nicht willens, die systemisch vermittelte Herrschaft über den Ostteil des Landes aufzugeben und ihre „deutschen Freunde", d.h. die SED-Funktionäre, fallenzulassen. Der innerdeutsche Streit betraf zwei Punkte. Im Zentrum der öffentlichen Auseinandersetzung stand die Forderung, es müsse gewährleistet sein, daß bei Stimmabgabe und Ergebnisfeststellung der Wille der Wähler in Ost und West unverfälscht zum Ausdruck komme. Weniger Aufmerksamkeit fand das ebenso wichtige Postulat, daß anschließend auch die grundlegenden Beschlüsse über die Vereinigung, insbesondere die Bildung der Regierung und die Ausarbeitung der Verfassung, in den Händen der so gewählten Volksvertreter liegen müßten. Diese beiden Gesichtspunkte waren die entscheidenden Kriterien, nach denen aus westlicher Sicht die Vorschläge der DDR zu beurteilen waren.

Zu Anfang lehnte das SED-Regime freie Wahlen rundweg ab. Die geforderte staatliche Einheit war nach seiner Auffassung allein Sache des „Gesamtdeutschen Konstituierenden Rates", der damaligen, von den östlichen Außenministern im Oktober 1950 formulierten Version des deutsch-deutschen Verhandlungsgremiums. Dieser Standpunkt ließ sich je länger, desto schwerer aufrechterhalten, weil in beiden Landesteilen die umworbene Bevölkerung für freie Wahlen war. Auf Moskauer Veranlassung hin modifizierte die DDR-Regierung ihre Position. Sie erklärte sich mit freien Wahlen grundsätzlich einverstanden. Sie könnten aber nur auf der Grundlage gesamtdeutscher Beratungen stattfinden. Das klang positiv, doch blieben damit die Entscheidungen über die Vereinigung – einschließlich des Modus und der Funktion von Wahlen – weiterhin nur den deutsch-deutschen Gremien vorbehalten. Daher betrachteten die sowjetischen Initiatoren eine Annahme des Vorschlags durch die Bundesregierung von vornherein als wenig

[100] Klaus Larres, Integrating Europe or Ending the Cold War? Churchill postwar foreign policy, in: Journal of European Integration History 2 (1996), S. 15–49, hier: S. 35f.

wahrscheinlich[101]. Zudem besagte die Befürwortung freier Wahlen ohne Konkretisierung der praktischen Einzelheiten nichts, denn den Ost-Berliner Akteuren galt der – jede Wählerentscheidung ausschließende – Einheitslisten-Urnengang in ihrem Land als freie Äußerung des Volkswillens[102], wohingegen die Bundestagswahlen im Westen angeblich unfrei[103] waren und ein betrügerisches „System der Unterdrückung" bezeugten[104].

Im weiteren Verlauf der Auseinandersetzung wurde der ostdeutsche Standpunkt zwar mehrfach ergänzt, aber nicht wesentlich geändert. Um von der östlichen Seite eine klare Aussage zu erhalten, formulierte Adenauer am 27. September 1951 14 Grundsätze für die Abhaltung freier Wahlen[105]. Die DDR-Regierung wich aus und erklärte, die Regelungen könnten nicht von Bonn „diktiert" werden. Zwar sei die „Mehrzahl" der geäußerten Vorstellungen annehmbar, doch müsse man noch über die Sache verhandeln[106]. Damit wurde die westdeutsche Seite in allem auf das Verhandeln mit einem Partner verwiesen, der – ebenso sein sowjetischer Protektor – von vornherein daran interessiert war, vereinigungskonstitutive freie Wahlen zu verhindern, und deswegen jedwede Zusagen verweigerte. Dieser Sachlage entsprach es, daß UdSSR und DDR mit Ablehnung reagierten, als die Bundesrepublik und die Westmächte eine Kontrolle gesamtdeutscher Wahlen durch eine unabhängige UNO-Kommission[107] vorschlugen. Damit würden, so hieß es zur Begründung, die Deutschen einem Kolonialregime unterworfen werden. Die vorgeschlagene Überprüfung könne nur von den Deutschen selbst, d. h. von einem aus Vertretern beider Staaten zusammengesetzten Gremium unter der Aufsicht der vier Besatzungsmächte, durchgeführt werden[108].

101 M. Gribanov an A.Ja. Vyšinskij, 15. 8. 1951, AVPRF, f. 082, op. 38, p. 230, d. 47, ll. 14–16; Stein Bjørnstad, Soviet German policy and the Stalin note of 10 March 1952, Hovedoppgave, University of Oslo, Department of History, Fall 1996, S. 74–77; Michael Lemke, Einheit oder Sozialismus? Die Deutschlandpolitik der SED 1949–1961, Köln u.a. 2001, S. 181, 184–185, 188. Der Vorschlag wurde der Öffentlichkeit in Form der DDR-Regierungserklärung vom 15. 9. 1951 unterbreitet (Otto Grotewohl, Im Kampf um die einige Deutsche Demokratische Republik, Bd. 2, *[Ost-]*Berlin 1959, S. 444–464).

102 Ebenda, DDR-Regierungserklärung vom 15. 11. 1950, S. 251–253.

103 Äußerungen von S. Tjul'panov auf der Sitzung des Politbüros der SED vom 19. 8. 1949, in: Dokumente zur Deutschlandpolitik, II. Serie, Bd. 2/2, München 1996, S. 412; Entschließung des Parteivorstands der SED, 24. 8. 1949, ebenda, S. 444.

104 Michael Lemke, Die DDR und die deutsche Frage 1949–1955, in: Wilfried Loth (Hrsg.), Die deutsche Frage in der Nachkriegszeit, Berlin 1994, S. 136–171, hier: S. 145.

105 Text: Bundesministerium für Gesamtdeutsche Fragen (Hrsg.), Die Bemühungen der Bundesregierung um Wiederherstellung der Einheit Deutschlands durch gesamtdeutsche Wahlen. Dokumente und Akten, Teil I: Oktober 1949 – Oktober 1953, Bonn 1958 (4. Aufl.), S. 40–43.

106 DDR-Regierungserklärung vom 10. 10. 1951, in: Grotewohl, Im Kampf um die einige Deutsche Demokratische Republik, Bd. 2, S. 509–527.

107 Vgl. die einschlägigen Dokumente in: Bundesministerium, Bemühungen der Bundesregierung, S. 51–55, 59 f.

108 Schreiben des DDR-Präsidenten Pieck an Bundespräsident Heuss, 2. 11. 1951, ebenda,

Wie die Zugeständnisse aussahen, welche die SED-Führung gegebenenfalls ins Auge faßte, zeigte sich am Wahlgesetzentwurf der DDR-Volkskammer vom 9. Januar 1952[109], der von einer Regierungskommission unter dem Vorsitz Ulbrichts ausgearbeitet worden war[110]. Eine Reihe konkreter Bestimmungen zielte darauf ab, die plakativ formulierten Prinzipien der freien Wahl grundlegend zu verändern. Es sollten nicht allein Parteien, sondern auch andere „Organisationen" und „Vereinigungen" teilnehmen. Das sollte der SED die Möglichkeit geben, nach ostdeutschem Muster ihren Einfluß mit Hilfe scheinbar überparteilicher, in Wirklichkeit aber von ihren Kadern geleiteter Gruppen auszudehnen. Die bei Verkündung des Wahlgesetzes in Deutschland bereits bestehenden Organisationen – bislang waren einschlägige Vereinigungen nur von SED-Kadern aufgebaut worden – sollten eine privilegierte Position erhalten, nämlich nur 20 Unterschriften in einem Wahlkreis beizubringen haben, während alle anderen jeweils 500 Befürworter nachzuweisen hatten. Vom aktiven wie passiven Wahlrecht wurden alle gerichtlich Verurteilten und in Untersuchungshaft Genommenen ausgeschlossen. Damit erhielt die politische Justiz der DDR Handhaben zur Eliminierung unerwünschter Kandidaten. Sogar bereits Gewählten sollte hinterher das Mandat aberkannt werden, wenn sie der Verfolgung durch die Staatsgewalt anheimfielen. In solchen Fällen wurde eine „nachträgliche Änderung des Wahlergebnisses" vorgesehen. Der Zentrale Wahlausschuß sollte sich aus Vertretern aller in Deutschland bestehenden bzw. zur Wahl zugelassenen Gruppierungen zusammensetzen. Das war geeignet, der SED über die von ihr kontrollierten zahlreichen Organisationen die Mehrheit bei der Feststellung des Wahlergebnisses zu sichern. Im übrigen fehlten in der Diskussion über die Wahlen Aussagen der DDR zu der Frage, welche Rolle die gewählten Volksvertreter bei der Konstituierung des gesamtdeutschen Staates zu spielen haben würden. Das ließ den Verdacht aufkommen, daß sie – so wie die Abgeordneten der Volkskammer – lediglich vorher getroffene Entscheidungen akklamieren sollten.

Vorbereitung einer neuen sowjetischen Friedensvertragsinitiative

Anfang 1951 wurden in Moskau Vorbereitungen für die Pariser Vorgespräche einer künftigen Vier-Mächte-Konferenz über Deutschland getroffen. Im Zusammenhang damit erwog man im Außenministerium erstmals die

S. 56 f.; Rede des sowjetischen Außenministers Vyšinskij vor der UNO-Vollversammlung, 13. 11. 1951, in: Dokumente zur Deutschlandpolitik der Sowjetunion, S. 280–287.

109 Text: Tägliche Rundschau, 10. 1. 1952.

110 Protokoll der 49. außerordentlichen Sitzung der DDR-Regierung, 2. 11. 1951, BArchB, DC 20 I/3–76, Bl. 6 f.; Protokoll der 62. Sitzung der DDR-Regierung (mit Anlagen), 3. 1. 1952, BArchB, DC I/3–88, Bl. 1–27.

Formulierung von Grundsätzen für einen Friedensvertrag[111]. Bei den Beratungen waren sich alle einig, daß im deutschen Fall kein Österreich-Modell – Demokratie nach innen und Neutralität nach außen – in Betracht kam. Die dem westdeutschen Staat von den Westmächten zugestandene Lockerung des Besatzungsregimes am 6. März und die kurz danach erklärte Beendigung des Kriegszustandes ließen dann die Frage aufkommen, ob man nicht im Blick auf den Eindruck in der Öffentlichkeit ähnlich vorgehen müsse. Weil der Kreml dem Verlangen des SED-Regimes nach staatlicher Selbständigkeit abwehrend gegenüberstand, sah man aber davon ab[112]. Die psychologische Wirkung der „unwesentlichen Zugeständnisse", welche die Westmächte der Bundesrepublik gemacht hatten, ließ jedoch das Außenministerium weiter nach Möglichkeiten des Konterns suchen, zumal weitere westliche Schritte befürchtet wurden. Zu diesem Zweck regte die zuständige 3. Europäische Abteilung unter anderem Initiativen an, in denen es um den Kampf um die deutsche Wiedervereinigung, gegen die Remilitarisierung Westdeutschlands und für den Abschluß eines Friedensvertrages gehe[113].

Die SED-Führer waren – unter anderem wegen ihrer Kampagne für eine „Volksabstimmung gegen Remilitarisierung *[in Westdeutschland]* und für einen Friedensvertrag noch im Jahre 1951" seit dem Frühjahr – ebenfalls an „konkreten Vorschlägen" für einen Friedensschluß interessiert. Diese sollten natürlich nicht die DDR zur Disposition stellen. Daher regten sie am 30. Juli eine Stellungnahme im Sinne des Projekts an, das die UdSSR Ende 1947 in London unterbreitet hatte und das für die westliche Seite indiskutabel gewesen war. Die Idee wurde in Moskau aufgegriffen[114]. Nach vorangegangenen Beratungen im Außenministerium wandte sich Wyschinskij am 26. August an das zuständige Politbüromitglied Molotow mit einem Entwurf zur Begutachtung durch die „Instanz"[115] Stalin. Nach dem vorgesehenen „Maßnahmeplan"[116] sollte zunächst die DDR-Volkskammer einen Appell an den Bundestag in Bonn richten, „unverzüglich eine Konferenz von Vertretern der DDR und Westdeutschlands einzuberufen" mit dem Ziel, „um diesen Appell herum eine aktive Kampagne unter der Losung ‚Deutsche an einen Tisch' *[zu]* entwickeln". Im Zusammenhang hielt es der Außenminister für richtig, den Akzent nicht länger auf die – damit weiterhin vorgesehene – Einberufung des Gesamtdeutschen Konstituierenden Rates zu legen, der sich als wenig populär in der Bundesrepublik erwiesen hatte,

[111] M. Gribanov an A.A. Gromyko, 24. 2. 1951, AVPRF, f. 082, op. 38, p. 230, d. 47, ll. 1.
[112] Filitov, Sovetskij Sojuz, S. 320–323.
[113] M. Gribanov an A.A. Gromyko, 9. 7. 1951, AVPRF, f. 082, op. 38, p. 239, d. 108, ll. 126–134; M. Gribanov an A.A. Gromyko, 3. 8. 1951, AVPRF, f. 082, op. 38, p. 230, d. 47, ll. 12.
[114] M. Gribanov an A.Ja. Vyšinskij, 15. 8. 1951, AVPRF, f. 082, op. 38, p. 230, d. 47, ll. 14–16.
[115] Anders als bei Substantiva ohne Eigennamenscharakter im Russischen üblich (mit der einzigen während der Zarenzeit gemachten Ausnahme für das Wort „Gott" *[Bog]*), wurde „Instanz" als Synonym für Stalin in den sowjetischen Dokumenten stets großgeschrieben.
[116] So der in den sowjetischen Quellen generell verwendete Fachausdruck.

sondern statt dessen die Aufmerksamkeit auf die Frage gesamtdeutscher Wahlen zu lenken, die von der westdeutschen Öffentlichkeit gefordert wurde. Damit verband sich implizit das Kalkül, man könne – ebenso wie mit dem Verzicht auf das Verlangen nach paritätischer Vertretung der DDR in dem Gremium – damit den Eindruck hervorrufen, als sei die östliche Seite zu freien Wahlen bereit, während in Wirklichkeit alles weiterhin vom Ergebnis künftiger Verhandlungen mit dem SED-Regime abhängig bleiben würde. Wenn der Bundestag ablehne, sollte die DDR nach einer gewissen, der propagandistischen Vorbereitung dienenden Frist die UdSSR in einer Note um den Abschluß eines Friedensvertrags mit Deutschland ersuchen und damit in der Öffentlichkeit den Eindruck erwecken, daß die sowjetische Note samt den – inzwischen ausgearbeiteten – „Grundlagen" für den geforderten Frieden auf deutschem Wunsch beruhe. Zuvor sollte nach diesem Plan eine Note an die französische Regierung geschickt werden, die gegen die Bildung westdeutscher Streitkräfte und die Schaffung der Europäischen Gemeinschaft für Kohle und Stahl protestierte[117] – ein Schritt, der dann schon am 11. September 1951 unternommen wurde[118].

Zwei Tage später wandten sich die für Deutschland zuständigen Chefdiplomaten an den Außenminister mit der Anregung, Stalin einen Vorschlag zu übermitteln, der in wesentlichen Punkten, vor allem hinsichtlich des „Maßnahmeplans", mit dem Vorstehenden übereinstimmte. Sie betonten darin die Notwendigkeit, zunächst die Weltöffentlichkeit auf die vorgesehene Initiative vorzubereiten. Diese sollte „eine konkrete Plattform des Kampfes für ein vereintes demokratisches Deutschland und gegen die Unterjochung Westdeutschlands durch die anglo-amerikanischen Imperialisten abgeben" und „die demagogischen Manöver der Bonner Regierung und der westlichen Besatzungsmächte in der Frage gesamtdeutscher Wahlen entlarven". Der Kremlführer stimmte Mitte September dem Vorhaben zu, wobei nicht klar ist, auf welches der beiden Papiere sich seine Billigung bezog[119]. Bemerkenswert ist die Eindeutigkeit, in der man – so wie auch bei anderer Gelegenheit – den Propagandazweck des Unternehmens zum Ausdruck brachte. Es ging demnach darum, zum Erfolg des antiwestlichen „Kampfes für die Wiedervereinigung" beizutragen und in der Bundesrepublik eine „Volksbewegung" dafür in Gang zu bringen. Eine positive Antwort Bonns oder anderer Regierungen im Westen auf das Verhandlungsangebot erschien

[117] A.Ja. Vyšinskij an V.M. Molotov (mit Entwurf einer Vorlage für Stalin), 26. 8. 1951, AVPRF, f. 07, op. 24, p. 388, d. 33, ll. 127–133.

[118] Keesings Archiv der Gegenwart, XXI. Jahrgang (1951), S. 3110 A (laut TASS, 11. 9. 1951).

[119] V. Semenov/M. Gribanov/M. Puškin an A.Ja. Vyšinskij (mit Entwurf zur Weiterleitung an Stalin), 28. 8. 1951, AVPRF, f. 082, op. 38, p. 222, d. 13, ll. 1–6; A. Gromyko an I.V. Stalin (Anlage zu: A. Gromyko an V.M. Molotov, 21. 1. 1952), AVPRF, f. 07, op. 25, p. 13, d. 14, ll. 26–29; A. Gromyko an I.V. Stalin, 25. 1. 1952, AVPRF, f. 082, op. 40, p. 255, d. 11, ll. 11–14. Die Tatsache der Billigung durch Stalin, die dem ersten Dokument nicht zu entnehmen ist, geht aus den rückblickenden Bezugnahmen der späteren Dokumente hervor.

weder wahrscheinlich noch wünschenswert[120]. Die DDR-Volkskammer tat den geplanten ersten Schritt, indem Ministerpräsident Grotewohl am 15. September 1951 in einer Regierungserklärung „gesamtdeutsche Beratungen" (wie es nun hieß statt des zunächst vorgesehenen Terminus „Gesamtdeutsche Konferenz") zur Erzielung eines Einverständnisses in der Wahlfrage verlangte und die Abgeordneten den Bundestag dazu aufrief, der Bildung des geforderten deutsch-deutschen Gremiums zuzustimmen[121].

Nach Stalins grundsätzlicher Billigung begann das Außenministerium mit der Ausarbeitung des Textes. Die ersten Entwürfe stellten überaus klar heraus, daß das wiedervereinigte Deutschland das Herrschafts- und Gesellschaftssystem der DDR zu übernehmen habe und in seinen auswärtigen Beziehungen nicht einmal die Freiheit zu einem wirtschaftlichen Arrangement wie der Montan-Union haben sollte. Die nachgeordneten Mitarbeiter des Ministeriums bewiesen damit ihren Vorgesetzten, daß sie die kompromißfeindliche Grundabsicht verstanden hatten, die mit der Orientierung am Friedensvertragsvorschlag auf der Londoner Konferenz von 1947 und an den Beschlüssen des III. SED-Parteitags von 1950[122] gegeben war. Die offene Artikulation der daraus erwachsenden Forderungen war freilich höheren Orts unerwünscht, denn es erschien „unzweckmäßig", dem Publikum im Westen, vor allem in der Bundesrepublik, die unnachgiebige Haltung der UdSSR drastisch vor Augen zu stellen, denn das ließ sich nicht mit der propagandistischen Absicht vereinbaren. Daher wurden die konkreten Forderungen durch allgemeine, im westlichen Sprachgebrauch unverfängliche Wendungen ersetzt. Als allzu klare Aussage wurden – außer der Nennung der DDR als Vorbild für das künftige einheitliche Deutschland – die Hinweise auf das Erfordernis der „Wiederherstellung des deutschen Lebens auf demokratischer Grundlage" und auf die fortdauernde Gültigkeit der vorangegangenen sowjetischen Vereinigungsvorschläge, insbesondere des auf der Londoner Konferenz vom Spätherbst 1947 unterbreiteten Projekts, gestrichen[123]. Eingefügte Ersatzformeln – wie etwa die Forderung, das künftige Deutschland müsse „demokratisch" und „friedliebend" sein und dürfe keine „der Sache der Demokratie und des Friedens feindlich*[en]*" Parteien

120 Hierzu im einzelnen Gerhard Wettig, Die Deutschland-Note vom 10. März 1952 nach sowjetischen Akten, in: Die Deutschlandfrage von der staatlichen Teilung bis zum Tode Stalins. Studien zur Deutschlandfrage, Bd. 13, Berlin 1994, S. 83–111, hier: S. 100–107.

121 Grotewohl, Im Kampf um die einige Deutsche Demokratische Republik, Bd. 2, S. 444–464; Bundesministerium, Die Bemühungen der Bundesregierung, S. 36f.

122 Der zweite Bezugspunkt wird ausdrücklich erwähnt von Wladimir S. Semjonow, Von Stalin bis Gorbatschow. Ein halbes Jahrhundert in diplomatischer Mission 1939–1991, Berlin 1995, S. 266f. Der auf dem III. SED-Parteitag formulierte Standpunkt ist enthalten in dessen Manifest zur deutschen Frage, wiedergegeben in: Dokumente der Sozialistischen Einheitspartei Deutschlands, Bd. 3, *[Ost-]*Berlin 1952, S. 184–188.

123 Bjørnstad, Soviet German policy, S. 111.

und Organisationen dulden – teilten den Kadern mit, daß ein gesamtdeutscher Staat für den Kreml nur dann in Betracht kam, wenn er das Sowjetsystem übernahm, erschienen aber den Nicht-Eingeweihten harmlos. Die zahlreich angefertigten Entwurfsfassungen des Außenministeriums wurden vor allem vom außenpolitischen Fachmann des Politbüros, Molotow, gründlich durchgesehen und stets mit vielen Korrekturen versehen. Manche Texte kamen auch anderen Mitgliedern des Führungsgremiums, namentlich Berija, vor Augen[124].

Seit Herbst 1950 hatte die östliche Propaganda in der Bundesrepublik im Zeichen des Kampfes gegen die „Remilitarisierung" gestanden, die der Westen und die Bundesregierung dem Lande angeblich aufzwingen wollten. Vor diesem Hintergrund bedeutet es einen Kurswechsel, als zunächst einige, dann alle „Grundlagen"-Entwürfe dem wiederzuvereinigenden Deutschland „nationale Streitkräfte" und eine Waffenproduktion zubilligten, wenn auch in beschränktem Umfang. Nach einer zweimonatigen Unterbrechung im Herbst[125] wurde die Formulierungsarbeit Ende 1951 fortgesetzt. Als neuer Punkt kam die Forderung nach staatsbürgerlicher Rehabilitation der früheren Nazis – später auch der ehemaligen Berufssoldaten – hinzu, sofern sie sich am „demokratischen Aufbau" beteiligten. Als Anfang Februar 1952 die Verhandlungen zwischen den Westmächten und der Bundesrepublik über den westdeutschen Wehrbeitrag und die Ablösung des Besatzungsstatuts unmittelbar vor dem Abschluß zu stehen schienen, gab Stalin das Startsignal für die Note[126]. Gemäß dem „Maßnahmeplan" vom Vorjahr ersuchte zunächst die DDR-Regierung die Vier Mächte auf der Basis genauer Moskauer Vorgaben um raschen Abschluß eines Friedensvertrags mit Deutschland, die UdSSR schickte wenig später eine zustimmende Antwort nach Ost-Berlin und leiteten dann am 10. März die Note samt „Grundsätzen für einen Friedensvertrag" den westlichen Regierungen zu.

Die März-Note – ein ernstgemeintes Verhandlungsangebot?

Die vorgeschlagenen Vertragsbestimmungen zielten darauf ab, der deutschen Bevölkerung eine scheinbar großzügige Unterstützung ihres Wunsches nach Wiedervereinigung vor Augen zu führen. Sie waren aber gleichzeitig geeignet, den Politikern des Westens die vorgeschlagenen Vier-Mäch-

124 Vgl. insbesondere M. Gribanov an A.E. Bogomolov, 15. 9. 1951, AVPRF, f. 082, op. 38, p. 250, d. 112, ll. 28–34; M. Gribanov an A.E. Bogomolov, 8. 9. 1951, AVPRF, f. 082, op. 38, p. 250, d. 112, ll. 35–40; M. Gribanov an A.Ja.Vyšinskij, 20. 9. 1951, AVPRF, f. 082, op. 38, p. 250, d. 112, ll. 41–47; Egorova, Evropejskaia bezopasnost', S. 66, 69, 74; Filitov, Sovetskij Sojuz, S. 319, 324f.

125 Bjørnstad, Soviet German policy, S. 110.

126 Postanovlenie CK VKP(b): O meroprijatijach po uskoreniju zaključenija mirnogo dogovora s Germaniej i sozdaniju edinogo, demokratičeskogo miroljubivogo germanskogo gosudarstva, 8.2. 1952, AVPRF, f. 07, op. 25, p. 13, d. 144, ll. 124.

te-Verhandlungen fragwürdig erscheinen zu lassen. Das wird an der Behandlung der Grenzfrage, des Reparationsproblems und der Schuldverpflichtungen exemplarisch deutlich. Zwar sollten die im Osten abgetrennten Gebiete bei ihren Besitzern, bei der UdSSR und bei Polen, verbleiben, aber auf der westlichen Seite sollte das Saarland zu Deutschland zurückkehren. Analog dazu waren die sowjetischen Reparationsforderungen uneingeschränkt zu bedienen, doch den angelsächsischen Mächten wurde nicht einmal ein Anspruch auf Rückzahlung der Kredite zugebilligt, die sie den Westzonen nach dem Krieg als Überlebenshilfe und im Rahmen des Marshall-Plans gewährt hatten. Soweit es auf Kosten der Westmächte ging, sollte alles zugunsten der Deutschen geregelt werden.

Sachlich bedeutsamer waren zwei andere Tatbestände. Die unter allgemeinen Formeln – wie der Forderung, Gesamtdeutschland müsse „demokratisch" und „friedliebend" werden – versteckte Aussage, daß nur die Vereinigung zu einem Staat nach Art der DDR in Frage komme, war zwar für die außenpolitischen Experten in den westlichen Hauptstädten, nicht aber für die breite Öffentlichkeit verständlich. Sie warnte also die Regierungen vor einem Eingehen auf das Verhandlungsangebot, während sie dem Publikum akzeptabel schien. Weiterhin war in den Grundsätzen für den Friedensvertrag zwar ausführlich von der Einheit und den dafür gestellten Forderungen die Rede, doch fehlte jeder Hinweis, wie der gesamtdeutsche Staat geschaffen werden sollte. Dessen Existenz wurde einfach vorausgesetzt. Die Erklärung für diese Merkwürdigkeit liegt darin, daß die Übereinkunft über die Modalitäten der Vereinigung nicht der Vier-Mächte-Konferenz, sondern wie bisher Delegierten beider deutscher Staaten zugewiesen wurde[127]. Folglich änderte sich an diesem entscheidenden Punkt nichts gegenüber der bisherigen sowjetischen Position; es sollte lediglich eine Friedensregelung hinzukommen. Damit war ein politischer Handel Neutralität gegen Demokratie von vornherein ausgeschlossen, denn beides sollte in unterschiedlichen Foren von unterschiedlichen Akteuren verhandelt werden. Das mußte jeden verhandlungswilligen Politiker im Westen entmutigen.

Diese Wirkung war offenbar beabsichtigt. Als der amerikanische Geschäftsträger in Moskau, Cumming, dem sowjetischen Außenminister am 25. März 1952 die ablehnende westliche Antwort übergab, stellte er zu seiner Überraschung fest, daß sich beim Lesen Wyschinskijs Gesicht aufhellte[128]. Diese zunächst merkwürdig erscheinende Reaktion findet ihre Er-

[127] Siehe u.a. Erklärung des sowjetischen Außenministers Vyšinskij bei Entgegennahme der Antwortnote der Westmächte am 25. 3. 1952, berichtet von Associated Press aus Moskau, 27. 3. 1952; Sendung von Radio Moskau in Russisch am 25. 3. 1952, 9.25 Uhr GMT; Erklärung von Ministerpräsident Grotewohl vor der Volkskammer, 14. 3. 1952, in: Grotewohl, Im Kampf um die einige Deutsche Demokratische Republik, Bd. 3, *[Ost-]*Berlin 1954, S. 74–94, hier: S. 79f., 88f.

[128] Bericht der amerikanischen Botschaft in Moskau, 25. 3. 1952, laut Graml, Die Legende, S. 329.

klärung, wenn man einen Erinnerungsbericht Semjonows heranzieht. Danach rief die Empfehlung, den Westmächten in propagandistischer Absicht Verhandlungen über den Abschluß eines Friedensvertrags mit Deutschland anzubieten, bei dem sowjetischen Führer Mißtrauen hervor. Stalin bezweifelte, daß man mit Gewißheit davon ausgehen könne, daß die Offerte abgelehnt werde, gab aber dann doch seine Zustimmung mit dem drohenden Hinweis, er werde die Verantwortlichen zur Rechenschaft ziehen, wenn sich die Voraussage als falsch erweise[129]. Demzufolge konnten Semjonow und andere leitende Mitarbeiter des Außenministeriums als Befürworter der Noteninitiative tatsächlich froh darüber sein, daß die Westmächte nicht auf das Verhandlungsangebot eingingen.

Ein weiteres Indiz dafür, daß der Kreml nicht mit den westlichen Regierungen verhandeln wollte, ist die Behandlung des amerikanischen Botschafters. Kennan kam nach Moskau in der Absicht, eine Verständigung über die deutsche Wiedervereinigung herbeizuführen, erhielt aber gar nicht erst die Gelegenheit zu einem Gespräch[130]. In die gleiche Richtung weist, daß die sowjetische Führung sich zwar erklärtermaßen um einen Friedensvertrag mit Deutschland bemühte, gleichzeitig jedoch ohne Rücksicht auf die dadurch bewirkte Vertiefung der deutschen Spaltung Regime und System der DDR weiter ausbaute. Diese Maßnahmen wurden bereits ins Auge gefaßt, als die Moskauer Akteure noch gar nicht erkennen konnten, wie die Regierungen des Westens auf die März-Note reagierten. Noch bevor das Verhandlungsangebot überhaupt auf den Weg gebracht war, stellte die – an sowjetische Vorgaben gebundene – SED-Führung parteiintern fest, daß der „Kampf um den Friedensvertrag“ und die weitere „Festigung der demokratischen Ordnung“ ihres Staates zwei Seiten der gleichen Medaille waren[131].

Stalin folgte in seinem Verhalten gegenüber der DDR dieser Leitvorstellung. Daß er dabei nicht auf das westliche Nein zur Notenofferte reagierte, wird klar, wenn man bedenkt, daß eine ausdifferenzierte Politik nicht innerhalb weniger Tage durch eine andere, ebenso komplexe Orientierung zu ersetzen ist. Die Ausarbeitung eines Alternativkonzepts benötigt Zeit. Das galt für Stalin, der alles andere als ein Mann schneller Entschlüsse war, in besonderem Maße. Wenn er die Erwartungen enttäuscht sah, auf die er gebaut hatte, brauchte er stets längere Zeit, bis er sich mit einem neuen politischen Konzept auf die veränderte Lage einzustellen vermochte. Das war etwa 1941 beim deutschen Angriff auf die UdSSR und 1947 angesichts des Mar-

129 Die Wiedergabe der – wiederholt im engen Freundeskreis gemachten – Äußerungen findet sich im Nachwort von Julij Kvicinskij zu den Semenov-Memoiren (Semjonow, Von Stalin bis Gorbatschow, S. 392).

130 George F. Kennan, Memoirs 1950–1963, London 1963, S. 107, 112–167.

131 Stenografische Niederschrift der 8. Tagung des ZK der SED, 21.–23. 2. 1952, SAPMO-BArch, DY 30/IV 2/1/101, Bl. 1–162 *[Zitat auf Bl. 5f.]*; Protokoll der Sitzung des Politbüros der SED, 18. 3. 1952, SAPMO-BArch, IV 2/2/202, Bl. 1–3; Protokoll der Sitzung des Politbüros der SED, 20. 3. 1952, SAPMO-BArch, IV 2/2/203, Bl. 1–4.

shall-Plans der Fall. Zugleich war seine Außenpolitik durch ungewöhnliche Beharrlichkeit gekennzeichnet, wenn er auf Widerstände stieß und Mißerfolg erntete. Das zeigte sich nicht zuletzt an seinem Verhalten gegenüber den ständigen Frustrationen, denen er sich in Deutschland gegenüber sah, soweit er die widerstrebenden Kräfte nicht mit Gewalt niederhalten konnte.

Geht man von dem – weithin als maßgebliches Indiz der Absicht angesehenen – sowjetischen Wortlaut aus, dann war nicht der Vorschlag vom 10. März 1952[132], sondern die Antwort vom 9. April[133] auf die ablehnende Stellungnahme der Westmächte vom 25. März die entscheidende, weil erstmals auch auf die Wahlfrage Bezug nehmende[134] Offerte. Wenn man dabei die Annahme zugrunde legt, daß es dem Kreml mit der verbal bekundeten Verhandlungsbereitschaft ernst war, dann müßte Moskau bis weit in den April auf eine positive Reaktion der Westmächte gehofft und von konfliktverschärfenden Maßnahmen Abstand genommen haben. Das ist in der Tat die Auffassung von Richard Smyser, während Wilfried Loth das westliche Nein vom 25. März als den Wendepunkt ansieht, der Stalin von der Idee eines vereinigten Deutschlands abrücken ließ. Die feindselige, geradezu haßerfüllte Propaganda der UdSSR und DDR gegen den Westen während der gesamten Zeitspanne macht jedoch den Willen zum politischen Ausgleich generell unwahrscheinlich.

Nicht uninteressant ist zudem, daß die Anregung zur Note von der SED-Führung ausging. Da weder in der Formulierungsarbeit noch bei der Festlegung der vorgesehenen Maßnahmen-Abfolge ein Bruch zu erkennen ist[135], muß dieser Ausgangspunkt als ein Indiz dafür gelten, daß es nicht darum ging, das kommunistische Regime in der DDR irgendwie in Frage zu stellen. Mit der Deutung, Stalin habe die Gefahr der westdeutschen Wiederbewaffnung im Rahmen der NATO durch ein konterndes diplomatisches Angebot abwehren wollen, läßt sich schwer vereinbaren, daß die Note zu einem Zeitpunkt beschlossen und vorbereitet wurde, als der Erfolg des westlichen Bemühens um einen Verteidigungsbeitrag der Bundesrepublik noch gar nicht abzusehen war. In den verfügbaren sowjetischen Archivquellen ist, soweit überhaupt auf eine westpolitische Veranlassung Bezug genommen wird, auch nicht davon die Rede. Statt dessen erscheint die begin-

132 Text: Dokumente zur Deutschlandpolitik der Sowjetunion, S. 289–293/Pravda, 11. 3. 1952.

133 Text: Dokumente zur Deutschlandpolitik der Sowjetunion, S. 293–297/Pravda, 10. 4. 1952.

134 Es handelte sich um die Andeutung des im letzten Quartal von 1951 formulierten Standpunkts, daß statt der vom Westen vorgeschlagenen UNO-Kommission ein Gremium mit Vertretern beider deutscher Staaten unter dem Dach der Vier Mächte die Wahlen beaufsichtigen könnte.

135 Die von Stalin auf Empfehlung Gromykos vorgenommene Zurückweisung des Wunsches der SED-Führung, die sowjetischen Friedensvertragsvorstellungen der deutschen Öffentlichkeit als ihren eigenen Standpunkt zu präsentieren (vgl. *Dokument 11*), bedeutete nicht eine Veränderung des bisherigen Konzepts, sondern ein Festhalten an ihm.

nende internationale Aufwertung der Bundesrepublik als Herausforderung, auf die reagiert werden müsse.

Das die März-Note begleitende sowjetische Vorgehen

Das Konzept des Nebeneinanders von Friedensvertragsangebot, Stärkung des DDR-Systems und Vertiefung der deutschen Spaltung lag den Ausführungen zugrunde, welche die SED-Führung in der zweiten Märzhälfte als Unterlage für ein Gespräch mit Stalin ausarbeitete. Bei der Bewertung des Papiers ist davon auszugehen, daß seine grundlegende Ausrichtung zuvor mit den Besatzungsbehörden abgestimmt worden war. Das war in derartigen Fällen allgemein geübte Praxis, und die Ost-Berliner Akteure hätten es sich auch gar nicht leisten können, dem sowjetischen Führer Anregungen zu übermitteln, die von den Leitlinien seiner Politik wesentlich abwichen.

In der Ausarbeitung war von gesamtdeutschen Wahlen nur „ohne UNO-Kommission" und von einem „Massenkampf zum Sturz der Adenauer-Regierung" die Rede. Es wurden bereits Schritte ins Auge gefaßt, die später der Öffentlichkeit als Reaktionen auf damals noch gar nicht gefaßte westliche Beschlüsse präsentiert wurden, so Einschränkungen des innerdeutschen Reiseverkehrs, Maßnahmen zum Schutz der Grenze zur Bundesrepublik, die Aufstellung einer Armee und der Aufbau einer Waffenproduktion. Parallel dazu war – in Übereinstimmung mit dem Wechsel von der Entmilitarisierungs- zur Wiederbewaffnungsforderung in der März-Note – an eine Kursänderung der Propaganda gedacht. In der DDR würden „nationale Streitkräfte", so hieß es, im „Unterschied zum Westen" nicht für den „amerikanischen Imperialismus" aufgestellt – mit der Konsequenz, daß hier eine „klare Stellungnahme gegen *[den]* Pazifismus" notwendig sei. „Steigende Aktivität des Feindes" im Innern mache darüber hinaus eine „Festigung der demokratischen Gesetzlichkeit" durch „Wachsamkeit, Verhaftungen, öffentliche Prozesse" erforderlich[136].

Wie zu erwarten war, wurden diese Leitlinien in den folgenden Unterredungen mit Stalin bestätigt, konkretisiert und ergänzt. Im ersten Gespräch am 1. April fragten die SED-Führer, wie sie sich im einzelnen orientieren sollten. Unklar war ihnen vor allem, inwieweit sie mit Vier-Mächte-Verhandlungen über den Friedensvertrag zu rechnen hatten und welche Ergebnisse davon gegebenenfalls zu erwarten waren. Sollten sie unter der Parole gesamtdeutscher freier Wahlen ohne UNO-Kontrolle eine Massenbewegung zum Sturz der Adenauer-Regierung in Gang setzen? Wie solle die Partei den Kampf in Westdeutschland künftig führen? Stalin blieb die Antworten darauf zunächst schuldig. Statt dessen wandte er sich den inneren

136 Plan der *[bevorstehenden]* Besprechung *[in Moskau]* am 1. 4. 1952, in: Badstübner/Loth, Wilhelm Pieck, S. 383–385.

Schwierigkeiten der DDR zu und gab damit zu verstehen, daß er primär an deren Überwindung – und folglich auch an der Fortexistenz des ostdeutschen Regimes – interessiert war. Weiter beklagten die SED-Führer Defizite ihrer Sicherheitsorgane und erklärten eine „Festigung der demokratischen Ordnung" für notwendig. Sie wünschten juristische Maßnahmen wie etwa Prozesse zur Einschüchterung politischer Gegner, dazu eine verbesserte Bewaffnung der Sicherheitskräfte, eine wirksame Sicherung der Westgrenze und Genehmigungspflichten zur Einschränkung und Überwachung des grenzüberschreitenden Verkehrs. Besondere Probleme sahen sie wegen der Durchlässigkeit der Westgrenze, der damit verbundenen gesamtdeutschen Bewegungsfreiheit und der für zu gering erachteten Handlungsmöglichkeiten der Polizei. Als Folgen wurden eine Masseninfiltration von Agenten, Saboteuren und anderen bedrohlichen Elementen und eine zu schwache Abwehrfähigkeit gegenüber ihren gefährlichen Machenschaften befürchtet. Sabotageakten seien die Folge[137].

In den Mittelpunkt der Unterredung vom 1. April rückte die Frage, welchen – von den SED-Führern für dringlich erachteten – militärischen Schutz die DDR erhalten könne. Stalin griff das Thema mit Verve auf und sprach sich mit großem Nachdruck für eine wirksame Bewaffnung, eine voll ausgebaute Armee und eine Rüstungsproduktion des Gefolgschaftsstaates aus. Wie es scheint, wurden die konkreten Einzelheiten erst am 7. April erörtert. Dabei differenzierte Stalin die Empfehlungen, die er hinsichtlich der „Polizei" machte. Die – noch mit alten deutschen Pistolen ausgerüstete – allgemeine Polizei sollte, weil ihr die dazu passende Munition fehlte, neue Waffen erhalten. Demgegenüber sollten die kasernierten Militärverbände (die bisher für innerdeutsche Bürgerkriegseinsätze ausgebildet und bewaffnet worden waren) in voll gefechtstaugliche Streitkräfte umgewandelt werden: Die 24 „Volkspolizeidienststellen" sollten zu einer 300000 Mann starken Armee mit 30 Divisionen, Kriegsmarine und Pilotenkadern werden[138]. Nach den anschließend in der DDR durchgeführten Maßnahmen zu urteilen, dachte der sowjetische Führer an eine Streitmacht, die im Falle eines „großen" Krieges mit den NATO-Staaten die sowjetischen Truppen militärisch unterstützen konnte[139].

137 Protokoll des Gesprächs am 1. 4. 1952, in: Christian Ostermann (Hrsg.), Uprising in East Germany 1953. The Cold War, the German Question, and the First Upheaval Behind the Iron Curtain, Budapest/New York 2001, S. 22–34 (in englischer Übersetzung)/Volkov, Germanskij vopros glazami Stalina, in: Volkov, Uzlovye problemy, S. 142–144 (Auszüge in Russisch).

138 Siehe die vorige Fußnote sowie Protokoll des Gesprächs am 7. 4. 1952, in: Ostermann, Uprising, S. 34–42, hier: S. 34f., sowie die Notizen Piecks über dieses Gespräch, in: Badstübner/Loth, Wilhelm Pieck, S. 396f. Die auf den 1. 4. 1952 datierten Angaben bei Volkov, Germanskij vopros glazami Stalina, in: Volkov, Uzlovye problemy, S. 143f., beziehen sich augenscheinlich auf die Unterredung vom 7. 4. 1952.

139 Vgl. Torsten Diedrich, Die bewaffnete Sicherung des deutschen Arbeiter-und-Bauern-Staates bei der Schaffung von Grundlagen des Sozialismus und im Ringen um ein entmilitari-

Zu Beginn der Unterredung vom 7. April beantwortete Stalin die eine Woche zuvor gestellte Frage nach den Perspektiven in der Deutschland-Politik. Wie er erklärte, bestand keine Aussicht, durch Zugeständnisse zu einem „Kompromiß" mit den angelsächsischen Mächten zu kommen, denn nach seiner Ansicht hielten die Amerikaner an ihrer militärischen Präsenz in Westdeutschland allein deshalb fest, um Westeuropa in der Hand zu haben. Zugleich erschien es ihm sicher, daß die USA die Bundesrepublik in den Atlantikpakt hineinziehen würden; sie hätten Adenauer, die Faschisten und die Generäle bereits ganz in ihrer Tasche. In Westdeutschland werde faktisch ein selbständiger Staat aufgebaut. Der sowjetische Führer richtete an seine Gesprächspartner die Aufforderung: „Auch ihr müßt euern eigenen Staat organisieren." Die innerdeutsche Demarkationslinie müsse als Grenze angesehen werden, und zwar „nicht als irgendeine Grenze, sondern als gefährliche Grenze". Deren Schutz sei zu verstärken – mit den Deutschen in der vorderen Linie und den sowjetischen Verbänden dahinter. Mit dem Hinweis, daß die sowjetischen Militärkommandanturen wiedereingerichtet werden sollten, deutete Stalin die Absicht zur militärischen Reorganisation seiner Truppen in der DDR an. Er wies auch darauf hin, daß notwendige Voraussetzungen für die vorgesehene sozialistische Entwicklung noch nicht geschaffen seien. Zwar habe man mit den Volkseigenen Betrieben faktisch den Sozialismus in der Industrie eingeführt, doch in der Landwirtschaft stehe die Kollektivierung noch aus. Stalin brachte in diesem Zusammenhang die illusionäre Erwartung zum Ausdruck, daß vor allem die Kleinbauern leicht für die neue Agrarstruktur zu gewinnen seien[140].

Die vorgesehenen Maßnahmen – der militärische Aufbau, die Schließung der innerdeutschen Trennlinie und die forcierte sozialistische Transformation – waren geeignet, die Spaltung des geteilten Landes erheblich zu verschärfen. Dessen ungeachtet, antwortete Stalin auf die Frage Grotewohls, ob eine Änderung des am Wiedervereinigungsziel orientierten Kurses beabsichtigt sei, mit einem klaren Nein. So wie bisher glaubte Stalin den Widerspruch zwischen den gesamtdeutschen Parolen und der Separatpolitik in der DDR durch verbale Zurückhaltung verschleiern zu können. Die Umwandlung der bestehenden kasernierten Einheiten in 30 vollwertige Divisionen, von der schon am 1. April die Rede gewesen war, sollte sich ebenso wie der Fortschritt auf dem Weg zum Sozialismus „ohne Geschrei" vollziehen. Es war demnach weiterhin richtig, die Volkseigenen Betriebe nicht als soziali-

siertes neutrales Deutschland, Dissertation (A) am Militärgeschichtlichen Institut der DDR, Potsdam 1989, S. 52–54; Ders., Militär- und sicherheitspolitische Aspekte der stalinistischen Systemkrise 1953 aus DDR-Sicht, unkorrigiertes Manuskript zur Vorbereitung des internationalen Symposiums „Das Krisenjahr 1953 und der Kalte Krieg in Europa" (Cold War International History Project/Zentrum für zeitgeschichtliche Forschung), Potsdam, 10.–12. 11. 1996, S. 5f.

140 Protokoll des Gesprächs am 7. 4. 1952, in: Ostermann, Uprising, S. 34–40/Volkov, Germanskij vopros glazami Stalina, in: Volkov, Uzlovye problemy, S. 144–146.

stisch zu bezeichnen. Die Kollektivierung in der Landwirtschaft sei als Aufbau von Produktionsgenossenschaften zu tarnen, auch wenn es sich dabei in Wirklichkeit um „Teile des Sozialismus" handele. Über den sozialistischen Charakter des eingeleiteten Transformationsprozesses solle man nicht reden, um die – in Westdeutschland politisch sehr gewichtige – Mittelklasse nicht zu verschrecken. Sonst würde man nur die Unterschichten wie insbesondere die Arbeiterschaft gewinnen können. Der sowjetische Führer faßte seinen Standpunkt in der Sentenz zusammen, daß die Tat vor dem Wort komme[141].

Nach Anweisungen der zentralen sowjetischen Besatzungsbehörde, wie Stalins Äußerungen in die Praxis umzusetzen seien[142], begann in der DDR anschließend unter der Parole einer „nationalen Verteidigung" der Republik eine intensive Propaganda- und Anwerbe-Kampagne. Als grundlegende Rechtfertigung dienten die militärischen Grundsätze in der Note vom 10. März. Wie es hieß, galt es, die den Deutschen darin zugestandenen „nationalen Streitkräfte" in der DDR zu verwirklichen, nachdem der Westen den Friedensvertrag abgelehnt habe[143]. Auf der II. SED-Parteikonferenz im Juli, deren Dokumente vorher in Moskau einer ausführlichen Prüfung unterzogen worden waren[144], wurde lautstark eine Nationalarmee gefordert[145]. Eine entsprechende Umbenennung der bestehenden Verbände

141 Protokoll des Gesprächs am 7. 4. 1952, in: Ostermann, Uprising, S. 37f./Volkov, Germanskij vopros glazami Stalina, in: Volkov, Uzlovye problemy, S. 145f.

142 Pieck-Notizen über Gespräche mit Čujkov und Semenov am 14. 4. 1952 und mit Čujkov am 18. 4. 1952, in: Badstübner/Loth, Wilhelm Pieck, S. 400–402; S. Den'gin an V.S. Semenov, 18. 3. 1952, AVPRF, f. 0457a, op. 13, p. 66, d. 5, ll. 71; Oberst Kijatkin an V.S. Semenov, 28. 4. 1952, AVPRF, f. 0457a, op. 13, p. 67, d. 10, ll. 163–172; Torsten Diedrich, Die Kasernierte Volkspolizei (1952–1956), in: Torsten Diedrich/Hans Ehlert/Rüdiger Wenzke, Im Dienste der Partei. Handbuch der bewaffneten Organe der DDR, Berlin 1998, S. 339–351.

143 H. Kamnitzer, Über die militärischen Leitsätze des Friedensvertrages mit Deutschland, in: Neues Deutschland, 16. 4. 1952; Rede von Wilhelm Pieck, 1. 5. 1952, in: Neues Deutschland, 2. 5. 1952/Tägliche Rundschau, 3. 5. 1952; Rede von Walter Ulbricht, 3. 5. 1952, in: Walter Ulbricht, Zur Geschichte der deutschen Arbeiterbewegung. Aus Reden und Aufsätzen, Bd. 4, *[Ost-]*Berlin 1958, (Fn. 83), S. 330–335; Rede von Fred Oelßner auf der Zentralen Propagandistenkonferenz der SED, 3.–5.5.1952, auszugsweise in: Neues Deutschland, 31. 5. 1952; Schreiben von Innenminister Maron an Präsident Pieck, in: Neues Deutschland, 1. 6. 1952; Entschließung des Demokratischen Blocks *[enthalten in den Ausführungen Grotewohls]*, 13. 6. 1952, in: Neues Deutschland, 18. 6. 1952; Reden von Otto Grotewohl und Vincenz Müller auf dem 4. Parteitag der NDPD, 17. 6. 1952, in: Neues Deutschland, 18. 6. 1952; Rede von Walter Ulbricht auf der II. Parteikonferenz der SED, 11. 7. 1952, in: Neues Deutschland, 13. 7. 1952; Rede von Wilhelm Pieck auf der II. Parteikonferenz der SED, 11. 7. 1952, in: Neues Deutschland, 13. 7. 1952/Pravda, 12. 7. 1952; Leitsätze der II. Parteikonferenz, 12. 7. 1952, in: Neues Deutschland, 13. 7. 1952/Pravda, 13. 7. 1952; Dokumente der SED. Beschlüsse und Erklärungen des Parteivorstandes, des Zentralsekretariats und des Politischen Büros *[Ost-]*Berlin 1951, Bd. 4, S. 68, 72f.

144 Vgl. Rundschreiben an Čujkov/Semičastnov/Semenov/Kaverznev, Maširin/Il'ičev/Orlov/zdA, 4. 7. 1952, AVPRF, f. 0457a, op. 13, p. 68, d. 13, ll. 16–20; A. Maširin an V.S. Semenov, 5. 7. 1952, AVPRF, f. 0457a, op. 13, p. 68, d. 14, ll. 49.

145 Siehe die einschlägigen Dokumente der II. Parteikonferenz der SED, in: Ulbricht, Zur Geschichte der deutschen Arbeiterbewegung, Bd. 4, Berlin 1958, S. 409, 423; Dokumente zur

wurde jedoch immer wieder aufgeschoben, als sich die Aufstellung der Bundeswehr verzögerte, die das Signal dazu geben sollte. Das vorgesehene Kontrollregime an der innerdeutschen Demarkationslinie wurde etabliert, als Ende Mai die Verträge zwischen der Bundesrepublik und den Westmächten unterzeichnet wurden[146]. Damit wurden nicht nur seit alters zusammengehörende Gemeinschaften und Regionen auseinandergerissen, sondern auch wichtige Elemente der trotz Zweistaatlichkeit fortbestehenden gesellschaftlichen Nationseinheit beseitigt. Als Ort ungehinderter menschlicher Begegnung blieb nur Berlin, wo die Sektorenübergänge in der Regel weiterhin frei passiert werden konnten.

Wenig später wurde auf Betreiben Moskaus[147] die Gliederung der DDR in Länder beseitigt und durch eine Bezirkseinteilung nach sowjetischem Vorbild ersetzt. Die Separierungspolitik erreichte ihren Höhepunkt mit dem – zuvor selbstverständlich in Moskau gebilligten[148] – offenen Bekenntnis zum „Aufbau des Sozialismus" auf der II. SED-Parteikonferenz Anfang Juli 1952. Die dort verkündete Linie entsprach in der Sache den Absichten, die Stalin Anfang April gegenüber den SED-Führern zu erkennen gegeben hatte. Wenn – anders, als der sowjetische Führer damals erklärt hatte – der sozialistische Charakter des Vorgehens nicht länger in Abrede gestellt, sondern offen ausgesprochen wurde, so dürfte dies auf inzwischen zutage getretene handlungsimmanente Zwänge zurückzuführen sein. Im militärischen Bereich war der Kreml, wie die Einfügung des Passus über „nationale Streitkräfte" in die Note vermuten läßt[149], augenscheinlich schon im Herbst 1951 zu der Ansicht gekommen, daß sich die bisherige Heimlichkeit nicht weiter aufrechtzuerhalten war. Ließ sich die Existenz von bis dahin 50000 Soldaten noch einigermaßen vor der breiten Öffentlichkeit verbergen, so war dies mit den geplanten 300000 Mann von vornherein aussichtslos. Auch hoffte die östliche Seite darauf, bisherige Probleme bei der Anwerbung von Rekruten zu vermeiden, mit denen es bisher oft größte Schwierigkeiten ge-

Geschichte der Sozialistischen Einheitspartei Deutschlands, Bd. 4, *[Ost-]*Berlin 1964, S. 70–72; Neues Deutschland, 13. 7. 1952/Pravda, 13. 7. 1952.

146 Hierzu: Pieck-Notizen über die Gespräche der drei führenden SED-Funktionäre mit Čujkov und Semenov am 14. 4. 1952 und mit Čujkov am 18. 4. 1952, in: Badstübner/Loth, Wilhelm Pieck, S. 400–402; Torsten Diedrich, Die bewaffnete Sicherung des deutschen Arbeiter-und-Bauern-Staates, S. 65.

147 A. Gromyko an A.Ja. Vyšinskij, 18. 4. 1952, AVPRF, f. 07, op. 27, p. 42, d. 030-Germanija, ll. 2–4.

148 V. Semenov an Čujkov/Kaverznev/Petrov/Maširin/Il'ičev/Orlov, 4. 7. 1952, AVPRF, f. 0457a, op. 13, p. 68, d. 13, ll. 16–20; A. Maširin an V.S. Semenov, 5. 7. 1952, AVPRF, f. 0457a, op. 13, p. 68, d. 14, ll. 46–51.

149 Diesem Passus war, wie sein sofortiger Gebrauch in der beginnenden Kampagne für „nationale Streitkräfte" der DDR erkennen läßt, von vornherein als Legitimationsinstrument für eine offene Wiederbewaffnung im Osten Deutschlands gedacht. Das erklärt auch, wieso die östliche Propaganda die Parole des Kampfes gegen die Wiederbewaffnung fallen ließ, obwohl diese sich in der deutschen Öffentlichkeit als durchaus zugkräftig erwiesen hatte und auch im europäischen Ausland auf positive Resonanz gestoßen war.

geben hatte, wenn sie hinterher entdeckten, daß sie nicht bei der Polizei, sondern in einem militärischen Verband angekommen waren. Ähnliche „Mißverständnisse" dürfte es auch sonst, etwa bei Interessenten für „Landwirtschaftliche Produktionsgenossenschaften", gegeben haben, die sich dann in Betrieben mit Kolchosstruktur wiederfanden. Da schien es den östlichen Verantwortlichen besser, gar nicht erst Widerstände durch irreführende Verschleierungen zu schaffen.

Insgesamt führten die Beschlüsse der II. SED-Parteikonferenz[150] zu einer deutlich über das bisherige Maß hinausgehenden Angleichung an das Sowjetsystem und zu fortlaufend verschärften Unterdrückungsmaßnahmen vor allem gegen „bürgerliche" Teile der Gesellschaft. Nur die – bereits angekündigte – Proklamierung „nationaler Streitkräfte" unterblieb, als sich herausstellte, daß der erwartete rasche Aufbau der Bundeswehr im Westen auf sich warten ließ. Aus dem Übergang zu einem offenen Sozialisierungskurs ergaben sich vermehrte Spannungen sowohl im deutsch-deutschen Verhältnis als auch innerhalb der DDR. Die Note und die ihr folgende Kampagne standen zwar unter Parolen der nationalen Einheit, dienten aber faktisch vertiefter Spaltung. Der Entscheidung Stalins hierfür lag augenscheinlich nicht nur Resignation hinsichtlich der Aussicht auf eine Vereinigung nach seinen Wünschen zugrunde. Er hielt auch eine Integration der Bundesrepublik in die NATO für weniger schädlich als eine Infragestellung der DDR, die mit Deutschland-Verhandlungen unweigerlich verbunden gewesen wäre. Er wollte zwar die deutsche Öffentlichkeit mit dem Bekenntnis zur staatlichen Einheit beeindrucken, aber keinesfalls das Risiko eingehen, daß es zu Ost-West-Gesprächen darüber kam, deren Verlauf ungewiß war. Daher ließ er ein weiteres Mal Vorbehalte fallen, mit denen er bis dahin der Idee der deutschen Einheit Tribut gezollt hatte. Die DDR setzte den Weg in das „sozialistische Lager" mit großen Schritten fort.

Zugrunde liegende sowjetische Wahrnehmungen

Wenn Stalin die März-Note nicht als ernsthaftes Angebot meinte und zugleich von einer baldigen Einbeziehung der Bundesrepublik in das atlantische Bündnis und die westeuropäische Verteidigung ausging, bedeutete dies, daß er sich schon mit dem Erfolg der westlichen Politik abgefunden hatte. Damit stellt sich die Frage, was denn dann das Propaganda-Ziel war, das mit der scheinbaren Verhandlungsofferte verfolgt wurde. Soweit die internen

150 Vgl. Auszug aus dem Referat Ulbrichts auf der II. Parteikonferenz der SED 9.–12. 7. 1952, in: Ulbricht, Zur Geschichte der deutschen Arbeiterbewegung, Bd. IV, S. 371–499; Beschluß „Zur gegenwärtigen Lage und zu den Aufgaben im Kampf für Frieden, Einheit, Demokratie und Sozialismus", in: Dokumente der Sozialistischen Einheitspartei Deutschlands, Bd. IV, *[Ost-]*Berlin 1954, S. 70–78/Neues Deutschland, 13. 7. 1952/Pravda, 13. 7. 1952.

Dokumente Einblick in die Motive des sowjetischen Führers geben, entsteht folgendes Bild. Stalin war zu der Einschätzung gelangt, daß die Einbeziehung der Bundesrepublik in das westliche Lager, namentlich auch in die westeuropäische Verteidigung, nicht mehr aufzuhalten sei. Daher hielt er es für richtig, die DDR als sozialistischen Vorposten auszubauen, selbst wenn der dadurch entstehende Eindruck mit Nachteilen auf der psychologisch-politischen Ebene verbunden war. Daß sich der Kreml zu derartigen Entschlüssen genötigt sah, war unzweifelhaft eine Niederlage im Ringen um Deutschland. Aber Stalin schöpfte Zuversicht aus der Hoffnung, der Mißerfolg werde zum Ausgangspunkt für den nachfolgenden Sieg. Es handelte sich demnach nur um einen zeitweiligen Rückschlag, welcher der Erwartung keinen Abbruch tat, daß der Sozialismus im Endergebnis überall triumphieren müsse.

Er griff dabei auf die Vorstellung der „zwischenimperialistischen Widersprüche" zurück, die ihm bereits in den zwanziger Jahren Zuversicht gegeben hatte und die sich, wenn auch mit unvorhergesehenen Komplikationen, im Zweiten Weltkrieg bewährt zu haben schien. Angesichts der – für unmittelbar bevorstehend gehaltenen – Bewaffnung der Bundesrepublik im Rahmen des westlichen Bündnisses bot sich der Trost, daß ein weiteres Mal ein gegenseitig zerstörender Zwist im „imperialistischen" Lager, diesmal zwischen den Westdeutschen und den Westmächten, aufflammen werde. Dahinter stand der Gedanke, daß sich eine so starke Nation, die in der Vergangenheit immer wieder unbeugsamen Kampfeswillen gezeigt hatte, die – von Moskau vorausgesetzte – Unterordnung und Diskriminierung durch die westlichen Staaten auf die Dauer nicht gefallen lassen werde, wenn sie erst wieder über militärische Mittel verfüge. Wie Stalin im Frühjahr 1952 formulierte und auf dem XIX. KPdSU-Parteitag öffentlich erklärte, werde „Deutschland(West)" seinen minderen Status auf lange Sicht nicht hinnehmen. Anderes zu meinen, hieße „an Wunder glauben"[151]. Daher beantwortete er die Frage Chou En-lais, ob nach seiner Ansicht die Westdeutschen ihre Waffen später gegen die Amerikaner kehren würden, mit einem klaren Ja[152].

Legt man die Annahme zugrunde, daß die Wiederbewaffnung der Bundesrepublik im Rahmen der NATO geeignet schien, die – nach Stalins Vorstellung unerklärliche – Einigkeit des westlichen Lagers während der Nachkriegszeit auf lange Sicht aufzubrechen, dann erhält das propagandistische Bemühen um die westdeutsche Öffentlichkeit gerade deshalb einen Sinn, weil keine Aussicht mehr auf Verhinderung der Westverträge bestand. Es ging nicht länger darum, einen raschen politischen Frontwechsel der Bun-

[151] Text: Pravda, 3. 10. 1952.

[152] Stenogramma peregovorov I.V. Stalina s Čžou Ėn'laem v avguste – sentjabre 1952g., in: Novaja i noveišaja istorija 2/1997, S. 69–86, hier: S. 84.

desrepublik herbeizuführen, sondern ihr zunehmend den Eindruck sowjetischen Wohlwollens für ihre nationalen Wünsche und Interessen, d.h. vor allem für das Anliegen der Wiedervereinigung, zu verschaffen, um ihr für den vorausgesehenen Fall eines scharfen Konflikts mit den westlichen Verbündeten das Gefühl eines Rückhalts im Osten zu vermitteln. Bonn sollte auf dieser Grundlage immer mehr darauf vertrauen, daß die UdSSR kein Feind, sondern ein Freund sei. Vor diesem Hintergrund sollte es der westdeutschen Seite künftig einmal möglich erscheinen, sich auf eine Konfrontation mit den Westmächten einzulassen.

Wie die Bemerkung gegenüber der SED-Führung zeigt, daß die Amerikaner Adenauer in der Tasche hätten, erwartete Stalin nicht, daß sich dieser Bundeskanzler irgendwann dazu verstehen werde. Nicht zuletzt aus diesem Grund stellte die östliche Seite ihren „Kampf um die deutsche Einheit" unter die Parole, daß Adenauer gestürzt werden müsse. Das Bemühen, in den politischen Kreisen der Bundesrepublik „Verbündete" zu finden, war an dem Leitgedanken orientiert, die „Adenauer-Regierung" zu Fall zu bringen[153]. Gleichzeitig sollte freilich in Übereinstimmung mit der Strategie der „Nationalen Front" die „führende Rolle" der kommunistischen Seite gewährleistet werden. Gegner der Westintegration wie Heinemann, die auf die Unabhängigkeit ihrer Bestrebungen Wert legten, galten daher als nicht geeignet für eine Zusammenarbeit[154]. Stalin glaubte anscheinend, daß sich nach Adenauers Abtreten früher oder später wirkungsvoll agierende westdeutsche Politiker finden würden, die zum Bruch mit dem Westen bereit wären.

Zu dieser Erwartung trug eine ideologisch bedingte Sicht des Verhältnisses zum Westen entscheidend bei. Für Stalin stand fest, daß alle Völker (die, von den „imperialistischen" Ausbeutern und Unterdrückern abgesehen, „Werktätige" waren) durch gleiche Interessen mit der UdSSR verbunden waren. Gefühle des Bedrohtseins durch die Sowjetunion konnte es demnach nicht geben. Folglich handelte es sich, wenn in Westeuropa von der „Gefahr aus dem Osten" die Rede war, um eine propagandistische Fiktion der „Imperialisten", d.h. Washingtons und seiner Lakaien auf der anderen Seite des Atlantik. Sie sollte verschleiern, daß die militärische Präsenz der USA in Westdeutschland dem Zweck diente, Westeuropa unter amerikanischer

153 M. Gribanov an V. Vyšinskij/A. Gromyko/KPdSU-Generalsekretariat *[Stalin]*, 29. 3. 1952, AVPRF, f. 082, op. 40, p. 254, d. 6, ll. 14–16.

154 Ėkonomičeskij i političeskij obzor položenija Zapadnoj Germanii v 1951 godu *[Ausarbeitung von G. Puškin in Ost-Berlin]*, 15. 3. 1952, AVPRF, f. 082, op. 40, p. 254, d. 6, ll. 20–129; Zaključenie po Ėkonomičeskomu i političeskomu položeniju Zapadnoj Germanii v 1951 godu, AVPRF, f. 082, op. 40, p. 254, d. 6, ll. 1–19; Lemke, Die infiltrierte Sammlung, S. 198–202; Heike Amos, Die Westpolitik der SED 1948/49. „Arbeit nach Westdeutschland", Berlin 1999, S. 97–123.

Kontrolle zu halten[155]. Stalin verstand daher nicht, daß sich die Staaten im Westen um ihrer Sicherheit willen aufeinander angewiesen sahen und auf dieser Basis ein festes Gemeinschaftsgefühl entwickelten, das ihnen über interne Konflikte hinweghalf.

In Wirklichkeit lagen die Dinge nämlich anders, als der sowjetische Führer annahm. Nach der Entscheidung Washingtons im Jahre 1947 für das – zunächst primär wirtschaftlich gedachte – Engagement in Europa drangen die Westeuropäer auf militärischen Schutz. Es ging auf ihr Bemühen zurück, daß die Amerikaner 1949 durch den Nordatlantikvertrag die Sicherheit ihrer Partner jenseits des Ozeans garantierten und 1951 mit der Gründung der NATO-Militärorganisation eine auf Truppen gegründete Bundesgenossenschaft akzeptierten. Die USA drängten also ihre Präsenz den Verbündeten nicht auf. Im Gegensatz zu der Ansicht Stalins war es auch danach vorrangig das Bestreben der Westeuropäer, die amerikanischen Soldaten unbedingt in der Bundesrepublik – und damit auf dem europäischen Kontintent – zu halten. Die fundamentale Fehleinschätzung der Lage hinderte den Kreml 1952 daran, in Deutschland erfolgversprechend zu handeln.

Schlußfolgerungen

Die vier Prämissen, die der Annahme sowjetischer Kompromißbereitschaft in der Deutschland-Frage zugrunde liegen, halten der Untersuchung nicht stand. Die Führung der UdSSR strebte kein einheitliches Deutschland ohne Rücksicht auf dessen politisches System an, sondern gab, wenn sie vor die Wahl gestellt war, dem Ziel sozialistischer Transformation den Vorrang vor dem Postulat eines gesamtdeutschen Staates. Sie ging jedoch davon aus, deutsche Einheit und kommunistisches Regime seien gleichzeitig erreichbar, und war längerfristig auf die Einführung des Sowjetsystems festgelegt, auch wenn anfänglich nach außen hin Rücksicht auf die Systemvorstellungen der Westmächte und der Deutschen genommen wurde. Hinter verbalen Bekundungen des Willens, das besetzte Land „demokratisch“ und „friedliebend“ zu gestalten, war das der westlichen Demokratie diametral entgegenstehende politische Konzept nicht zu verkennen. Das 1944 in Moskau für Nachkriegsdeutschland formulierte Aktionsprogramm, das auf der Basis eines manipulierten Mehrparteiensystems, auf die schrittweise Durchsetzung des sowjetischen Herrschafts- und Gesellschaftssystems abzielte, wurde der Rahmen der folgenden Deutschland-Politik. Natürlich ergaben sich im Verlauf der in Gang gesetzten Entwicklung unvorhergesehene Situationen, für deren Bewältigung keine vorgefertigten Pläne vorlagen (die das Aktionsprogramm auch gar nicht bieten sollte), so daß im Detail pragmatisch ge-

155 Äußerung Stalins gegenüber den SED-Führern lt. Protokoll des Gesprächs am 7. 4. 1952, in: Ostermann, Uprising, S. 34.

handelt werden mußte. Aber im Blick auf die langfristige Perspektive blieb das Programm von 1944 bestimmend, wobei freilich die territoriale Beschränkung auf die SBZ/DDR in Kauf genommen wurde.

Im Rückblick erscheint die Auffassung gerechtfertigt, daß die Durchsetzung der sowjetischen Ambitionen von allem Anfang an objektiv wenig wahrscheinlich war. Seitens der westlichen Besatzungspartner und der deutschen Bevölkerungsmehrheit war von vornherein Widerstand zu erwarten (der sich dann durch die Härten des sowjetischen Vorgehens weiter verstärkte); die Positionsvorteile, die Stalin in Berlin erlangte, konnten trotz aller Bemühung kaum zur Beherrschung des Landesganzen führen; die Doppelpolitik der einseitig vollendeten Tatsachen in der SBZ und des Anspruchs auf volle Mitsprache in den Westzonen (verbunden mit einem Veto gegen Maßnahmen, welche die dortigen Besatzungsmächte für unerläßlich hielten) mußte auf die Dauer scheitern. Überraschend war nicht, daß die USA (die auf westlicher Seite das entscheidende Gewicht in die Waagschale zu werfen hatten) der sowjetischen Politik schließlich den Rücken kehrten, sondern daß sie zunächst die dadurch bedingten einseitigen Beschränkungen der Handlungsfähigkeit im eigenen Besatzungsgebiet hinnahmen. Erst nach zwei vollen Jahren kündigten sie der UdSSR den Konsens auf. Aber auch dann wurde den Entscheidungsträgern in Moskau, denen jede Fähigkeit zu Empathie abging, nicht klar, auf welch schwachen Füßen das Kalkül ihrer Deutschland-Politik stand[156]: Sie setzten ihren Kurs in verstärktem Maße fort.

Der Entschluß der USA 1947, in Europa präsent zu bleiben und sich dort zu engagieren, ließ die Hoffnung hinfällig werden, nach Abzug der Amerikaner ganz Deutschland in den sowjetischen Einflußbereich zu ziehen. Damit entfiel eine entscheidende Voraussetzung für die Ausdehnung der kommunistischen Herrschaft auf die Westzonen. Auch als die Westmächte dazu übergingen, den in ihrem Machtbereich befindlichen, größeren Teil des Landes zunächst wirtschaftlich und politisch, dann auch militärisch zu integrieren, hielt Stalin an dem einmal beschlossenen Konzept fest. Offene Konfrontation, nicht Entgegenkommen sollte den Westen kleinkriegen. Im Rückblick erscheint dieses Vorgehen kontraproduktiv. Dafür gibt es nur eine Erklärung: Der sowjetische Führer nahm das Desaster seiner Politik als nur augenblicklichen Rückschlag wahr, dem späteres Gelingen folgen

[156] In gleicher Weise wie in Deutschland glaubte die sowjetische Führung auch im Iran, entscheidenden Einfluß auf das gesamte Land gewinnen zu können, indem sie im besetzten Teilgebiet Machtpositionen einer abhängigen kommunistischen Partei etablierte und eine den anderen politischen Kräften aufgezwungene „demokratische“ Einheitsfront ins Spiel brachte; vgl. N. Egorova, „Iranskij krizis“ 1945–1946gg.: vzgljad is rossijskich archivov, in: M.M. Narinskij, otvestv. red., Cholodnaja vojna. Novye podchody, novye dokumenty, Moskau 1995, S. 294–314.

würde, weil sie sich vermeintlich im Einklang zumindest mit dem langfristigen Trend der geschichtlichen Entwicklung befand.

Da von vornherein feststand, daß die UdSSR der „Staat aller Werktätigen“ war und für deren „Klassenziele“ kämpfte, konnte es langfristig nicht ausbleiben, daß die arbeitende Bevölkerung (als der Kern des Volkes) auch in Deutschland ihr „wahres Interesse“ erkannte und sich früher oder später auf die sowjetische Seite schlug – auch wenn die Dinge im gegebenen Moment ganz anders aussahen. Aus dem Glauben, das westliche System sei durch eherne Gesetze zum Untergang verurteilt, ergab sich für Stalin die Gewißheit, die eigene Macht und das eigene System müßten unweigerlich früher oder später alle Widersacher überwinden. Das ließ eine maximalistische Haltung nicht nur zulässig, sondern sogar geboten erscheinen. Nachdem sich bei Kriegsende erstmals die Aussicht auf ein einheitliches, sowjetisch kontrolliertes Deutschland eröffnet hatte, erschien es nicht mehr akzeptabel, daß der – zwar zuweilen im Zickzack, aber insgesamt zielstrebig – auf den Sozialismus zulaufende „Fortschritt“ wieder zurückgedreht wurde. Wenn das gesteckte Ziel im Augenblick nicht durchzusetzen war, dann hatte man eben den richtigen Zeitpunkt abzuwarten. Bis dahin waren die „sozialistischen Errungenschaften“ der DDR zu bewahren und auszubauen. Das sollte Positionen schaffen, von denen aus der Sozialismus später weiter voranschreiten konnte. Die SBZ/DDR wurde demgemäß als Bastion des Sozialismus in Deutschland ausgebaut. Kompromisse, die dem Westen um anderer Ziele willen, etwa zur Neutralisierung des westdeutschen Potentials, den Verzicht auf „sozialistischen Fortschritt“ angeboten hätten, kamen nicht in Betracht: Sie hätten einen Rückschritt bedeutet und damit dem Gang der Geschichte widersprochen.

Diese Wahrnehmung macht jene „Politik der deutschen Einheit“ begreiflich, für die es nach dem Ende der Vier-Mächte-Kooperation nur die Wahl gab zwischen einem kommunistisch bestimmten Gesamtstaat und einer Spaltung, die nach östlicher Logik auf die „reaktionäre“ Haltung des Westens, d. h. auf dessen Widerstand gegen eine „fortschrittliche“ Orientierung des besetzten Landes, zurückzuführen war. Das hatte zur Folge, daß der Kreml im Widerspruch zu den westlichen Vorstellungen pragmatischer Machtpolitik lieber auf die politische Mitwirkung in dem westlichen, weit größeren Landesteil verzichtete, als daß er Abstriche von dem Kurs in der SBZ/DDR zu machen bereit gewesen wäre. Unter bestimmten Umständen waren zwar „Zugeständnisse“ an den ideologischen Widersacher vorgesehen, aber diese durften nicht mehr zum Inhalt haben als ein taktisches Eingehen auf dessen Wünsche mit dem Zweck, ihn mittels solchen Entgegenkommens an die Angel zu bekommen. Ein Verzicht auf Richtung und Ziel kam auf keinen Fall in Betracht: Hier galt nur die Alternative des Alles-oder-nichts. Solange Stalin lebte, war daher auch nicht ansatzweise ein begrenztes Zusammenwirken mit politischen Kräften im Westen vorstellbar.

Die UdSSR und/oder deren ostdeutsche „Freunde" hätten aus einer begrenzten Kooperation etwa mit Opponenten der westlichen Politik in den Westzonen bzw. in der Bundesrepublik erheblichen Vorteil ziehen können; vielleicht wäre auf diese Weise sogar die Position Adenauers zu erschüttern gewesen. Doch das kam von vornherein nicht in Frage, weil alle Personen und Gruppen von politischem Gewicht weder zur Unterstützung kommunistischer Ziele noch zur Unterordnung unter den Willen Moskaus bereit waren. Mit diesem Verlangen machte der Kreml jedes Zusammengehen schon im allerersten Ansatz unmöglich und trug damit wesentlich zur Stabilisierung des prowestlichen Establishments in Bonn bei. Diese dogmatische Inflexibilität begann sich erst ab 1953 zu lockern.

Aus westlicher Sicht erscheinen derartige Tatbestände seltsam, wenn nicht gar von vornherein unglaubwürdig. Denn man ist weithin geneigt, ideologische Überzeugungen nicht als Motive politischen Handelns gelten zu lassen. Man geht in der Regel davon aus, die pragmatische Mentalität westlichen Zuschnitts sei allgemeingültig und müsse daher stets dem Vorgehen aller Akteure zugrunde liegen. Davon abweichende Vorstellungen der Entscheidungsträger in Moskau gelten als „bloße Ideologie", die nur psychologischer Selbstbefriedigung, nachträglicher Politikrechtfertigung oder ähnlichen Motiven diene und daher unecht sei. Unterschätzt wird dabei die bewußtseinsprägende Macht eines dem Diskurs zugrunde gelegten Kategorien- und Argumentationssystems: Dieses formt unausweichlich Denken und Handeln[157]. Das gilt im vorliegenden Fall um so mehr, als es sich um eine für allgemein und ausschließlich verbindlich erklärte Kommunikationsform handelte. Die gegenteilige Annahme, Stalin und seine Mitarbeiter hätten sich von ihrer Redeweise kaum beeinflussen lassen und daher genau so gedacht und gehandelt wie westliche Politiker, würde ihre Deutschland-Politik unverständlich erscheinen lassen. Ihre unbeirrbare Erwartung auf schließlichen Erfolg in Deutschland läßt sich nur aus der ideologischen Zuversicht erklären, die wiederkehrenden Niederlagen (deren Bedeutung sie durchaus erkannten) und die wachsende Ablehnung auch der „werktätigen Massen" (über die sie informiert waren) änderten nichts daran, daß die entscheidende politische Kraft, die „Arbeiterklasse", eines Tages ihr wahres, zur Unterstützung der sowjetischen Sache nötigendes Interesse erkenne und daß die Gesetze der Geschichte den Sieg der UdSSR über alle Gegner vorherbestimmten. Diese unerschütterliche Überzeugung ließ die Kremlführung an dem Gedanken festhalten, sie werde trotz allem das deutsche Volk für sich gewinnen und die Westmächte aus dem Land verdrängen. Diese Erwartung änderte sich auch dann nicht grundsätzlich, als der sowjetische Führer 1952 die Bundesrepublik bis auf weiteres verloren gab: Er war sich dessen gewiß, daß die Westdeutschen gerade dann, wenn sie in das

[157] Vgl. Deborah Tannen, Kommunikationsprobleme im Alltag, München 1994, S. 234f.

westliche Lager einbezogen werden würden, gegen den Westen rebellieren und damit der UdSSR Tür und Tor öffnen müßten[158].

Nachdem Fallstudien erwiesen haben, daß die gewohnten Denkweisen einer bestimmten politischen Kultur nur so weit ein zutreffendes Urteil über Vorgänge und Entwicklungen erlauben, wie es um den eigenen Bereich geht[159], kann man eigene Vorstellungen nicht länger unreflektiert zur Interpretation von Phänomenen in fremden politischen Kulturen verwenden. Ein wichtiges Indiz dafür, daß im Falle der UdSSR die ideologischen Überzeugungen kein Beiwerk, sondern Kern des Denkens und Handelns waren, ist in der frappanten Übereinstimmung zwischen öffentlichen Aussagen und internen Äußerungen zu sehen. Die gegenüber dem Publikum abgegebenen Erklärungen waren nicht, wie man vor dem Einblick in östliche Archivdokumente meist meinte, „bloße Propaganda", sondern drückten die handlungsbestimmenden Ideen der Kader aller Ränge und Ebenen aus. Das sollte eigentlich nicht überraschen: Wie aus einschlägigen Forschungen bekannt ist, läßt sich „kognitive Dissonanz" nur schwer durchhalten. Wer – zu Zwecken der Täuschung und/oder Anpassung – echte und vorgebliche Auffassungen nebeneinander besitzt, setzt sich nicht nur einer großen Anstrengung, sondern auch einer unmerklichen Tendenz aus, beides zur Deckung zu bringen. Selbst wenn eine Vorstellung zunächst abgelehnt wird, besteht die Neigung, sie bei ständiger Äußerung als Überzeugung anzunehmen. Als um so wahrscheinlicher muß gelten, daß Glaubensinhalte nicht reinlich von Handlungsdeterminanten geschieden werden. Es wäre daher sehr ungewöhnlich, wenn Stalin und andere sowjetische Akteure einen Unterschied gemacht hätten zwischen einer ideologischen Theorie ohne Bezug zur politischen Praxis und einem aktionsbezogenen Pragmatismus ohne Bezug zu den systemtragenden Doktrinen. Das hätte zudem einem der zentralen Lehrsätze widersprochen: der „Einheit von Theorie und Praxis".

[158] Es war demgemäß ein wesentlicher Zweck der Note vom 10. 3. 1952 und der auf dieser Basis fortgeführten Einheitspropaganda, das Bild einer UdSSR entstehen zu lassen, die den Deutschen und ihrem Wunsch nach Vereinigung positiv gegenüberstehe. Das sollte mutmaßlich die Bundesrepublik dazu ermutigen, später einmal im Vertrauen auf sowjetischen Rückhalt die Westmächte herauszufordern; vgl. näher Gerhard Wettig, Bereitschaft zur Einheit in Freiheit?, S. 217–227.

[159] Vgl. beispielsweise Ernst-Otto Czempiel, Das deutsche Dreyfus-Geheimnis. Eine Studie über den Einfluß des monarchischen Regierungssystems auf die Frankreichpolitik des Wilhelminischen Reiches, München 1966.

Um den Frieden mit Deutschland

Note der Sowjetregierung an die Westmächte über den Friedensvertrag mit Deutschland vom 10. März 1952

Die Sowjetregierung hält es für notwendig, die Regierung der Vereinigten Staaten von Amerika darauf aufmerksam zu machen, daß, obwohl seit Beendigung des Krieges in Europa bereits etwa sieben Jahre vergangen sind, immer noch kein Friedensvertrag mit Deutschland abgeschlossen wurde.

Um diesen unnormalen Zustand zu beseitigen, wendet sich die Sowjetregierung, die das Schreiben der Regierung der Deutschen Demokratischen Republik mit der an die vier Mächte gerichteten Bitte um Beschleunigung des Abschlusses eines Friedensvertrages mit Deutschland unterstützt, ihrerseits an die Regierung der Vereinigten Staaten von Amerika und an die Regierungen Großbritanniens und Frankreichs mit dem Vorschlag, unverzüglich die Frage eines Friedensvertrages mit Deutschland zu erwägen, damit in nächster Zeit ein vereinbarter Friedensvertragsentwurf vorbereitet und einer entsprechenden internationalen Konferenz unter Beteiligung aller interessierten Staaten zur Prüfung vorgelegt wird.

Es versteht sich, daß ein solcher Friedensvertrag unter unmittelbarer Beteiligung Deutschlands, vertreten durch eine gesamtdeutsche Regierung, ausgearbeitet werden muß. Hieraus folgt, daß die UdSSR, die USA, Großbritannien und Frankreich, die in Deutschland Kontrollfunktionen ausüben, auch die Frage der Bedingungen prüfen müssen, die die schleunigste Bildung einer gesamtdeutschen, den Willen des deutschen Volkes ausdruckenden Regierung fördern.

Um die Vorbereitung des Entwurfs eines Friedensvertrages zu erleichtern, legt die Sowjetregierung ihrerseits den Regierungen der USA, Großbritanniens und Frankreichs den beigefügten Entwurf für die Grundlagen eines Friedensvertrages mit Deutschland zur Prüfung vor.

Die Sowjetregierung schlägt vor, diesen Entwurf zu erörtern, und erklärt sich gleichzeitig bereit, auch andere eventuelle Vorschläge zu dieser Frage zu prufen.

Die Regierung der UdSSR rechnet damit, in kürzester Frist eine Antwort der Regierung der USA auf den obenerwähnten Vorschlag zu erhalten.

Gleichlautende Noten hat die Sowjetregierung auch an die Regierungen Großbritanniens und Frankreichs gerichtet.

Entwurf der Sowjetregierung über die Grundlagen eines Friedensvertrages mit Deutschland

Seit Beendigung des Krieges mit Deutschland sind fast sieben Jahre vergangen, jedoch hat Deutschland immer noch keinen Friedensvertrag, es ist gespalten und befindet sich gegenüber anderen Staaten in einer nicht gleichberechtigten Situation. Diesem unnormalen Zustand muß ein Ende gesetzt werden. Das entspricht dem Willen aller friedliebenden Völker.

Ohne den schnellsten Abschluß eines Friedensvertrages mit Deutschland kann eine gerechte Behandlung der rechtmäßigen nationalen Interessen des deutschen Volkes nicht gewährleistet werden.

Der Abschluß eines Friedensvertrages mit Deutschland ist von großer Bedeutung für die Festigung des Friedens in Europa. Ein Friedensvertrag mit Deutschland wird die endgültige Lösung der Fragen ermöglichen, die infolge des zweiten Weltkrieges entstanden sind. An einer Lösung dieser Fragen sind die europäischen Staaten, die unter der Hitleraggression gelitten haben, besonders die Nachbarn Deutschlands, zutiefst interessiert. Der Abschluß eines Friedensvertrages mit Deutschland wird zu einer Besserung der internationalen Gesamtlage und damit zur Herstellung eines dauerhaften Friedens beitragen.

Die Notwendigkeit, den Abschluß eines Friedensvertrages mit Deutschland zu beschleunigen, wird dadurch diktiert, daß die Gefahr einer Wiederherstellung des deutschen Militarismus, der zwei Weltkriege entfesselt hat, nicht beseitigt ist, weil die entsprechenden Beschlüsse der Potsdamer Konferenz immer noch nicht durchgeführt sind. Ein Friedensvertrag mit Deutschland soll gewährleisten, daß ein Wiederaufleben des deutschen Militarismus und einer deutschen Aggression unmöglich wird.

Der Abschluß eines Friedensvertrages mit Deutschland wird für das deutsche Volk die Bedingungen eines dauerhaften Friedens herbeiführen, die Entwicklung Deutschlands als eines einheitlichen, unabhängigen, demokratischen und friedliebenden Staates in Uebereinstimmung mit den Potsdamer Beschlüssen fördern und dem deutschen Volk die Möglichkeit einer friedlichen Zusammenarbeit mit anderen Völkern sichern.

Davon ausgehend, haben die Regierungen der Sowjetunion, der Vereinigten Staaten von Amerika, Großbritanniens und Frankreichs beschlossen, unverzüglich mit der Ausarbeitung eines Friedensvertrages mit Deutschland zu beginnen.

Die Regierungen der UdSSR, der USA, Großbritanniens und Frankreichs sind der Meinung, daß die Vorbereitung eines Friedensvertrages unter Beteiligung Deutschlands, vertreten durch eine gesamtdeutsche Regierung, erfolgen muß, und daß der Friedensvertrag mit Deutschland auf folgenden Grundlagen aufgebaut sein muß:

Grundlagen des Friedensvertrages mit Deutschland

Die Teilnehmer

Großbritannien, die Sowjetunion, die USA, Frankreich, Polen, die Tschechoslowakei, Belgien, Holland und die anderen Staaten, die sich mit ihren Streitkräften am Krieg gegen Deutschland beteiligt haben.

Politische Leitsätze

1. Deutschland wird als einheitlicher Staat wiederhergestellt. Damit wird der Spaltung Deutschlands ein Ende gemacht, und das geeinte Deutschland gewinnt die Möglichkeit, sich als unabhängiger, demokratischer, friedliebender Staat zu entwickeln.
2. Sämtliche Streitkräfte der Besatzungsmächte müssen spätestens ein Jahr nach In-

krafttreten des Friedensvertrages aus Deutschland abgezogen werden. Gleichzeitig werden sämtliche ausländischen Militärstützpunkte auf dem Territorium Deutschlands liquidiert.

3. Dem deutschen Volk müssen die demokratischen Rechte gewährleistet sein, damit alle unter deutscher Rechtsprechung stehenden Personen ohne Unterschied der Rasse, des Geschlechts, der Sprache oder der Religion die Menschenrechte und die Grundfreiheiten genießen, einschließlich der Redefreiheit, der Pressefreiheit, des Rechts der freien Religionsausübung, der Freiheit der politischen Ueberzeugung und der Versammlungsfreiheit.
4. In Deutschland muß den demokratischen Parteien und Organisationen freie Betätigung gewährleistet sein; sie müssen das Recht haben, über ihre inneren Angelegenheiten frei zu entscheiden, Tagungen und Versammlungen abzuhalten, Presse- und Publikationsfreiheit zu genießen.
5. Auf dem Territorium Deutschlands dürfen Organisationen, die der Demokratie und der Sache der Erhaltung des Friedens feindlich sind, nicht bestehen.
6. Allen ehemaligen Angehörigen der deutschen Armee, einschließlich der Offiziere und Generäle, allen ehemaligen Nazis, mit Ausnahme derer, die nach Gerichtsurteil eine Strafe für von ihnen begangene Verbrechen verbüßen, müssen die gleichen bürgerlichen und politischen Rechte wie allen anderen deutschen Bürgern gewährt werden zur Teilnahme am Aufbau eines friedliebenden, demokratischen Deutschland.
7. Deutschland verpflichtet sich, keinerlei Koalitionen oder Militärbündnisse einzugehen, die sich gegen irgendeinen Staat richten, der mit seinen Streitkräften am Krieg gegen Deutschland teilgenommen hat.

Das Territorium

Das Territorium Deutschlands ist durch die Grenzen bestimmt, die durch die Beschlüsse der Potsdamer Konferenz der Großmächte festgelegt wurden.

Wirtschaftliche Leitsätze

Deutschland werden für die Entwicklung seiner Friedenswirtschaft, die der Hebung des Wohlstandes des deutschen Volkes dienen soll, keinerlei Beschränkungen auferlegt.

Deutschland werden auch keinerlei Beschränkungen in bezug auf den Handel mit anderen Ländern, die Seeschiffahrt und den Zutritt zu den Weltmärkten auferlegt.

Militärische Leitsätze

1. Es wird Deutschland gestattet sein, eigene nationale Streitkräfte (Land-, Luft- und Seestreitkräfte) zu besitzen, die für die Verteidigung des Landes notwendig sind.
2. Deutschland wird die Erzeugung von Kriegsmaterial und -ausrüstung gestattet werden, deren Menge oder Typen nicht über die Grenzen dessen hinausgehen dürfen, was für die Streitkräfte erforderlich ist, die für Deutschland durch den Friedensvertrag festgesetzt sind.

Deutschland und die Organisation der Vereinten Nationen

Die Staaten, die den Friedensvertrag mit Deutschland abgeschlossen haben, werden das Ersuchen Deutschlands um Aufnahme in die Organisation der Vereinten Nationen unterstützen.

Quelle: Europa-Archiv 7 (1952), S. 4832–4833.

Auswahlbibliographie

Gedruckte Quellen

Adenauer, Konrad, Erinnerungen 1953–1955, Stuttgart 1966.

Ders., Rhöndorfer Ausgabe, hrsg. von Rudolf Morsey und Hans-Peter Schwarz
Teegespräche 1950–1954, bearbeitet von Hanns Jürgen Küsters, Berlin 1984.
Briefe 1951–1953, bearbeitet von Hans Peter Mensing, Berlin 1987.

Akten zur Auswärtigen Politik der Bundesrepublik Deutschland, hrsg. im Auftrag des Auswärtigen Amts von Hans-Peter Schwarz.
Adenauer und die Hohen Kommissare, Bd. 1: 1949–1951, bearb. von Frank-Lothar Kroll und Manfred Nebelin, München 1989; Bd. 2: 1952, bearb. von Frank-Lothar Kroll und Manfred Nebelin, München 1990; 1952, bearb. von Martin Koopmann und Joachim Wintzer, München 2000.

Badstübner, Rolf/Wilfried Loth (Hrsg.), Wilhelm Pieck – Aufzeichnungen zur Deutschlandpolitik 1945–1953, Berlin 1994.

Bundesministerium für Gesamtdeutsche Fragen (Hrsg.), Die Bemühungen der Bundesregierung um Wiederherstellung der Einheit Deutschlands durch gesamtdeutsche Wahlen. Dokumente und Akten, Teil I: Oktober 1949 – Oktober 1953, Bonn ^{4}1958.

Dokumente zur Außenpolitik der Regierung der Deutschen Demokratischen Republik, Bd. I: Von der Gründung der Deutschen Demokratischen Republik am 7. Oktober 1949 bis zur Souveränitätserklärung am 25. März 1954, [Ost-]Berlin 1954.

Dokumente zur Deutschlandpolitik der Sowjetunion, Bd. 1, [Ost-]Berlin 1957

Foreign Relations of the United States 1952–1954, Volume VII: Germany and Austria, Washington 1986.

Grotewohl, Otto, Im Kampf um die einige Deutsche Demokratische Republik. Reden und Aufsätze. Auswahl aus den Jahren 1945 – 1953. Bd. III: 1952 und 1953, [Ost-]Berlin 1954.

Hoffmann, Joachim/Ripper, Werner (Hrsg.), Die beiden deutschen Staaten und ihre Integration in die Paktsysteme (1949–1955), Frankfurt a.M. u.a. 1984.

Jacobsen, Hans-Adolf/Otto Stenzl (Hrsg.), Deutschland und die Welt. Zur Außenpolitik der Bundesrepublik 1949–1963, München 1964.

Jäckel, Eberhard (Hrsg.), Die deutsche Frage 1952–1956. Notenwechsel und Konferenzdokumente der vier Mächte, Frankfurt a.M. u.a. 1957.

Die Kabinettsprotokolle der Bundesregierung, für das Bundesarchiv hrsg. von Hans Booms, Bd. 5: 1952, bearbeitet von Kai von Jena, Boppard am Rhein 1989.

Otto, Wilfriede, Sowjetische Deutschlandnote 1952. Stalin und die DDR. Bisher unveröffentlichte handschriftliche Notizen Wilhelm Piecks, in: Beiträge zur Geschichte der Arbeiterbewegung 33 (1991), S. 374–389.

Ruhl, Klaus-Jörg (Hrsg.), „Mein Gott, was soll aus Deutschland werden?“ Die Adenauer-Ära 1949–1963, München 1985.

Semjonow, Wladimir S., Von Stalin bis Gorbatschow. Ein halbes Jahrhundert in diplomatischer Mission 1939–1991, Berlin 1995.

Siegler, Heinrich (Hrsg.), Dokumentation zur Deutschlandfrage. Von der Atlantik-Charta 1941 bis zur Genfer Außenministerkonferenz 1959. Hauptband I, Bonn 1959.

Steininger, Rolf, Eine Chance zur Wiedervereinigung? Die Stalin-Note vom 10. März 1952. Darstellung und Dokumentation auf der Grundlage unveröffentlichter britischer und amerikanischer Akten, Bonn 1985.

Čuev, F., Sto sorok besed s Molotovym, Moskau 1991.

Ulbricht, Walter, Zur Geschichte der deutschen Arbeiterbewegung. Aus Reden und Aufsätzen, Bd. IV: 1950–1954, [Ost-]Berlin 1958.

Literatur

Abendroth, Wolfgang, Die völkerrechtliche Situation Deutschlands. Ein Beitrag zur Diskussion über die Deutschlandnote der UdSSR, in: Außenpolitik 4 (1953), S. 645–657.

Becker, Josef, Eine neue Dolchstoßlegende? Zu den Kontroversen um die Stalin-Noten von 1952, in: Volker Dotterweich (Hrsg.), Kontroversen der Zeitgeschichte. Historisch-politische Themen im Meinungsstreit, München 1998, S. 181–206.

Bjørnstad, Stein, Soviet German policy and the Stalin note of 10 March 1952, Hovedoppgrave, University of Oslo, Department of History, Fall 1996.

Ders., The Soviet Union and German unification during Stalin's last years, Oslo 1998.

Bonwetsch, Bernd, Deutschlandpolitische Alternativen der Sowjetunion, 1949–1955, in: Deutsche Studien 24 (1986), S. 320–340.

Ders./Filitov, Alexej, Die sowjetische Politik und die SED-Diktatur – Handlungs- und Verantwortungsspielräume der KPD/SED/DDR 1945–1963, in: Materialien der Enquete-Kommission „Überwindung der Folgen der SED-Diktatur im Prozeß der deutschen Einheit" (13. Wahlperiode des Deutschen Bundestages), Bd. VIII/1: Das geteilte Deutschland im geteilten Europa, Baden-Baden u.a. 1999, S. 847–872.

Buchheim, Hans, Deutschlandpolitik 1949–1972. Der politisch-diplomatische Prozeß, Stuttgart 1984.

Bürger, Gottfried August, Die Legende von 1952. Zur sowjetischen März-Note und ihrer Rolle in der Nachkriegspolitik, Celle 1959.

Cornides, Wilhelm, Die Weltmächte und Deutschland. Geschichte der jüngsten Vergangenheit 1945–1955, Tübingen ^{3}1964.

Dijk, Rutger van, East and West and the Division of Germany, 1944–1953: A Reassessment of the „Missed Opportunities" for Unification, PhD Thesis, Ohio University 1999.

Dijk, Ruud van, The 1952 Stalin Note Debate: Myth or Missed Opportunity for German Unification? Working Paper No. 14, Cold War International History Project, Washington, May 1996.

Dittmann, Knud, Adenauer und die deutsche Wiedervereinigung. Die politische Diskussion des Jahres 1952, Düsseldorf 1981.

Doernberg, Stefan, Machtpoker um die deutsche Einheit. Strategien und verpaßte Chancen im ersten Jahrzehnt nach Kriegsende, Berlin 1999.

Dohse, Rainer, Der Dritte Weg. Neutralitätsbestrebungen in Westdeutschland zwischen 1945 und 1955, Hamburg 1974.

Egorova, Natal'ja I., Stalin's Foreign Policy and the Cominform, 1947–1953, in: Francesca Gori/Silvio Pons (Hrsg.), The Soviet Union and Europe in the Cold War, London 1996, S. 197–207.

Dies., Evropejskaja bezopasnost' i „ugroza" NATO v ocenkach stalinskogo rukovodstva, in: A.O. Čubar'jan (otv.red.), Stalinskoe desjatiletie cholodnoj vojny. Fakty i gipotezy, Moskau 1999, S. 56–78.

Erdmenger, Klaus, Das folgenschwere Mißverständnis. Bonn und die sowjetische Deutschlandpolitik 1949–1955, Freiburg 1967.

Ders., Adenauer, die Deutsche Frage und die sozialdemokratische Opposition, in: Foschepoth (Hrsg.), Adenauer und die Deutsche Frage, S. 169–182.

Filitov, Aleksej M., Sovetskij Sojuz i germanskij vopros v period pozdnego stalinizma (k voprosu o genezise „stalinskoj noty" 10 marta 1952 goda), in: A.O. Čubar'jan (otv. red.), Stalin i cholodnaja vojna, Moskau 1998, S. 315–349.

Ders., Stalinskaja diplomatija i germanskij vopros: poslednij god, in: A. O. Čubar'jan (otv.red.), Stalinskoe desjatiletie cholodnoj vojny. Fakty i gipotezy, Moskau 1999, S. 79–96.

Fischer, Alexander, Anmerkungen zur sowjetischen Deutschlandpolitik in der Phase der EVG, in: Die Europäische Verteidigungsgemeinschaft. Stand und Probleme der Forschung, hrsg. vom Militärgeschichtlichen Forschungsamt, Boppard am Rhein 1985, S. 221–238.

Foschepoth, Josef, Einleitung, in: Josef Foschepoth (Hrsg.), Kalter Krieg und deutsche Frage. Deutschland im Widerstreit der Mächte 1945–1952, Göttingen 1988, S. 7–29.

Ders. (Hrsg.), Adenauer und die Deutsche Frage, Göttingen 1988 (^{2}1990).

Ders., Westintegration statt Wiedervereinigung: Adenauers Deutschlandpolitik 1949–1955, in: Ders. (Hrsg.), Adenauer und die Deutsche Frage, S. 29–60.

Gaddis, John Lewis, We Now Know. Rethinking Cold War History, Oxford 1997.

Gehler, Michael, Ein wiedervereinigtes und blockfreies Deutschland mit Nationalarmee und die französischen Kommunisten im Jahre 1952, in: Militärgeschichtliche Mitteilungen 47 (1988), S. 75–104.

Ders., Kurzvertrag für Österreich? Die westliche Staatsvertrags-Diplomatie und die Stalin-Noten von 1952, in: Vierteljahrshefte für Zeitgeschichte 42 (1994), S. 243–278.

Gladis, Christian Malte, Alliierte Wiedervereinigungsmodelle für das geteilte Deutschland, Frankfurt a.M. 1990.

Graml, Hermann, Nationalstaat oder westdeutscher Teilstaat? Die sowjetischen Noten vom Jahre 1952 und die öffentliche Meinung in der Bundesrepublik Deutschland, in: Vierteljahrshefte für Zeitgeschichte 25 (1977), S. 821–864.

Ders., Die Legende von der verpaßten Gelegenheit. Zur sowjetischen Notenkampagne des Jahres 1952, in: Vierteljahrshefte für Zeitgeschichte 29 (1981), S. 307–341.

Ders., Die Sowjetische Notenkampagne von 1952, in: Hans-Peter Schwarz (Hrsg.), Die Legende von der verpaßten Gelegenheit. Die Stalin-Note vom 10. März 1952, Stuttgart 1982.

Ders., Die Märznote von 1952. Legende und Wirklichkeit, Melle 1988.

Grewe, Wilhelm G., Deutsche Außenpolitik der Nachkriegszeit, Stuttgart 1960.

Ders., Die deutsche Frage in der Ost-West-Spannung. Zeitgeschichtliche Kontroversen der achtziger Jahre, Herford 1986.

Ders., Eine „vertane Chance?" Neue Dokumente und alte Fehlinterpretationen zur Stalin-Note von 1952, in: Die Politische Meinung 31 (1986), H. 228, S. 18–33.

Heitzer, Heinz, Entscheidungen im Vorfeld der 2. Parteikonferenz der SED (Februar bis Juli 1952), in: Beiträge zur Geschichte der Arbeiterbewegung 24 (1992), H. 4, S. 18–22.

Herbst, Ludolf, Option für den Westen. Vom Marshallplan bis zum deutsch-französischen Vertrag, München 1989.

Hess, Jürgen C./Wielenga, Friso, Die Niederlande und die Wiedervereinigung Deutschlands. Ein Beitrag zur Debatte um die „Verpaßten Gelegenheiten" im Jahr 1952, in: Vierteljahrshefte für Zeitgeschichte 35 (1987), S. 349–384.

Hillgruber, Andreas, Adenauer und die Stalin-Note vom 10. März 1952, in: Konrad Adenauer und seine Zeit. Politik und Persönlichkeit des ersten Bundeskanzlers, Bd. 2, hrsg. von Dieter Blumenwitz, Klaus Gotto, Hans Maier, Konrad Repgen und Hans-Peter Schwarz, Stuttgart 1976, S. 111–130. Wiederabdruck in: Ders., Deutsche Großmacht- und Weltpolitik im 19. und 20. Jahrhundert, Düsseldorf 1977, S. 365–388.

Hornung, Klaus, Der Finnlandisierungsversuch von 1952. Stalins Note zur Wiedervereinigung. Die Legende von der verpaßten Gelegenheit, in: Epoche 6 (1982), S. 31–35.

Kiefer, Markus, Die Reaktion auf die „Stalin-Noten" in der zeitgenössischen deutschen Publizistik. Zur Widerlegung einer Legende, in: Zeitschrift für bayerische Landesgeschichte 51 (1988), S. 209–237.

Kittel, Manfred, Genesis einer Legende. Die Diskussion um die Stalin-Noten in der Bundesrepublik 1952–1958, in: Vierteljahrshefte für Zeitgeschichte 41 (1993), S. 355–389.

Koch, Dieter, Heinemann und die Deutschlandfrage, München 1972.

Köhler, Henning, Adenauer. Eine politische Biographie, Berlin 1994.

Küsters, Hanns Jürgen, Der Integrationsfriede. Viermächte-Verhandlungen über die Friedensregelung mit Deutschland 1945–1990, München 2000.

Lemke, Michael, Chance oder Risiko? Die Stalin-Note vom 10. März 1952 im außenpolitischen Konzept der Bundesregierung, in: Zeitschrift für Geschichtswissenschaft 39 (1991), S. 115–129.

Ders., „Doppelte Alleinvertretung". Die nationalen Wiedervereinigungskonzepte der beiden deutschen Regierungen und die Grundzüge ihrer politischen Realisierung in der DDR (1949–1952/53), in: Zeitschrift für Geschichtswissenschaft 40 (1992), S. 532–543.

Ders., Die infiltrierte Sammlung. Ziele, Methoden und Instrumente der SED in der Bundesrepublik 1949–1957, in: Tilman Mayer (Hrsg.), „Macht das Tor auf". Jakob-Kaiser-Studien, Berlin 1996, S. 171–234.

Ders., Einheit oder Sozialismus? Die Deutschlandpolitik der SED 1949–1961, Köln u. a. 2001.

Loth, Wilfried, Die Teilung der Welt. Geschichte des Kalten Krieges 1941–1955, München 1980.

Ders., Der Koreakrieg und die Staatswerdung der Bundesrepublik, in: Josef Foschepoth (Hrsg.), Kalter Krieg und Deutsche Frage. Deutschland im Widerstreit der Mächte 1945–1952, Göttingen 1985, S. 335–361.

Ders., Die Historiker und die Deutsche Frage. Ein Rückblick nach dem Ende des Kalten Krieges, in: Historisches Jahrbuch 112 (1992), S. 366–382 und in: Ders. (Hrsg.), Deutsche Frage in der Nachkriegszeit, S. 11- 28.

Ders. (Hrsg.), Die deutsche Frage in der Nachkriegszeit, Berlin 1994.

Ders., Spaltung wider Willen. Die sowjetische Deutschlandpolitik 1945–1955, in: Tel Aviver Jahrbuch für deutsche Geschichte 24 (1995), S. 283–297.

Ders., Stalins ungeliebtes Kind. Warum Moskau die DDR nicht wollte, Berlin 1994. (Taschenbuchausgabe München 1996).

Lueth, Paul, Endlich Frieden – ! Aber wem soll man glauben? (Ein Kommentar zur sowjetischen Deutschland-Note vom 10. März 1952), Frankfurt a.M. 1952.

März, Peter, Die Bundesrepublik zwischen Westintegration und Stalin-Noten. Zur deutschlandpolitischen Diskussion 1952 in der Bundesrepublik vor dem Hintergrund der westlichen und der sowjetischen Deutschlandpolitik, Frankfurt a.M. u.a. 1982.

Ders., Anmerkungen zur „Legende von 1952" (Notenwechsel zwischen der Sowjetunion und den Westmächten 1952), in: Geschichte in Wissenschaft und Unterricht 34 (1983), S. 643–658.

Maier, Klaus A., Die internationale Auseinandersetzung um die Westintegration der Bundesrepublik Deutschland und ihre Bewaffnung im Rahmen der Europäischen Verteidigungsgemeinschaft, in: Anfänge westdeutscher Sicherheitspolitik 1945–1956, hrsg. vom Militärgeschichtlichen Forschungsamt, Bd. 2: Die EVG-Phase, München 1990, S. 1-234.

Mastny, Vojtech, The Cold War and Soviet Insecurity. The Stalin Years, New York/ Oxford 1996.

Materialien der Enquete-Kommission „Aufarbeitung von Geschichte und Folgen der SED-Diktatur in Deutschland" (12. Wahlperiode des Deutschen Bundestages), hrsg. vom Deutschen Bundestag, Bd. V,1–3: Deutschlandpolitik, Baden-Baden u.a. 1995.

Meiners, Jochen, Die doppelte Deutschlandpolitik. Zur nationalen Politik der SED im Spiegel ihres Zentralorgans „Neues Deutschland" 1946 bis 1952, Frankfurt a.M. u.a. 1987.

Meissner, Boris, Rußland, die Westmächte und Deutschland. Die sowjetische Deutschlandpolitik 1943–1953, Hamburg 1953.

Ders., Die Sowjetunion und die deutsche Frage, 1949–1955, in: Dietrich Geyer (Hrsg.), Osteuropa-Handbuch, Band Sowjetunion, Teil Außenpolitik I, Köln/ Wien 1972, S. 473–501.

Ders./Eisfeld, Alfred (Hrsg.), 50 Jahre sowjetische und russische Deutschlandpolitik sowie ihre Auswirkungen auf das gegenseitige Verhältnis, Berlin 1999.

Mel'nikov, Daniil E., Stalins gewagtes Spiel, in: Der Spiegel, 3. 12. 1990, S. 185–190.

Ders., Illusionen oder eine verpaßte Chance? Zur sowjetischen Deutschlandpolitik 1945–1952, in: Osteuropa 40 (1991), S. 593–601.

Meyer, Gert, Die sowjetische Deutschland-Politik im Jahre 1952, Tübingen 1970.

Meyer-Landrut, Nikolaus, Frankreich und die deutsche Einheit. Die Haltung der französischen Regierung und Öffentlichkeit zu den Stalin-Noten 1952, München 1988.

Morsey, Rudolf, Die Deutschlandpolitik Konrad Adenauers. Alte Thesen und neue Fakten, Opladen 1991.

Neebe, Reinhard, Wahlen als Test: Eine gescheiterte Initiative des Politischen Planungsstabs im State Department zur Stalin-Note vom 10. März 1952, in: Militärgeschichtliche Mitteilungen 48 (1989), H. 45, S. 139–162.

Niedhardt, Gottfried/Altmann, Normen, Zwischen Beurteilung und Verurteilung: Die Sowjetunion im Urteil Konrad Adenauers, in: Josef Foschepoth (Hrsg.), Adenauer und die Deutsche Frage, Göttingen 1988, S. 99–117.

Noack, Paul, Paul Sethe: Publizistische Opposition gegen Adenauer, in: Josef Foschepoth (Hrsg.), Adenauer und die Deutsche Frage, Göttingen 1988, S. 235–249.

Osten, Walter, Die Deutschlandpolitik der Sowjetunion in den Jahren 1952/55, in: Osteuropa 14 (1964), S. 1-13.

Reiman, Michal, Berija, Malenkov und die deutsche Einheit. Ergänzungen zur Diskussion über die sowjetische Deutschland-Note vom März 1952, in: Deutschland Archiv 32 (1999), S. 456–460.

Ripper, Torsten, Die Stalin-Note vom 10. März 1952. Die Entwicklung der wissenschaftlichen Debatte, in: Zeitgeschichte 26 (1999), S. 372–396.

Rollet, Henri, Un nouveau serpent de mer. La note soviétique du 10 mars 1952 et la visite de Pietro Nenni à Staline, in: Revue d'Histoire Diplomatique 102 (1988), S. 297–317.

Rupieper, Hermann-Josef, Zu den sowjetischen Deutschlandnoten 1952. Das Gespräch Stalin – Nenni (Dokumentation), in: Vierteljahrshefte für Zeitgeschichte 33 (1985), 547–557.

Ders., Der deutschlandpolitische Handlungsspielraum der Bundesregierung 1949–1955, in: Jürgen Weber (Hrsg.), Die Republik der fünfziger Jahre. Adenauers Deutschlandpolitik auf dem Prüfstand, München 1989, S. 71–87.

Ders., Verpaßte Chancen? Ein Rückblick auf die deutschlandpolitischen Verhandlungen 1952–1955, in: Loth (Hrsg.), Die Deutsche Frage in der Nachkriegszeit, S. 195–213.

Scherstjanoi, Elke, Zu Gerd Wettig „Die Stalin-Note vom 10. März 1952 als geschichtswissenschaftliches Problem", der vorgibt, ein „gewandeltes Problemverständnis" zu offerieren, in: Deutschland Archiv 25 (1992), S. 858–862.

Dies., Zur aktuellen Debatte um die Stalin-Note 1952, in: Deutschland Archiv 27 (1994), S. 181–185.

Schlarp, Karl-Heinz, Alternativen zur deutschen Außenpolitik 1952–1955: Karl Georg Pfleiderer und die „Deutsche Frage", in: Wolfgang Benz/Hermann Graml (Hrsg.), Aspekte deutscher Außenpolitik im 20. Jahrhundert. Aufsätze Hans Rothfels zum Gedächtnis, Stuttgart 1976, S. 211–248.

Schubert, Klaus von, Wiederbewaffnung und Westintegration. Die innere Auseinandersetzung um die militärische und außenpolitische Orientierung der Bundesrepublik 1950–1952, Stuttgart 1970.

Schwarz, Hans-Peter (Hrsg.), Die Legende von der verpaßten Gelegenheit. Die Stalin-Note vom 10. März 1952, Stuttgart 1982.

Ders., Adenauer und Rußland, in: Friedrich J. Kroneck/Thomas Opperman (Hrsg.):

Im Dienste Deutschlands und des Rechts. Festschrift für Wilhelm G. Grewe zum 70. Geburtstag am 16. Oktober 1981, Baden-Baden 1983, S. 365–389

Ders., Adenauer. Bd. 1: Der Aufstieg: 1876–1952, Stuttgart 1986; Bd. 2: Der Staatsmann: 1952–1967, Stuttgart 1991.

Sethe, Paul, Zwischen Bonn und Moskau, Frankfurt a.M. 1956.

Steininger, Rolf, Deutsche Geschichte 1945–1961. Darstellung und Dokumente in zwei Bänden, Frankfurt a.M. 1983.

Ders., Die Stalin-Note vom März 1952 – eine Chance zur Wiedervereinigung Deutschlands?, in: Josef Foschepoth (Hrsg.), Kalter Krieg und Deutsche Frage. Deutschland im Widerstreit der Mächte, 1945–1952, Göttingen 1985, S. 362–379.

Ders., Eine Chance zur Wiedervereinigung? Die Stalin-Note vom 10. März 1952. Darstellung und Dokumentation auf der Grundlage unveröffentlichter britischer und amerikanischer Akten, Bonn 1985.

Ders., Eine vertane Chance. Die Stalin-Note vom 10. März 1952 und die Wiedervereinigung. Eine Studie auf der Grundlage unveröffentlichter britischer und amerikanischer Akten, Berlin, Bonn 1985.

Ders., Freie, gesamtdeutsche Wahlen am 16. November 1952? Noch einmal: Die Stalin-Note – Reaktionen auf ein Buch und ein neues amerikanisches Dokument, in: Jürgen Weber (Hrsg.), Die Republik der fünfziger Jahre, München 1989, S. 88–111.

Thomas, Siegfried, Die sowjetische Deutschland-Note vom 10. März 1952 – eine verpaßte Chance, in: 50 Jahre deutsch-sowjetische Beziehungen 1917–1967. Deutsche Außenpolitik, Sonderheft 1967, S. 81–96.

Volkmann, Hans-Erich, Adenauer und die deutschlandpolitischen Opponenten in CDU und CSU, in: Foschepoth (Hrsg.), Adenauer und die Deutsche Frage, S. 183–206.

Ders., Die innenpolitische Dimension Adenauerscher Sicherheitspolitik in der EVG-Phase, in: Anfänge westdeutscher Sicherheitspolitik 1945–1956, hrsg. vom Militärgeschichtlichen Forschungsamt, Bd. 2: Die EVG-Phase, München 1990, S. 235–604.

Volkov, V.K. */Wolkow, W.K./*, U istokov koncepcii „socialističeskogo lagerja“, in: Ders., Uzlovye problemy novejšej istorii stran Central'noj i Jugo-Vostočnoj Evropy, Moskau 2000, S. 59–81.

Ders., Germanskij vopros glazami Stalina (1947–1952), in: Volkov, Uzlovye problemy, S. 118–151.

Wagner, Wolfgang, Wiedervereinigung Modell 1952. Der Versuch einer Legendenbildung in der deutschen Innenpolitik, in: Wort und Wahrheit 13 (1958), S. 175–180.

Weber, Jürgen, Das sowjetische Wiedervereinigungsangebot vom 10. März 1952. Versäumte Chance oder trügerische Hoffnung?, in: Aus Politik und Zeitgeschichte B50 (1969), S. 3-30.

Ders., Zu den kritischen Anmerkungen Georg-Wilhelm Zickenheimers, in: Aus Politik und Zeitgeschichte B40 (1970), S. 37–40.

Ders. (Hrsg.), Die Bundesrepublik wird souverän, 1950–1955. Bd. 1: Die Ära Adenauer, München 1986.

Wettig, Gerhard, Entmilitarisierung und Wiederbewaffnung in Deutschland

1943–1955. Internationale Auseinandersetzungen um die Rolle der Deutschen in Europa, München 1967.

Ders., Die sowjetische Deutschland-Note vom 10. März 1952, Wiedervereinigungsangebot oder Propagandaaktion?, in: Deutschland Archiv 15 (1982), S. 130–148.

Ders., „Stalins gewagtes Spiel“, in: Der Spiegel 3. 12. 1990, S. 185–190.

Ders., Die Stalin-Note vom 10. März 1952 als geschichtswissenschaftliches Problem. Ein gewandeltes Problemverständnis, in: Deutschland Archiv 25 (1992), S. 157–167.

Ders., Die Deutschland-Note vom 10. März 1952 auf der Basis diplomatischer Akten des russischen Außenministeriums. Die Hypothese des Wiedervereinigungsangebots, in: Deutschland Archiv 26 (1993), S. 786–805.

Ders., Die Deutschland-Note vom 10. März 1952 nach sowjetischen Akten, in: Die Deutschlandfrage von der staatlichen Teilung Deutschlands bis zum Tode Stalins, Berlin 1994, S. 83–111.

Ders., Die KPD als Instrument der sowjetischen Deutschland-Politik. Festlegungen 1949 und Implementierungen 1952, in: Deutschland Archiv 27 (1994), S. 816–829.

Ders., Stalin and German reunification: Archival evidence on Soviet foreign policy in spring 1952, in: The Historical Journal 37 (1994), S. 411–419.

Ders., Stalins Deutschlandpolitik 1945–1953: Kontinuität und Wandel, in: Meissner/Eisfeld (Hrsg.), 50 Jahre sowjetische und russische Deutschlandpolitik sowie ihre Auswirkungen auf das gegenseitige Verhältnis, S. 15–42.

Ders., Stalin und die deutsche Frage. Die Note vom 10. März 1952, in: Osteuropa 47 (1997), S. 1259–1273.

Ders. (Hrsg.), Die sowjetische Deutschland-Politik in der Ära Adenauer, Bonn 1997.

Ders., Bereitschaft zur Einheit in Freiheit? Die sowjetische Deutschland-Politik 1945–1955, München 1999.

Ders., Programmatische und pragmatische Elemente in Stalins Deutschland-Politik 1945–53. Untersuchung aufgrund sowjetischer und ostdeutscher Akten, in: Historisch-politische Mitteilungen 7 (2000), S. 79–107.

Ders., Treue Dienste für den Kreml zur Rolle der KPD/SED in der sowjetischen Deutschland-Politik 1945–1952, in: Deutschland Archiv 33 (2000), S. 399–416.

Wolkow, Wladimir K. *[Volkov, V.K.]*, Die deutsche Frage aus Stalins Sicht (1947–1952), in: Zeitschrift für Geschichtswissenschaft 48 (2000), S. 20–49.

Worliczek, Adalbert, Bonn – Moskau. Die Ostpolitik Adenauers, München 1957.

Zickenheimer, Georg-Wilhelm, Versäumte Chance?! Kritische Anmerkungen zu Jürgen Weber: Das sowjetische Wiedervereinigungsangebot vom 10. März 1952, in: Aus Politik und Zeitgeschichte B40 (1970), S. 35–37.

Zitelmann, Rainer, Adenauers Gegner. Streiter für die Einheit, Erlangen u.a. 1991.

Abkürzungsverzeichnis

AOB	Archivno-operativnaja biblioteka
AP RF	Archiv Presidenta Rossijsoj Federazii (Präsidenten-Archiv der Russischen Föderation
AVPRF	Archiv vnešnej politiki Rossijskoj Federacii (Archiv für Außenpolitik der Russischen Föderation)
BArchB	Bundesarchiv Berlin
BMI	Bundesministerium des Inneren
CDU	Christliche Demokratische Union
CK	Central'nyi komitet (Zentralkomitee)
DBP	Demokratische Bauernpartei Deutschlands
DDR	Deutsche Demokratische Republik
DVdI	Deutsche Verwaltung des Innern [in der Sowjetzone Deutschlands]
EGKS	Europäische Gemeinschaft für Kohle und Stahl
FRUS	Foreign Relations of the United States
GARF	Gosudarstvennyj Archiv Rossijskoj Federacii (Staatsarchiv der Russischen Föderation)
Gen.	Genosse
Gestapo	Geheime Staatspolizei
KPD	Kommunistische Partei Deutschlands
KPD-ML	Kommunistische Partei Deutschlands /Marxisten-Leninisten
KPdSU	Kommunistische Partei der Sowjetunion
LDP	Liberal-Demokratischen Partei Deutschlands
MID	Ministerstvo Inostrannych Del (Ministerium der Auswärtigen Angelegenheiten)
NDPD	National-Demokratische Partei Deutschlands
OAK	Oberste Alliierte Kommission
PV	Parteivorstand
RCChIDNI (jetzt: RGASPI)	Rossijskij centr po chraneniju i izučeniju dokumentov novejšej istorii (Russisches Zentrum für Aufbewahrung und Studium der Dokumente der Neuesten Geschichte)

RGASPI	Rossijskij gosudarstvennyj archiv social'no-političeskoj istorii (Russisches Staatliches Archiv für Sozial- und Politikgeschichte)
SA	Sturmabteilung
SAPMO-BArch	Stiftung Archiv der Parteien und Massenorganisationen der DDR
SBZ	Sowjetisch Besetzte Zone
SD	Sicherheitsdienst des Reichsführers SS
SED	Sozialistische Einheitspartei Deutschland
SKK	Sowjetische Kontrollkommission
SMAD	Sowjetische Militäradministration in Deutschland
SMID	Sowjet Ministrow Inostranch Del
SS	Schutzstaffel
SKK	Sowjetische Kontrollkommission
SSSR	Sojuz Sovetskich Socialističeskich Respublik (Union der Sozialistischen Sowjetrepubliken (UdSSR))
SU	Sowjetunion
SVAG	Sovetskaja voennaja administracija v Germanii (Sowjetische Militäradministration in Deutschland (SMAD))
TASS	Telegrafnoe Agenstvo Sovetskogo Sojuza (Telegraphenagentur der Sowjetunion)
UdSSR	Union der Sozialistischen Sowjetrepubliken
VKP (b)/ (WKP(b))	Vsesojuznaja kommunističeskaja partija (bol'ševikov) (Allrussische Kommunistische Partei (der Bolschewiken))
ZK	Zentralkomitee

Personenregister